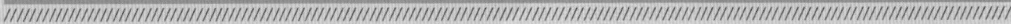

科学发展：
理论研究 指标构建与体制保障

KEXUE FAZHAN：
LILUN YANJIU ZHIBIAO GOUJIAN YU TIZHI BAOZHANG

王保安◎著

人民出版社

代　序　言

源头水活渠自清
——以制度创新提升发展质量

　　经济增长是经济学研究的永恒主题。回顾经济学的演进历程，不同发展阶段与不同学术流派对经济增长的研究、对增长根源的探求，各有角度，也各有侧重，得出的结论各有特色，也各有主张。在西方古典经济学中，斯密认为一个国家经济增长的主要动力来自分工、资本积累与技术进步，而市场容量的大小又决定着分工的水平。凯恩斯提出了增加投资弥补需求缺口的理论，以消除经济增长过程中短期的周期性波动。哈罗德—多马模型的搭建，实现了经济增长理论研究从定性分析为主向量化分析的跨越，将经济增长的研究引入"现代"时期。稍后，索洛首创了新古典经济增长模型，并发现了技术进步对经济增长的重大贡献作用。再往后，罗默的内生增长模型强调经济增长主要不是依靠技术等外部力量，而是靠经济体系内部力量的作用，要重视对知识外溢、人力资本投入、科研与开发等问题的研究。诺思则通过对世界各国经济增长的历史考察，认为对经济增长起决定作用的是制度因素而非技术因素，进一步拓展了经济学研究的理论空间。

根据西方经济学关于经济增长理论研究的进展,可以得出一个基本结论:为了探寻经济增长的主要原因,西方经济增长理论经历了由关注"外生增长"到"内生增长"的路径变迁;而且理论研究越来越显示,不论外生因素还是内生因素,都需要与之相适应的制度环境,换言之,体制构建、制度优化、政策设计才是经济增长根本的推动因素。

忽视制度因素单纯追求经济高速增长,会使经济增长质量下降,效率损失严重。苏联的教训可供借鉴。苏联为解决长期实行计划经济体制所面临的问题,早就提出转变经济增长方式的概念。1971 年苏共二十四大正式确定经济由粗放式增长向以集约化为主的发展道路过渡。其实,转变经济增长方式从一开始就不是一个技术性问题,而是对传统计划体制的变革诉求。苏联尽管明确了实现经济集约型增长的奋斗目标,并把加速科技进步作为转变经济增长方式的方针,但长期形成的行政化配置资源的计划体制,以及清一色的传统国有国营企业模式并未改变。国家以行政手段包办一切,以及实行畸形的行政化科技体制,根本无法激活产业结构调整和产业升级的动力,无法促进财富的有效增长。这样,苏联转变经济增长方式的多年努力只能归于失败。

不妨回顾我国改革开放以来的发展历程。早在 1987 年,中共十三大就提出"要从粗放经营为主逐步转到集约经营为主"。但以后的实践证明,如果不以体制改革即制度创新为前提,经济增长方式转变的效果不大,市场主体缺位、投资者缺乏创新动力、资源过度消耗、产业结构失衡等问题是不可能有效解决的。唯有加速推进市场导向的体制改革,经济增长方式的转变和发展质量的提升才有可能实现。

要知道,转变经济增长方式同提高经济增长质量实际上是一回事。因此,调整结构、科技创新、产业升级、改善民生、扩大内需、生态建设、节约资源等,都是制度创新的结果,它们都将伴随着转变经济增长方式和提高发展质量而实现。通过制度创新,在市场经济体制的环境中,由于市场在资源配置方面发挥基础作用,市场主体在自负盈亏的激励机制和约束机制的作用下,不可能存在长期的结构失衡,而且产权清晰的市场主体具有内在的追求创新、节能降耗的动力。加之,应用型的科研与产业结合紧密,产业化的科技进步体制使经济增长具有强大的科技支撑,产品创新与产业升级具有强大的内在动力。因此,解决增长方式转变的治本之策,正是要继续打破高度集中的以行政性配置资源为特征的计划经济体制,进一步推进体制改革。

我很高兴地看到王保安同学在经济增长领域研究取得的显著进展。早在 20 世纪 90 年代初,他就对中国经济增长方式变革的理论和实践进行了卓有成效的探索。他从资源配置方式、市场主体塑造、科技体制改革以及外贸增长方式等方面,系统地提出了经济增长方式变革的途径,1995 年成书的《中国经济增长与方式变革》是这一时期研究成果的综合;2002 年,他随我在北京大学光华管理学院从事博士后研究工作,研究成果《转型经济与财政政策选择》,仍然以体制机制构建为基本目标取向,主要探索解决中国经济发展的可持续问题。现在,摆在读者面前的新作《科学发展:理论研究、指标构建与体制保障》,体现了他对中国经济发展理论与实践研究的最新成果。本书致力于经济发展理论演进及规律性研究,突出构建发展监测、评估指标体系,并借此对我国 30 年经济发展的科学性进行了检测评估;在全面总结我国经济发展及方式变革经验教训的基础上，系统提出了实现科学发展、提升发展品质的制度设计与政策选择。尤其是对我国体制改革、制度创新的目标探求，对科学发展进程的量化分析与评估，具有重要的理论意义和实践价值。希望这部专著会对我国经济发展理论建设与发展方式转变的实践产生积极的影响。

二〇一一年六月八日

目　　录

1

前　言

发展品质:科学发展的理论内涵

发展进步是人类追求的共同目标,是人类社会的永恒主题。基于不同的研究角度,人们对发展问题进行了不懈的理论探索,提出了不同见解,流派纷呈,逐步形成了发展经济学、发展政治学、发展社会学、发展文化学、未来学等诸多学科体系。纵观西方发展理论的历史演进,从刘易斯的经济增长理论到佩鲁的新发展观,对发展问题的观察维度,经历了一个从单一向多维的演进历程。进入二十一世纪,无论"东西"还是"南北"方,都面临严峻的发展问题。我国科学发展观理论的提出,是马克思主义中国化的最新成果,既是对新中国发展经验教训的深度总结,也是吸收借鉴西方发展理论优秀内核的理论突破。从科学性角度系统研究观照发展问题,更加关注发展品质的全面提升,是发展理论与实践从多维目标向综合性品质研究的新跨越。

发展内涵从单一向多维的历史演进

西方发展理论的起点,一般认为起始于 19 世纪英国哲学家斯宾塞。他提出"社会有机论",把生物学领域"发展"的概念用于社会科学,认为社会的发展服从于生物进化的规律;社会是一个高级的生物有机体,社会与个人的关系就像生物体和细胞的关系一样。按斯宾塞的理论,社会的发展"除了自然规律外,一无所有"。社会有机论从其产生开始,就不断受到质疑和批评。但是,随着对社会有机论的批判,社会发展问题也日益引起理论各派研究关注。

"发展"成为国际社会共同高度关注的话题,则是在第二次世界大战以后。二战硝烟甫定,西方发展理论首先把研究的重点放在如何实现经济增长。当时的理论研究还没有把"发展"与"增长"两个概念明显区别开来,认为社会发展就是要实现经济增长。英国著名经济学家刘易斯将经济增长定义为"总人口人均产出的增长",强调实现经济增长可以促进社会发展进步,增加人类自由。受经济增长理论的影响,许多发展中国家采取了追求经济增长的发展战略。客观评价,追求经济增长的工业化进程在不同程度上推动了社会经济的发展。但由于片面追求经济增长,往往导致经济比例失调、贫富差距悬殊、生态环境恶化。第二次世界大战后,联合国基于经济增长理论三个"发展十年"计划失败,开始反思单纯追求经济增长的发展目标。

事实证明仅从经济增长的单一维度研究发展问题,已呈捉襟见肘之势。基于对单纯追求经济增长的扬弃,西方发展理论形成了"发展等于经济增长加社会变革"的新观点。瑞典学派创始人、发展经济学先驱纲纳·缪达尔认为,发展中国家应实行社会改革,发展不只是GDP的增长,应从增长数量、质量两个维度研究发展问题。"可持续发展"理论也应运而生,该理论在深刻地剖析了"唯经济发展论"的基础上,强调要从"当代"和"后代"两个维度

2

来谋划持续发展,关注生态环境的保护与改善。

以法国经济学家弗朗索瓦·佩鲁《新发展观》一书出版为标志,综合发展理论提出了"整体的"、"内生的"、"综合的"、"以人为中心的"、"关注文化价值的"发展观点,开始多维度地观察研究发展问题。该理论把人的全面发展作为评价发展程度和发展质量的终极目标,开启了一个发展公序良俗的新时代。以新发展观为指导,联合国《人类发展报告》建立了评价社会综合发展的指标体系——人类发展指数。人类发展指数由预期寿命指数、教育指数、生活水平指数三个指标构成,全面超越了单纯的经济发展观。

科学发展以提升发展品质为核心理论内涵

科学发展理论是马克思主义中国化实践的新探索,该理论用一系列紧密联系、相互贯通的新思想、新观点、新论断,回答了社会主义中国发展的基本命题。就其理论本身而言,无疑具有普世的理论品质,突出强调发展作为第一要义,体现以人为本的核心价值取向,坚持全面、协调、可持续发展的基本要求,提出统筹兼顾的方法论。体现了马克思主义哲学、政治经济学、科学社会主义等学科领域的融会贯通,以及对当代西方发展理论优秀成果的有益借鉴。

科学发展理论以系统的理论体系和路径目标为框架,全面论证社会主义的发展道路、发展阶段、根本任务、发展动力、外部条件、政治保证、战略步骤、组织领导和依靠力量等一系列基本问题,涉及生产力和生产关系、经济基础和上层建筑的各个层面,涵盖了改革发展稳定、内政外交国防、治党治国治军等各个方面,成为一个指导发展的世界观和方法论,是统领我国经济社会发展全局的

3

科学理论。

尤为重要的是,科学发展理论超越了单纯经济增长、社会变革、内生外延、持续发展等具体的理论维度,更加注重系统的理论探索与现实政策、制度的有机结合,其实质就是要通过包容性发展,全面提升科学发展品质。

从发展品质的角度,我们更容易透过 30 年高速发展的表象,深入探讨我国当前发展面临的突出问题。经济高速增长、社会事业发展严重滞后,"上学贵、看病贵、住房贵",经济社会发展"一条腿长、一条腿短"问题突出;物质资源消耗强度过大,科技进步对经济增长贡献明显偏弱,投资对经济增长的拉动较强,消费拉动相对偏弱,经济增长"两强两弱"特征明显;三次产业内部、三次产业之间、城乡及不同地区之间经济发展"三重失衡";高投入、高速度、高消耗、高污染和低产出、低科技、低效率、低效益,经济发展"四高四低"特征明显。以低国民福利水平、资源超常消耗、生态环境严重退化为代价的发展模式,尽管表现为经济增长高速度与国民有形财富的快速增加,其结果必然是发展成本高昂、发展品质低下、发展难以持续。

创新建立发展品质研究的量化指标体系

实现对发展品质的量化观测与评估,是准确把握基本矛盾、妥善解决现实问题、加快提升发展品质、真正实现科学发展的重要基础。为此,笔者试图探索构建以科学发展指数为核心的指标评价体系。通过指标评价形成促进经济社会科学发展的长效观测机制,建立相应的统计、监测和评估制度。

　　初步构建的科学发展评价指标体系呈金字塔结构,科学发展指数为总指数(处于最顶层),由五个统筹发展指数(处于第二层)构成;每个统筹发展指数由四个基本目标指数(处于第三层)构成;每个基本目标指数由若干个基础指标(第四层,共48个)构成。通过48个基础指标,逐级推算,构建一个完整系统的指标评价体系。

　　以48项指标为基础的科学发展评价体系,体现科学发展的根本要义,综合反映经济、社会和人文全面发展。指标选择不仅包括经济指标,还包括社会指标、人文指标和环境指标;不仅包括城市发展指标,还包括农村发展指标;不仅包括反映发展现状的指标,还包括反映未来发展潜力的指标等。

　　选取1980年至2006年这一历史时期的历史数据,并以明确提出建立市场经济体制的1992年、明确提出科学发展观的2003年为基期时点,对有代表性的历史阶段的科学发展指数、5个统筹发展指数及20个基本目标指数进行了应用计算,重点对科学发展指数、5个统筹发展指数进行总量分析及变动结构分析,对计算结果进行直观展示。

　　科学发展指标评价体系的测试应用,显示了较强的量化分析能力。简单举例,通过计算不同年份的科学发展指数,可以量化对比分析不同历史时点的科学发展总体水平;可以量化对比分析不同历史阶段科学发展的进展速度;还可以通过构成分析,直观地判断影响科学发展总体水平的结构性因素。根据科学发展指数的计算结果,可直观地显示:一是改革开放以来,我国科学发展总体水平明显提高。1980年至2006年,科学发展指数从0.31提高到0.61,增长幅度接近一倍。二是科学发展总体进程具有十分明显的阶段性特征。以我国明确提出科学发展观的 2003 年为基点,前后两个阶段科学发展指数的变化轨迹十分清晰。从我国明确提出建立社会主义市场经济体制改革目标的 1992 年至 2002 年、从2003 年至 2006 年二个阶段,科学发展指数的年均上升幅度分别为 0.0073 和 0.0175。2003 年以后,科学发展指数年增幅提高 1.4倍,经济社会科学发展明显提速。四是从结构分析看,统筹国内发展和对外开放指数对科学发展指数的贡献最大,1980 年至 1992年、1992 年至 2003 年、2003 年至 2006 年三个阶段的相对贡献率分别为 30%、39%、56%;统筹区域发展指数对科学发展指数的贡献最小,三个阶段的相对贡献率分别为 1%、-4%、9%。

通过指标体系的总指数,可以实现对发展科学性及其品质表现的宏观评估;将指标体系逐级展开分析,则可以实现从宏观到微观的详细测算和评价。量化的分析判断,无疑为宏观政策的顶层设计和制度安排,提供了更为真实具体的数据支撑。

促进科学发展,提升发展品质,是我们肩负的时代责任。发展品质是否能够提高,最终取决于发展战略与指导思想的设计,取决于制度创新与政策措施的安排。当前,科学发展已成为我国经济社会发展的重大战略指导思想,践行科学发展观已成为举国上下的统一意志。但要达到科学发展的目标,具体的政策设计与制度安排是否科学才是根本性的保障因素;发展是否科学,关键在于是否为高品质的发展,关键在于环境友好、平衡协调、可持续的特征表现。

综上,本书立足于科学发展的目标阐述与品质评估,以确立提升发展品质为研究核心,紧紧围绕科学发展的目标要求设计评估指标,适时适度地进行监测,及时预警并形成战略调整与体制创新机制以及即期政策的调适机制,力争使科学发展建立在可靠的体制机制保障基础之上。

本书着眼着力于研究并解决三个层面的问题:第一是科学发展的深层矛盾和问题。从发展理论的研究入手,剖析科学发展面对的现实基础和基本要求。第二是如何评估新中国发展的科学化程度,构建以提升发展品质为核心的研究模式。从历史经验教训中,观照现实,研究问题,构建评估指标体系,检测评价发展的科学性,鉴定发展的品质内核。第三是以科学发展的必然性、可行性为基础,构建落实科学发展观的体制机制,并适时提出有针对性的、可操作性强的对策思路与政策措施,从而塑造出我国科学发展、品质提升的长效保障机制。

第一章　科学发展理论溯源

　　本章提要:科学发展观是中国特色社会主义理论体系的重要组成部分,是马克思主义中国化的最新成果,它继承和发展了中国共产党的理论传统,是同马克思列宁主义、毛泽东思想、邓小平理论和"三个代表"重要思想既一脉相承又与时俱进的科学理论,是马克思主义与当代中国实际和时代特征相结合的产物,是中国共产党和中国人民改革开放、探索发展实践的集体智慧结晶。科学发展观既是对马克思主义发展观的传承发展、对西方发展理论的吸收借鉴,更是立足中国发展实际、把握时代发展脉搏的理论创新。本章立足马克思主义研究及西方发展理论研究的新成果,对科学发展观理论探本求源,以求全面准确地把握科学发展观的理论品质和科学体系。

§1　以新视点解读马克思主义发展理论

　　马克思主义是人类思想宝库中的一枝奇葩,马克思、恩格斯一生创建的规模宏大的理论体系,承载着伟大光辉的思想,成为人类文明史上的宝贵财富。从19世纪40年代马克思主义诞生以来,尽管其敌对者从未停止过对马克思主义理论的诋毁，但是她依然在全世界范围内得以广泛传播。在人类社会发展的新千年起点，各国都面临诸多发展困境，马克思主义，特别是马克思主义发展理论，在全球范围再度受到学界的高度关注。蔓延全球的新一轮金融危机，再次唤起西方世界对160多年前马克思在《共产党宣言》里"把信贷集中在国家手里"①等醒世警告的历史记忆，重新研究马克思经典已渐成为新的热潮②。"理论在一个国家实现的程度，总是取决于理论满足这个国家的需要的程度。"③马克思主义发展理论引起广泛关注，其根本原因在于当代社会发展实践的客观需要。站在人类社会发展的新的历史起点，重新审视马克思主义发展理论，具有重要的时代价值和深刻的现实意义。

§1.1 马克思主义的发展主题

毛泽东同志有句名言：十月革命一声炮响，给我们送来了马克思列宁主义。马克思主义在中国的传播，受苏联的影响较大。苏联特别是在列宁时代，对马克思主义学说进行了深入、系统的整理与拓展，开创了马克思主义与苏联革命实践相结合的传统，在马克思主义发展史上产生了重大而深远的影响。但是从斯大林时代开始，苏联的马克思主义研究逐渐陷入了教条、僵化的泥潭。马克思

---

① 《马克思恩格斯文集》第2卷，人民出版社2009年版，第52页。
② 《参考消息》2009年5月24日，转载美国《外交政策》双月刊5—6月号文章指出：为应对金融危机，曾任英格兰银行货币委员会成员的美国经济学家威廉·比特提议"将整个金融部门作为公共事业"，"银行没有任何理由继续作为私有的赢利机构而存在"，"这一提议呼应了马克思自己在《共产党宣言》中所提的'把信贷集中在国家手里'的要求"。"经济危机再度掀起了人们对卡尔·马克思的兴趣"。
③ 《马克思恩格斯文集》第1卷，人民出版社2009年版，第12页。

主义与苏联革命实践相结合的鲜活理论探索,演化成了为计划经济模式服务的政治学说,主要被用来论证俄国十月革命和实行高度集中并呈行政命令特性的计划经济的必然性,以取代列宁新经济思想与政策确立的发展道路。其理论核心,一是辩证唯物主义的物质运动论,二是历史唯物主义的阶级斗争论。就这些理论本身而言,没有错误,但是将其机械地、片面地理解为马克思主义唯一正确的永恒真理,不作与时俱进的理论研究和发展,必然偏离马克思主义的精神实质——一切随着时间、地点、条件的变化而变化。

尤其是苏联东欧剧变后,越来越多的马克思研究者开始更注重探求马克思主义的本来面目。在过去一个时期,受苏联的深度影响,我国对马克思主义的解读误解较深,教条化倾向给我国经济社会发展带来了重大挫折,国民经济几近崩溃边缘。改革开放以后,解放思想、实事求是的思想路线逐步解开了教条主义对中国的思想禁锢。国内对马克思主义的研究日益深入,并取得了丰硕的成果。这些深入的学术研究和丰富的改革开放发展实践,为中国特色社会主义理论的创立和完善,尤其是作为其重要内容的科学发展观的形成,奠定了理论和现实基础。1883 年恩格斯在马克思墓前的讲话中明确指出:"正像达尔文发现有机界的发展规律一样,马克思发现了人类历史的发展规律"。[①] 马克思主义归根结底是适应人类社会解决发展问题的需要而产生的;其本质是关于发展的学说,是阐述关于发展的普遍规律的科学理论。因此,如果用一个简单的词汇来概括马克思主义的主题,那就是"发展"。把握了发展这一主题,就找到了理解马克思主义的总钥匙。

---

① 《马克思恩格斯文集》第3卷,人民出版社 2009 年版,第601页。

相关链接:国内学界的马克思主义研究

近年来,国内学界对于马克思主义的研究方向(或成果)大体可以分为三大类:

史学研究:即对马克思主义经典文献进行史学解读。回归到马克思经典文献产生的历史条件、历史背景之中,具体分析其产生、发展过程,评价其理论贡献与历史局限。代表论著有:1998年复旦大学孙承叔教授、北京大学王东教授发表的《对〈资本论〉历史观的沉思——现代历史哲学构想》;北京大学黄楠森教授、中国人民大学庄福龄教授等先后集体编纂的《马克思主义哲学史稿》、《马克思主义哲学史》等。

文本学研究:即立足于马克思、恩格斯文本文献进行研究。马克思、恩格斯给人类留下的文本文献数量浩大。初步统计,马克思论著文稿近2000篇(部),书信约3000篇,若全部译成中文,估计约有三四千万字。1995年"国际马克思恩格斯基金会"确定《马克思恩格斯全集》的新历史考证版(MEGA2)出版计划为114卷,目前已出版了50卷,全部出齐,估计要到2020年以后①。马克思主义的文本学研究具体又可分为三个方面:一是直接研读马克思主义原著及文献文本;二是抛开现有理论框架的禁锢,根据文本研究对马克思理论体系进行再梳理;三是对文献文本进行收集和整理。代表观点有:一是四大来源论(俞吾金观点)。即在传统的马克思主义理论三大来源(德国古典哲学、英国古典政治经济学、法国空想社会主义)之外,增加第四个来源——英、美、德、俄的人类学思想。二是马克思理论整体性的新认识。"马克思主义从整体性上

---

① 王东:《马克思学新奠基》,北京大学出版社2006年版,第292页。

来说,是关于现实的人的解放与自由的整体性学说,包括世界史观的新唯物主义是其理论基础,政治经济学批判则是其论证分析载体和最主要关注的方面,科学社会主义中的人的解放是其政治的最终诉求,而人类学思想中不同民族不同文化的不同发展道路则决定各民族各地域实现其自身解放与自由的不同路径与条件。"①代表论著主要有:2001年复旦大学俞吾金的《解释实践学——重新解读马克思哲学与一般哲学理论》、2005年北京大学聂锦芳的《清理与超越——重读马克思文本的旨意、基础与方法》、2009年朱哲、杨金洲的《回到文本——马克思主义经典文献解读》等。

新学科研究:以完善创新马克思主义学科体系为出发点,实现对马克思学术思想的全面继承和创新发展。其主要观点有:超越"西方马克思学"、"苏联马克思学",通过对马克思学说的独立研究,使中国特色马克思学在世界史范围内成为一家之言;直面马克思文本、贯通中国传统优秀文化进行研究,结合中国当前实际实现马克思主义理论创新,为中国特色社会主义建设作好理论铺垫。②代表论著主要有2006年北京大学哲学系王东的《马克思学新奠基》、2008年顾海良、梅荣政主编的《中国高校哲学社会科学发展报告(1978—2008):马克思主义理论》等。

§1.2 马克思主义发展理论的总体框架

传统的理论研究,总是把马克思主义的理论框架作如此描述:以辩证唯物主义、历史唯物主义为理论创新工具,以英国资本主义

① 朱哲、杨金洲:《回到文本——马克思主义经典文献解读》,武汉理工大学出版社2009年版,第304—305页。

② 王东:《马克思学新奠基》,北京大学出版社2006年版,第200—202页。

为主要研究客体,通过研究剖析资本的形成、运动、发展的基本规律,揭示资本主义制度下社会主要矛盾的运动特点及科学社会主义发展的必然方向。一般认为,体现马克思、恩格斯哲学创新的辩证唯物主义、历史唯物主义论著,以及体现其政治经济思想理论创新的《资本论》、《共产党宣言》等论著,为其理论体系的经典代表。随着近年来他们遗留的大量文本的不断公开面世,不少学者立足原始文本对马克思、恩格斯学说进行重新梳理,对马克思主义理论从新的角度进行认识、解读。

众所周知,自 1867 年《资本论》第一卷问世后,一直到马克思逝世,十几年来没有出版新作。《资本论》第二卷、第三卷是由恩格斯根据马克思遗留的文稿整理出版的。因此,学术界一直有一个"晚年马克思之谜"的说法。甚至有不少学者认为晚年马克思在思想上、实践上均退出了历史舞台。诸如晚年马克思"《资本论》研究中断论"、"慢性死亡论"、"衰退论"等说法不断冒出来。随着马克思大量手稿的逐步公开和学术界研究的深入,历史的真相也逐步显现,"晚年马克思之谜"逐步解开,当年马克思本人就对其理论进行了反思、研究。马克思对《资本论》的创作是倒着写的,《资本论》第四卷(剩余价值理论)于 1862 年底完成初稿,第三卷(总过程的各种形式)于 1865 年完成初稿,1867 年《资本论》第一卷正式出版后,至 1870 年底,马克思已写出了《资本论》第二卷的第二稿。马克思后来写给友人的信件文稿,清楚地说明了马克思断然决定不出版第二卷的真实原因:"第一,在英国目前的工业危机还没有达到顶峰之前,我决不出版第二卷。这一次的现象十分特殊,在很多方面都和以往不同……因此,必须注视目前的进程,直到情况完全成熟,然后才能把它们'消费到生产上',我的意思是'理论上'……第二,我不仅从俄国而且也从美国等地得到了大批资料,这些资料使我幸运地得到一个能够继续进行我的研究的'借口','而不是最后结束这项研究以便发表'。"①"在目前条件下,《资本论》的第二册在德国不可能出版,这一点我很高兴,因为恰恰是在目前某些经济现象进入了新的发展阶段,因而需要重新加以研究。"②

根据北京大学王东教授对马克思晚年文稿的研究,马克思大量的研究笔记文稿,可以大体划分为主题明确的四大类别:第一类别是关于国家与文明起源的笔记;第二类别是国际关系与世界历史的笔记;第三类别是俄国与东方发展道路笔记;第四类别是《哥达纲领批判》及西方发展道路笔记。这四组笔记数量宏大,仅其中第二组"国际关系与世界历史笔记"就有 545 页,翻译成汉字约有 180 万字左右。③ 这些研究笔记清晰地反映了马克思晚年研究领域的拓宽及理论构架的变化。根据马克思中断《资本论》后续出版的事实以及对马克思晚年文本的研究,可以看出马克思晚年研究工作主要是基于资本在世界范围内迅速发展的新动向、新特点,使研究工作向更深入、更宽广的领域拓展。从新的研究资料分析,马克思主义发展理论的总体框架,在其晚年实际上已从国家框架内的资本运动发展,拓展到国家之间、世界市场,以及人类世界史的起源发展、东西方不同文明的发展道路等。这是闪耀着人类新思想之光、更为绚丽、更为完整的理论体系。随着对马克思晚年文稿研究的不断深入,其理论构架的原貌会逐步呈现出来。

---

① 《马克思恩格斯选集》第 4 卷,人民出版社 1995 年版,第 633、635 页。

② 《马克思恩格斯全集》第 34 卷,人民出版社 1972 年版,第 424 页。

③ 王东:《马克思学新奠基》,北京大学出版社 2006 年版,第 546 页。

§1.3 马克思主义发展理论的基本观点

马克思主义关于人类社会发展规律的科学认识，包含着一系列相互联系的基本观点，是马克思主义理论体系的有机组成部分。

关于"人的发展"。马克思对人类社会发展进行研究的起点，是对"人"的自然属性、社会属性的考察。"全部人类历史的第一个前提无疑是有生命的个人的存在。因此，第一个需要确认的事实就是这些个人的肉体组织以及由此产生的个人对其他自然的关系。"[①]从自然属性来看，人本身及人的活动都是自然界的一部分，但与自然界的其他组成不同，人又具有鲜明的特性，一是人靠自然界生活，"人的普遍性正是表现为这样的普遍性，它把整个自然界……变成人的无机的身体"[②]；二是人改造自然界，"动物只生产自身，而人再生产整个自然界"[③]。从社会属性来看，人的本质是一切社会关系的总和。马克思关于"人的发展"的基本观点主要是：一是自由发展。马克思、恩格斯在其经典著作《共产党宣言》中强调，在替代资本主义社会制度的社会主义和共产主义社会，每个人都能自由发展，而且"每个人的自由发展是一切人的自由发展的条件"[④]。"要不是每一个人都得到解放，社会也不能得到解放"[⑤]。二是共同发展。"只有在共同体中，个人才能获得全面发展其才能的手段，也就是说，只有在共同体中才可能有个人自由。……各个人在自己的联合中并通过这种联合获得自己的自

[①]《马克思恩格斯文集》第1卷，人民出版社2009年版，第519页。
[②]《马克思恩格斯文集》第1卷，人民出版社2009年版，第161页。
[③]《马克思恩格斯文集》第1卷，人民出版社2009年版，第162页。
[④]《马克思恩格斯文集》第2卷，人民出版社2009年版，第53页。
[⑤]《马克思恩格斯文集》第9卷，人民出版社2009年版，第310页。

由"①。按照马克思、恩格斯的观点,必须正确处理好人与人之间、人与社会之间、人与自然之间的关系,消灭阶级之间、城乡之间、脑力劳动和体力劳动之间的对立和差别,实现人的自由而全面的发展。

关于经济社会发展。马克思将唯物辩证法应用于政治经济学分析,构建了一个体系完整、逻辑严密的理论体系。唯物辩证法揭示了发展的普遍规律,认为世界是普遍联系和永恒发展的,事物发展是一个质量互变的过程,矛盾是事物发展的根本动力,事物发展是螺旋式上升和波浪式前进的。马克思称自己对《资本论》的写作,是"把辩证方法应用于政治经济学的第一次尝试"②,从经济运行内部矛盾的分析入手,揭示了完整的经济社会运行发展形态。总体概括,马克思关于经济社会发展理论的基本观点可以概括为三个方面:

第一,关于经济社会运行的内在规律。马克思通过对商品、劳动、货币、资本等经济范畴内在矛盾运动的分析,构建了以商品二重性、劳动二重性、劳动异化等为基础的理论体系,揭示了资本积累的内在要求及基本规律。简言之,就是资本家购买了工人的劳动力,劳动力成为商品使货币转为资本,资本实现了劳动力与生产资料的结合并开启了商品的生产,劳动力商品具有价值形成及价值增值的天然特性,于是产生剩余价值并使得在商品生产过程中实现资本的增值,劳动异化使剩余价值越来越向少数资本家集中,剩余价值转化为资本加速了生产的扩大和资本的积累。恩格斯在

① 《马克思恩格斯文集》第1卷,人民出版社2009年版,第571页。
② 《马克思恩格斯全集》第31卷,人民出版社1972年版,第385页。

《卡尔·马克思》传记中指出"马克思的第二个重要发现，就是彻底弄清了资本和劳动的关系"①，揭示了经济运行的内在规律。

第二，关于经济社会发展的"运行模型"。在对经济范畴进行系统研究、辩证分析的基础上，马克思清晰地构建了简单再生产和扩大再生产的模型。美国经济学家本·塞利格曼这样评价马克思的理论创新，"他能够把极其丰富的经验材料用一个抽象的经济模型串起来，在19世纪几乎没有其他经济学家能够做到这一点"②。马克思首先将整个经济活动划分为两大部类，即生产生产资料的第Ⅰ部类和生产消费资料的第Ⅱ部类，并分析得出简单再生产的模型和扩大再生产的宏观模型：简单再生产即Ⅰ（v+m）=Ⅱc；扩大再生产即：Ⅰ（v+Δv+m/x）=Ⅱ（c+Δc）。要实现扩大再生产，主要有两条途径：一是增加积累，即增加生产要素的投入数量；二是提高各生产要素的产出率，即提高生产效率。在利润的驱使下，资本主义经济会走入"为生产而生产"的怪圈，生产与消费脱节，最终出现生产相对过剩而导致经济危机，从而出现改良的或变革性的需求，以致出现革命性的制度变革。

第三，关于经济社会发展基本规律的概括。恩格斯在马克思墓前的讲话中指出，"马克思发现了人类历史的发展规律"，这一规律就是唯物史观，其基本观点主要包括：一是人类社会发展是一个自然的历史过程。"一个社会即使探索到了本身运动的自然规律——本书的最终目的就是揭示现代社会的经济运动规律——，它还是既不能跳过也不能用法令取消自然的发展阶段。但是它能

---

① 《马克思恩格斯文集》第3卷，人民出版社2009年版，第460页。
② ［美］本·塞利格曼：《现代经济学主要流派》，华夏出版社2010年版，第51页。

缩短和减轻分娩的痛苦。……我的观点是把经济的社会形态的发展理解为一种自然历史的过程。"①二是生产力是人类社会发展的最终决定力量,劳动者是生产力诸要素中最主要的因素。三是生产力和生产关系、经济基础和上层建筑之间的矛盾运动是社会发展的根本动力,生产关系必须适应生产力发展状况,上层建筑必须适应经济基础的发展状况等。马克思在《政治经济学批判》序言中对唯物史观作了经典描述:"人们在自己生活的社会生产中发生一定的、必然的、不以他们的意志为转移的关系,即同他们的物质生产力的一定发展阶段相适合的生产关系。这些生产关系的总和构成社会的经济结构……物质生活的生产方式制约着整个社会生活、政治生活和精神生活的过程。不是人们的意识决定人们的存在,相反,是人们的社会存在决定人们的意识。社会的物质生产力发展到一定阶段,便同它们一直在其中运动的现存生产关系或财产关系(这只是生产关系的法律用语)发生矛盾。于是这些关系便由生产力的发展形式变成生产力的桎梏。那时社会革命的时代就到来了。"②唯物史观以"直接的物质的生活资料的生产"为经济社会发展的基础,使"历史破天荒第一次被置于它的真正基础上"③,经济社会发展的本来面目开始清晰地展现出来。

关于发展道路的选择。人类社会的发展是不是一定要经过资本主义发展阶段,东方落后国家是否一定要经过西方资本主义的发展路径,才能实现共产主义的人类理想社会?若仅从马克思的经典著作来看,对这一问题的回答应是肯定的。马克思在《〈政治

①　《马克思恩格斯文集》第 5 卷,人民出版社 2009 年版,第 9—10 页。
②　《马克思恩格斯文集》第 2 卷,人民出版社 2009 年版,第 591—592 页。
③　《马克思恩格斯文集》第 3 卷,人民出版社 2009 年版,第 459 页。

经济学批判〉序言》中指出:"无论哪一个社会形态,在它所能容纳的全部生产力发挥出来以前,是决不会灭亡的;而新的更高的生产关系,在它的物质存在条件在旧社会的胎胞里成熟之前,是决不会出现的。……亚细亚的、古希腊罗马的、封建的和现代资产阶级的生产方式可以看做是经济的社会形态演进的几个时代。资产阶级的生产关系是社会生产过程的最后一个对抗形式。"①马克思、恩格斯在《共产党宣言》中也指出:"资产阶级在它的不到一百年的阶级统治中所创造的生产力,比过去一切世代创造的全部生产力还要多,还要大。"②"现代的资产阶级私有制是建立在阶级对立上面、建立在一些人对另一些人的剥削上面的产品生产和占有的最后而又最完备的表现"③。

传统马克思主义研究认为,"两个必然"理论(即《共产党宣言》中"资产阶级的灭亡和无产阶级的胜利是同样不可避免的")是科学社会主义以及整个马克思主义理论的核心。从马克思主义经典著作中的论述来看,"两个必然"前提是资本主义社会生产的极度发展,其生产力已强大到其生产关系不能适应的地步,随着大工业的发展,资产阶级赖以生产和占有产品的基础本身也就从它的脚下被挖掉了,资产阶级"它首先生产的是它自身的掘墓人"。

近年来,随着马克思晚年笔记、书信等大量文本资料逐步整理公布,学界研究发现,马克思晚年明确提出了"跨越资本主义制度

---

① 《马克思恩格斯文集》第2卷,人民出版社2009年版,第592页。
② 《马克思恩格斯文集》第2卷,人民出版社2009年版,第362页。
③ 《马克思恩格斯文集》第2卷,人民出版社2009年版,第45页。

卡夫丁峡谷[①]"的光辉思想,这是对其前期理论的丰富和发展。马克思晚年关注资本主义发展的新特点,并对东西方文明差异进行了深入对比研究。在分析俄国农村公社土地制度的基础上,马克思在给俄国革命家维·伊·查苏利奇的复信中,对俄国社会发展道路的选择提出了新的思想:"如果说土地公有制是俄国'农村公社'的集体占有制的基础,那么,它的历史环境,即它和资本主义生产同时存在,则为它提供了大规模地进行共同劳动的现成的物质条件。因此,它能够不通过资本主义制度的卡夫丁峡谷,而占有资本主义制度所创造的一切积极的成果……因此,它能够成为现代社会所趋向的那种经济制度的直接出发点……"[②]在这封复信中,马克思还明确强调资本主义运动的"'历史必然性'明确地限制在西欧各国的范围内"[③]。

马克思关于社会发展道路基本观点的深化调整和完善,对我国坚持中国特色社会主义道路提供了强大的基础理论支撑。社会主义建设可以吸收包括资本主义在内的一切优秀人类文明成果,并在经济社会发展上达到或超越资本主义方式所创造的水平。东方文明的社会发展道路,完全可以跨越资本主义社会制度进入社会主义社会或者初级阶段。市场经济作为人类社会经济活动的一种运行方式和资源配置方式,并非资本主义制度的本质属性,社会主义社会可以借鉴和运用;而且资本主义社会发展所经历的一些

---

① 卡夫丁峡谷,指古罗马卡夫丁城(今蒙泰萨尔基奥)附近的卡夫丁峡谷。公元前321年,第二次萨姆尼特战争时期,萨姆尼特人在卡夫丁峡谷包围并击败了罗马军队。按双方交战的惯例,罗马军队必须在由长矛交叉构成的"轭形门"下通过。这被认为是对战败军的最大羞辱。

② 《马克思恩格斯文集》第3卷,人民出版社2009年版,第579—580页。

③ 《马克思恩格斯文集》第3卷,人民出版社2009年版,第583页。

灾难、罪恶和痛苦，也并非不可避免。人类不应该将某一阶段的发展模式或特征表现，上升为全人类恒久的规律，东方国家的经济社会发展可以跨越资本主义制度的卡夫丁峡谷，以"缩短和减轻分娩的痛苦"。

相关链接：马克思关于跨越资本主义制度卡夫丁峡谷的思想

1881 年 2 月 16 日，俄国革命家维·伊·查苏利奇代表后来加入"劳动解放社"的同志们，请求马克思谈谈他对俄国历史发展前景，特别是他对俄国农村公社命运的看法。查苏利奇在信中谈到马克思的《资本论》在俄国极受欢迎并因此引起有关土地革命及农村公社问题的争论。她说："你比谁都清楚，这个问题在俄国是多么为人注意……最近我们经常可以听到这样的见解，认为农村公社是一种古老的形式，历史、科学社会主义——总之，一切不容争辩的东西——，使农村公社注定要灭亡。鼓吹这一点的人都自称是你的真正的学生，'马克思主义者'。"查苏利奇还表示："如果你能说明你对我国农村公社可能的命运以及关于世界各国由于历史的必然性都应经过资本主义生产各阶段的理论的看法，那么，这将使我们获得极大的帮助。"①

马克思一接到查苏利奇的信即着手回信，且三易其稿。马克思在复信初稿中一开始就强调："在分析资本主义生产的起源时，我说过，它实质上是'生产者和生产资料彻底分离'，并且说过，'全部过程的基础是对农民的剥夺。这种剥夺只是在英国才彻底完成了……但是，西欧的其他一切国家都正在经历着同样的运

---

① 《马克思恩格斯文集》第 3 卷，人民出版社 2009 年版，第 702—703 页。

动'。可见我明确地把这一运动的'历史必然性'限制在西欧各国的范围内。"①

马克思对俄国社会特性进行了深入分析,并指出:"在俄国,由于各种独特情况的结合,至今还在全国范围内存在着的农村公社能够逐渐摆脱其原始特征,并直接作为集体生产的因素在全国范围内发展起来。正因为它和资本主义生产是同时存在的东西,所以它能够不经受资本主义生产的可怕的波折而占有它的一切积极的成果。俄国不是脱离现代世界孤立生存的;同时,它也不像东印度那样,是外国征服者的猎获物。……俄国为了采用机器、轮船、铁路等等,是不是一定要像西方那样先经过一段很长的机器工业的孕育期呢? 同时也请他们给我说明:他们怎么能够把西方需要几个世纪才建立起来的一整套交换机构(银行、信用公司等等)一下子就引进到自己这里来呢?"②

很显然,马克思认为当时的俄国不可能把西欧资本主义革命之路重走一遍,他在复信初稿中指出:"如果说土地公有制是俄国'农村公社'的集体占有制的基础,那么,它的历史环境,即它和资本主义生产同时存在,则为它提供了大规模地进行共同劳动的现成的物质条件。因此,它能够不通过资本主义制度的卡夫丁峡谷,而占有资本主义制度所创造的一切积极的成果。它能够以应用机器的大农业来逐步代替小地块耕作,而俄国土地的天然地势又非常适于这种大农业。因此,它能够成为现代社会所趋向的那种经济制度的直接出发点,不必自杀就可以获得新的生命。相反,作为

---

① 《马克思恩格斯文集》第3卷,人民出版社2009年版,第570页。
② 《马克思恩格斯文集》第3卷,人民出版社2009年版,第571页。

开端，必须把它置于正常条件之下。"①

§2　西方发展观的历史演进

发展是个历史范畴，随着历史进程而变化。自重商主义以来，西方发展观主要经历了"财富或经济增长型"发展观、"增长加社会变革型"发展观、"可持续型"发展观以及"以人的发展为中心的综合型"发展观的历史沿革。每种发展观，都对发展问题进行了探索，提出了不同见解。对这些观点的梳理，有利于了解西方发展理论的发展与演变，进而探究发展问题的实质。

§2.1　"发展"概念的演化

西方的"发展"（development）最初属于生物学的范畴，指种子发芽、植物开花、婴儿成长等自然界万事万物起源、发育、生长的过程。"发展"作为生物学概念的广泛流传，可上溯到 16 世纪科学革命时期具有重要影响的英国生理学家、胚胎学家哈维（1578—1657）生命进化理论。"自哈维以来，发展一直是他在《动物生育学》（1651 年）广为传播的理论中的一个有效概念，这个理论推翻了亚里士多德采用的根据生物的生育方式分类原则，代之以细胞生成原则……从根基上瓦解了自然发生说，并为渐成说、总成说和专以生命知识为基础的生命理论开辟了道路"②。

把"发展"的概念从生物学领域用于社会科学，始于 19 世纪

---

① 《马克思恩格斯文集》第 3 卷，人民出版社 2009 年版，第 579—580 页。
② ［法］弗朗索瓦·佩鲁：《新发展观》，华夏出版社 1987 年版，第 4 页。

英国哲学家斯宾塞。他认为社会的发展服从于生物进化的规律。他提出"社会有机论",认为社会是一个高级的生物有机体,社会与个人的关系就像生物体和细胞的关系一样;生物的器官有营养、分配和调节三个系统,同样资本主义社会中工人担任"营养职能",商人担任"分配和交换职能",工业资本家"调节社会生产",而政府则"代表神经系统"。社会的阶级划分同生物体中器官及其职能的分化和依存关系是相吻合的,社会中剥削者、资本家和工人的存在和差别是生物规律的自然结果。按斯宾塞的理论,社会的发展"除了自然规律外,一无所有"①。随着学术界对社会有机论的争论,社会发展问题引起越来越多的关注。

　　"发展"成为国际社会共同关注的话题,则是在第二次世界大战之后。随着战后民族民主运动的兴起和帝国主义殖民体系的崩溃,越来越多的原殖民国家获得独立。这些国家为了消除贫困,普遍开始了工业化进程。相对于已经完成工业化的发达国家,这些国家被称为发展中国家。发展作为第三世界的迫切问题,引起国际社会的普遍关注,并被提上联合国的议事日程。联合国先后于1960年、1970年和1980年,提出了三个"发展十年"的国际发展战略。对发展的理论研究迅速兴起。

§2.2　"财富或经济增长型"发展观

　　"财富或经济增长型"发展观从重商主义时代开始一直持续到20世纪60年代初,其基本观点是以财富或经济的增长等同于发展。在这一时期,财富增加或经济增长成为发展的代名词。

---

①　[法]弗朗索瓦·佩鲁:《新发展观》,华夏出版社1987年版,第4页。

第二次世界大战后的最初阶段,西方发展理论研究的重点是如何实现经济增长。社会发展就是要实现经济增长。西方发展经济学的先驱、英国著名经济学家刘易斯的代表作《经济增长理论》,对经济增长进行了深入研究。刘易斯将经济增长定义为"总人口人均产出的增长"。[①] 他认为影响经济增长的因素很多,从人的行为角度分析,一是厉行节约,就是降低任何一种特定产品的成本,否则就不会出现经济增长。二是增进知识及其应用,产出增长加快与生产上知识的积累和应用的加快有关。三是经济增长有赖于人均资本额与其他资源量的增加。他强调,实现经济增长可以促进社会进步,增加人类自由。"经济增长的理由是,它使人类具有控制自己环境的更大能力,因此增加了人类的自由。"[②]

发展中国家的发展问题就是经济增长问题,这种观点在当时的经济社会发展背景下很有代表性。这一观点认为,发展中国家经济落后的原因在于工业化程度不够,经济馅饼不大;加快工业化进程,提高工业化程度,就会促进经济增长、社会进步;因此,评判社会发展的首要标准就是"总人口人均产出的增长"。刘易斯认为发展中国家具有"二元经济结构"特征,经济发展就是改变二元经济结构,通过城市工业部门相对较高的工资调节,将过剩人口吸引到城市工业部门,以实现工业化,促进总人口人均产出的增长,这就是发展中国家经济发展的道路。

20世纪五六十年代,许多发展中国家采取了追求经济增长的发展战略。以促进国民生产总值增长为目标,以实现工业化为主

---

① [英]阿瑟·刘易斯:《经济增长理论》,商务印书馆1999年版,第6页。
② [英]阿瑟·刘易斯:《经济增长理论》,商务印书馆1999年版,第517页。

要内容,谋求国家的富裕和繁荣。从实际执行结果看,工业化在不同程度上推动了社会经济的发展,有些国家和地区进入了中等发达国家行列。但是由于片面追求经济增长,往往忽视人民福利,以过高的积累率、过多地发展重工业,导致经济比例失调、经济结构不合理、贫富悬殊、环境恶化。联合国倡导的"第一个发展十年"计划(1960—1970年),设定了"国民生产总值增长率超过6%就算发展"的目标。然而在某些国家,国民生产总值增长虽然达到了联合国设定的发展目标,但更多底层民众生活水平反而明显下降。当时最为著名的例子是巴西,其经济发展就经历了从开始的"投资天堂"到后来的"鬼蜮之地"的快速转变。联合国基于经济增长理论的三个"发展十年"计划以失败告终,单纯追求经济增长的发展观开始受到普遍批评。

§2.3 "增长加社会变革型"发展观

基于对单纯追求经济增长发展观的扬弃,西方发展理论形成了"发展等于经济增长加社会变革"的新观点。瑞典学派发展经济学先驱缪尔达尔从1957年开始,对亚洲一些国家的贫困和不发达问题进行了长达十年的研究,于1968年出版了《亚洲的戏剧:南亚国家贫困问题研究》。他在此书中认为,"发展"是从不发达中解脱出来和消除贫困的过程,是整个体系的向上运动。同时,他认为发展中国家应实行社会改革,发展不只是GNP的增长,应是包括整个经济、文化和社会发展过程的上升运动,应从质和量上去把握发展问题。美国经济学家托达罗认为,必须把发展看做涉及社会结构、人的态度和国家制度以及加速经济增长、减少不平等和根除绝对贫困等主要变化的多方面过程。"发展不纯粹是一个经济现象。从最终意义上说,发展不仅仅包括人民生活的物质和经济方面,还包括其他更广泛的方面。因此,应该把发展看为包括整个经济和社会体制的重组和重整在内的多维过程。"①

到 20 世纪 80 年代,发展就是实现现代化的过程,这一观点已得到普遍认同。发展经济学家柏格在 1983 年出版的《发展理论的反省——第三世界发展的困境》中指出,发展通常被视为"成长"或"现代化"的同义词,发展意味着"良性"的成长与"可欲"的现代化。特别是进入 21 世纪,以知识创新、技术创新为核心的信息文明将逐渐取代传统的工业文明,发展越来越多地被理解为面向后工业文明时代、面向现代化的社会变革转型。

§2.4 "可持续型"发展观

经济发展对环境的影响,长期以来并没有引起人们的重视。随着工业文明的发展,工业化对人类生存环境的影响越来越大。20 世纪的"八大公害事件",逐步引起人们对工业污染的关注。1962 年,美国海洋生物学家蕾切尔·卡逊出版了《寂静的春天》,论述了杀虫剂——特别是当时广泛使用的滴滴涕——对鸟类和生态环境造成的毁灭性危害,呼吁禁用滴滴涕。《寂静的春天》的出版,引起了美国化工集团的恐慌和攻击,由此在全球范围内引发了关于经济发展与环境保护的争论。

"可持续型"发展观发端于 20 世纪 70 年代前后罗马俱乐部②

---

① [美]托达罗:《经济发展与第三世界》,中国经济出版社 1992 年版,第 50 页。

② 1968 年,全球 100 多位学者和名流汇聚罗马,讨论当时人类的困境与出路。与会者以人口增长、工业发展、粮食生产、资源耗费和环境污染等人类面临的五大严重问题为研究对象,成立了一个名为"罗马俱乐部"的组织。

的未来学派提出的"增长的极限论"。1968 年,罗马俱乐部发表了著名的研究报告《增长的极限》,预言在未来一个世纪中,人口和经济需求的增长,将导致地球资源的耗竭、生态破坏和环境污染;除非人类自觉限制人口增长和工业发展,否则这一悲剧将无法避免。"如果世界人口、工业化、污染、粮食生产和资源消耗方面现在的趋势继续下去,这个行星上增长的极限有朝一日将在今后 100 年中发生。"①该报告明确提出了"合理的持久的均衡的"发展理念,"必须发展一种全面的战略,向所有主要问题,特别是人和环境的关系问题进攻",以"达到全球的经济、社会和生态平衡的和谐状态"。②

1983 年,联合国成立世界环境与发展委员会(WECD)。经过四年的研究和论证,1987 年 WECD 发表了一份研究报告——《我们共同的未来》,深刻地剖析了"唯经济发展"论的弊端,正式提出"可持续发展"模式,强调要从当代和后代两个维度来谋划发展,并注意生态环境的保护与改善。在 1992 年联合国环境与发展大会上,可持续发展概念得到了与会者的赞同和承认。可持续发展理念的形成,反映了人类对以前走过的发展道路的检讨和反思,人们逐步认识到沿袭过去的发展道路必将造成不可持续的发展,必须要变革人类过去传统的生产方式和生活方式。

相关链接:八大公害事件

20 世纪中叶以来,世界上的污染事件层出不穷,其中最引人

---

① [美]丹尼斯·米都斯等:《增长的极限——罗马俱乐部关于人类困境的报告》,吉林人民出版社 1997 年版,前言第 17 页。

② [美]丹尼斯·米都斯等:《增长的极限——罗马俱乐部关于人类困境的报告》,吉林人民出版社 1997 年版,第 148—151 页。

注目的是所谓的"八大公害"事件：

马斯河谷事件。1930 年 12 月发生在比利时马斯河谷，由于山谷中工厂多，工业污染物排放量大，遇到逆温和大雾天气，污染物不易消散，造成烟尘和二氧化硫污染事件，污染使得几千人发病，其中 60 人死亡。

洛杉矶光化学烟雾事件。1943 年 5—12 月发生于美国洛杉矶，由于石油废气和汽车尾气在紫外线作用下生成光化学烟雾，刺激眼、鼻、喉，使大多数居民患病。

多诺拉烟雾事件。1948 年 10 月发生在美国多诺拉，该地区分布有大量工厂，工业污染物排放量大，污染使该地区 42% 的居民发病，其中 17 人死亡。

伦敦烟雾事件。1952 年 12 月发生于英国伦敦，由于居民用烟煤取暖，烟煤中含硫量高，排出的烟尘量大，遇逆温天气形成烟雾，在 5 天内造成 5000 人死亡。

日本水俣病事件。1953 年发生于日本九州熊本县水俣镇，由于当地氮肥生产中采用氯化汞作为催化剂，含甲基汞的废水和废渣排入水体使鱼受到污染，人吃了有毒的鱼而患病，造成 180 多人死亡。

日本四日市哮喘事件。1955—1961 年发生于日本四日市，由于工厂向大气中排放含有重金属的煤粉尘，引发支气管炎、哮喘和肺气肿，造成 500 多人患病，36 人死亡。

日本富山痛痛病事件。1955—1972 年发生在日本富山县，该地炼铅厂未经处理的含镉废水污染了河水，造成 280 人患病，34 人死亡。

日本米糠油事件。1968 年发生于日本，由于米糠油生产中用多氯联苯作载热体,残留在米糠油中的多氯联苯引起中毒,使10000多人受害,其中16人死亡。

§2.5　"以人的发展为中心的综合型"发展观

在对传统经济学和发展观进行了更多哲学意义上的反思的基础上,法国经济学家弗朗索瓦·佩鲁提出了"为一切人的发展和人的全面发展"①的观点。他认为应将经济学的基本公理和研究前提设定为"生命是抵御死亡的各种力量的结合体",以此为出发点,"经济学就不再是一门关于物和物之间关系的科学,而成为一种竞争性共谋和合作性冲突的实践"②。为此,他将经济学定义为"经济学是为个人利益而在共同利益中通过稀缺商品的消费来调整人群关系"③,强调人与集团之间的关系,而不是人与财富的关系。法国发展学家 M. A. 西纳索在上述理念基础上进一步指出,如果没有与发展休戚相关的所有人的参与,发展是不可能的,而且如果发展与他们的利益相抵触,在空头支票的掩饰下对他们进行剥夺,发展就不能发生。

1979年8月27日至31日,联合国教科文组织在厄瓜多尔的基多召开"研究综合发展观"专家会议,并委托弗朗索瓦·佩鲁撰写了《新发展观》一书,此书于1983年由联合国推出,成为综合发展观的标志性著作。《新发展观》提出了"整体的"、"内生的"、"综合的"、"以人为中心的"、"关注文化价值的"新发展理论,并

①　[法]弗朗索瓦·佩鲁:《新发展观》,华夏出版社1987年版,引言第11页。
②　[法]弗朗索瓦·佩鲁:《新发展观》,华夏出版社1987年版,引言"发展——走向何方"第10页。
③　[法]弗朗索瓦·佩鲁:《新发展观》,华夏出版社1987年版,第8页。

称之为"新发展观"。弗朗索瓦·佩鲁强调真正的发展必须是经济、社会、人、自然之间的全面协调共进;为了一切人和完整的人的发展应是各国发展的中心目标,这也是一个社会能够正常运行和保持稳定的关键。新发展观提出的为一切人的发展,把人的全面发展作为评价发展尺度和发展目标的观点开启了一个新的时代。从1990年开始,联合国开发计划署每年发表一份不同主题的人类发展报告。《1994年人类发展报告》对以人为中心的发展观作了进一步明确的表述:人类带着潜在的能力来到这个世界上,发展的目的就在于创造出一种环境,使所有的人都能施展他们的能力,不仅为这一代,而且也能为下一代提供发展机会。

以新发展观为指导,联合国人类发展报告建立了评价社会综合发展的指标体系——人类发展指数。人类发展指数超越了单纯的经济发展,由三个指标构成:预期寿命指数(根据出生时的预期寿命计算)、教育指数(根据成人识字率以及小学、中学、大学综合入学率计算)、生活水平指数(根据人均国内生产总值计算)。三个指数确定后进行简单平均,得出综合的人类发展指数。联合国按人类发展指数对世界100多个国家进行排序①,以全面反映一个国家在以人为中心的发展方面取得的成就。

§3 新中国关于发展的理论和实践探索

发展道路、发展目标的选择决定着一个国家的未来。树立什

---

① 人类发展指数分为三组:低0—0.5;中0.51—0.79;高0.8—1。根据联合国开发计划署2010年11月4日发布的《2010年人类发展报告》,中国的人类发展综合指数为0.663,位居中等发展行列,这一数值比世界平均水平0.624略高。

么样的发展观、选择什么样的发展路径,应是历史的规定性与选择的主动性的统一。新中国成立以来,在发展目标、模式、途径和方法等方面都产生了许多宝贵的思想。科学发展观是对这些宝贵思想的继承和发展。因此,从历史的角度,了解新中国成立以来关于发展的思想和实践探索,有利于理解科学发展观产生的历史必然性,更准确地把握其基本内涵和精神实质。

§3.1　计划经济时期关于发展的思想和实践探索

新中国成立后,党和政府在国民经济恢复、社会主义改造和社会主义建设中形成了一系列关于发展的重要思想。大体而言,主要包括以下几个部分。

1. 关于发展的目标

发展的总目标是建设社会主义国家。发展目标一直是党和政府探讨国家建设和发展的首要问题,并置于国家前途和战略之中进行设计、分析和运作的,认为中国的未来发展,不能按照西方资本主义模式去发展,而要按照社会主义原则去发展。早在 1939 年,毛泽东在讲到中国革命的前途问题时就强调指出:"中国革命的终极的前途,不是资本主义的,而是社会主义和共产主义的"[①]。1954 年 6 月 14 日,毛泽东在中央人民政府委员会第 30 次会议上作的《关于中华人民共和国宪法草案》报告中,进一步明确提出:"我们的总目标,是为建设一个伟大的社会主义国家而奋斗。"

发展的具体目标是实现四个现代化。在建设社会主义国家这一总目标下,毛泽东对中国具体的发展目标做了积极探讨和设想。

---

① 《毛泽东选集》第 2 卷,人民出版社 1991 年版,第 650 页。

早在 1944 年，毛泽东就第一次提出了"共产党是要努力于中国的工业化的"①。在新中国成立前夕召开的党的七届二中全会上，毛泽东明确指出了中国的发展目标和方向：在新民主主义革命胜利以后，我们要"使中国稳步地由农业国转变为工业国，把中国建设成一个伟大的社会主义国家"②。这之后，他对这一目标又多次进行具体阐述。周恩来在 1954 年第一次全国人民代表大会上做政府工作报告时，进一步解释了中国的发展目标："如果我们不建设起强大的现代化的工业、现代化的农业、现代化的交通运输业和现代化的国防，我们就不能摆脱落后和贫困，我们的革命就不能达到目的。"③党的八大以后，我党对社会主义建设目标的探索不断深入。毛泽东在《关于正确处理人民内部矛盾的问题》一文中指出："将我国建设成为一个具有现代工业、现代农业和现代科学文化的社会主义国家。"④周恩来在 1963 年 1 月 29 日的上海科学技术工作会议上将发展目标定位为实现"四个现代化"："我们要实现农业现代化、工业现代化、国防现代化和科学技术现代化，把我们祖国建设成为一个社会主义强国，关键在于实现科学技术的现代化。"⑤

　　发展目标还包括发展生产力和实现共同富裕。新中国成立初期，我国确定的发展目标，十分强调发展生产力。在 1953 年 7 月 29 日召开的中央政治局扩大会议上，毛泽东指出："社会主义经济

①　《毛泽东文集》第 3 卷，人民出版社 1996 年版，第 146 页。
②　《毛泽东选集》第 4 卷，人民出版社 1991 年版，第 1437 页。
③　《周恩来选集》下卷，人民出版社 1984 年版，第 132 页。
④　《毛泽东文集》第 7 卷，人民出版社 1999 年版，第 207 页。
⑤　《周恩来选集》下卷，人民出版社 1984 年版，第 412 页。

法则是发展生产,保障需要,这是主要的、基本的,是起领导作用的经济法则。"①1956 年 1 月 25 日,毛泽东明确指出:"社会主义革命的目的是为了解放生产力。"②当年的 12 月 8 日,毛泽东在同工商界人士的谈话中,进一步指出:"革命把生产关系和上层建筑加以改变,把经济制度加以改变,把政府、意识形态、法律、政治、文化、艺术这些上层建筑加以改变,但目的不在于建立一个新的政府、一个新的生产关系,而在于发展生产。"③

新中国成立初期我国经济社会发展目标的研究探索,在强调发展生产的同时,也包含了"实现共同富裕"的思想。毛泽东第一次提出了"共同富裕"的概念,并且将共同富裕与社会主义联系起来思考。1955 年,毛泽东指出:在土改后,农民发生了分化。如果我们没有新的东西给农民,不能帮助农民提高生产力,增加收入,共同富裕起来,那些穷的就不相信我们,他们会觉得跟着共产党走没有意思。为巩固工农联盟,我们就得领导农民走社会主义道路,使农民共同富裕起来,穷的要富裕,所有农民都要富裕,并且富裕的程度要大大超过现在的富裕农民。从上述可以看出,发展目标的设计已不仅仅是社会主义国家财富的增长,而且包括了广大人民的共同富裕,是将发展生产力和共同富裕结合起来,这为后来社会主义本质论的提出奠定了不可缺少的认识基础。新中国成立初期,我国关于经济社会发展目标的理论和实践探索无疑是客观、理性、符合中国发展实际的,只是后来特别是十年动乱,经济社会发展偏离了正确的目标方向。

---

① 《毛泽东文集》第 6 卷,人民出版社 1999 年版,第 289 页。
② 《毛泽东文集》第 7 卷,人民出版社 1999 年版,第 1 页。
③ 《毛泽东文集》第 7 卷,人民出版社 1999 年版,第 182 页。

2. 关于发展的目的

发展的目的是为了人民群众,使人民群众不断增长的物质文化需要不断得到满足。新中国成立初期,我国关于社会主义国家经济社会发展的理论探索,从某种角度讲是继承和发展了马克思主义的人学思想,明确指出了发展的目的是为了人民群众。早在战争年代,毛泽东就提出了"全心全意为人民服务"的口号。他在《论联合政府》(1945 年 4 月 24 日)一文中指出:"我们共产党人区别于其他任何政党的又一个显著的标志,就是和最广大的人民群众取得最密切的联系。全心全意地为人民服务,一刻也不脱离群众;一切从人民的利益出发,而不是从个人或小集团的利益出发;向人民负责和向党的领导机关负责的一致性;这些就是我们的出发点。"[①]新中国成立后,发展的目的是为了人民群众这一思想,得到进一步强调。毛泽东在《关于正确处理人民内部矛盾的问题》(1957 年 2 月 27 日)一文中指出:"所谓社会主义生产关系比较旧时代生产关系更能够适合生产力发展的性质,就是指能够容许生产力以旧社会所没有的速度迅速发展,因而生产不断扩大,因而使人民不断增长的需要能够逐步得到满足的这样一种情况。"[②]

3. 关于发展的战略步骤

基于对我国国情的认识及对发展理论的探索,新中国成立初期已初步形成了发展阶段论的基本思想。在继承和发展马克思关于人类社会发展学说,客观分析我国半殖民地半封建社会的基础上,我国提出了三个阶段的发展设想,即先是建立新民主主义的新

---

① 《毛泽东选集》第 3 卷,人民出版社 1991 年版,第 1094—1095 页。
② 《毛泽东文集》第 7 卷,人民出版社 1999 年版,第 214 页。

国家,然后建立社会主义社会,最后将过渡到共产主义社会。

社会主义改造完成后,中国社会主义制度已经确立。根据中国经济政治文化全面落后的国情,我国又提出了社会主义的阶段论。1960年初,毛泽东在读苏联《政治经济学教科书》的谈话时指出:"社会主义这个阶段,又可能分为两个阶段,第一个阶段是不发达的社会主义,第二个阶段是比较发达的社会主义。后一阶段可能比前一阶段需要更长的时间。"①同时,他还认为社会主义建立后,中国的人口多、底子薄,经济落后,要使生产力很大地发展起来,要赶上和超过世界上最先进的资本主义国家,没有一百多年的时间,是不行的。1964年12月,周恩来在第三届全国人大第一次会议上作政府工作报告时正式提出:"我国国民经济的发展,可以按两步来设想:第一步,用十五年时间,即在一九八〇年以前,建成一个独立的比较完整的工业体系和国民经济体系;第二步,在本世纪内,全面实现农业、工业、国防和科学技术的现代化,使我国国民经济走在世界的前列。"②

4. 关于发展的战略方针

在社会主义建设的探索中,党和政府形成了一系列促进发展的战略方针,简要归纳为四个方面:

一是调动一切积极因素。1956年4月,毛泽东在《论十大关系》中指出:"提出这十个问题,都是围绕着一个基本方针,就是要把国内外一切积极因素调动起来,为社会主义事业服务。"③这个调动一切积极因素的基本方针,是我党把群众路线的思想运用到

---

① 《毛泽东文集》第8卷,人民出版社1999年版,第116页。
② 《周恩来选集》下卷,人民出版社1984年版,第479页。
③ 《毛泽东文集》第7卷,人民出版社1999年版,第23页。

社会主义建设上来的体现，是中国共产党在发展方面的一个重大理论创新和基本方针。

二是统筹兼顾。矛盾论是马克思唯物辩证法的核心内容，运用矛盾论的观点，我党提出要按照"统筹兼顾"方针解决发展过程中各个方面的关系。1957 年 1 月，毛泽东在省市自治区党委书记会议上明确指出："我们的方针就是统筹兼顾，各得其所。"接着，他在《关于正确处理人民内部矛盾的问题》中再次强调："我们的方针是统筹兼顾、适当安排。""这里所说的统筹兼顾，是指对于六亿人口的统筹兼顾。我们作计划、办事、想问题，都要从我国有六亿人口这一点出发，千万不要忘记这一点。"[①]"统筹兼顾"的方针，包含两方面要求：一方面，统筹就是要总揽全局，抓住发展过程的主要矛盾，从国家利益、长远利益出发。社会主义建成后，中国国力薄弱，社会主义经济基础尚未夯实，国民生活水平极为低下，在这种情况下，统筹就是要运用社会主义制度的优越性，从全局出发，统筹社会经济的发展。另一方面，又要做到兼顾，也就是要兼顾到方方面面，平衡各种关系，解决好各种利益矛盾。毛泽东在《论十大关系》中，运用统筹兼顾的思想，提出了解决中国发展中的一些问题的方法。在谈到沿海工业与内地工业的关系时，他指出："好好地利用和发展沿海的工业老底子，可以使我们更有力量来发展和支持内地工业。如果采取消极态度，就会妨碍内地工业的迅速发展。所以这也是一个对于发展内地工业是真想还是假想的问题。如果是真想，不是假想，就必须更多地利用和发展沿海工

---

① 《毛泽东文集》第 7 卷，人民出版社 1999 年版，第 227—228 页。

业,特别是轻工业。"①在谈到国家、生产单位和生产者个人的关系时,他提出:"国家和工厂、合作社的关系,工厂、合作社和生产者个人的关系,这两种关系都要处理好。为此,就不能只顾一头,必须兼顾国家、集体和个人三个方面,也就是我们过去常说的'军民兼顾'、'公私兼顾'。"②在论及中央和地方的关系时,毛泽东强调必须协调中央和地方的关系,既要注重国家的总体统筹,同时又要给地方一定的积极性,兼顾地方发展的客观实际。所谓各地实际,实质就是比较优势的发挥,就是要强调立足现实,发挥地理区位、资源禀赋、文化特点等比较优势。

三是综合平衡,亦即全面协调发展。1959 年 6 月 11 日,他在《经济建设是科学,要老老实实学习》一文中提出:"搞社会主义建设,很重要的一个问题是综合平衡。比如社会主义建设需要钢、铁等种种东西,缺一样就不能综合平衡。"③紧接着,他在《庐山会议讨论的十八个问题》一文中指出:"在整个经济中,平衡是个根本问题,有了综合平衡,才能有群众路线。有三种平衡:农业内部农、林、牧、副、渔的平衡;工业内部各个部门、各个环节的平衡;工业和农业的平衡。整个国民经济的比例关系是在这些基础上的综合平衡。"④《论十大关系》所讲的重工业和轻工业、农业的关系,沿海工业和内地工业的关系,经济建设和国防建设的关系,体现了全面协调发展的思想。他在谈农业问题时指出:"必须实行工业与农业同时并举,逐步建立现代化的工业和现代化的农业。过去我们经

---

① 《毛泽东文集》第 7 卷,人民出版社 1999 年版,第 26 页。
② 《毛泽东文集》第 7 卷,人民出版社 1999 年版,第 28 页。
③ 《毛泽东文集》第 8 卷,人民出版社 1999 年版,第 73 页。
④ 《毛泽东文集》第 8 卷,人民出版社 1999 年版,第 80 页。

常讲把我国建成一个工业国,其实也包括了农业的现代化。"①针对社会主义传统国家"重工轻农"模式弊端,毛泽东提出可以加重轻工业和农业的投资比例,加重的结果,一是可以更好地满足人民生活的需要,二是可以更快地增加资金的积累,因而可以更多更好地发展重工业。在探索走中国式的工业化道路时,他还曾首创把安排国民经济计划的次序由重轻农调整为农轻重,并提出了农、轻、重并举和以农业为基础、以工业为主导的方针。但在实际工作中,受各种主客观因素的影响,在处理农、轻、重之间的关系时,始终把发展重工业放在优先地位,农业始终被放在服务并服从于国家工业化的从属地位。

四是社会与自然协调发展。在处理人与自然的关系时,恩格斯曾特别告诫人们要尊重自然,正确认识和利用自然规律,否则会受到自然界的无情惩罚。"我们不要过分陶醉于我们人类对自然界的胜利。对于每一次这样的胜利,自然界都对我们进行报复。每一次胜利,起初确实取得了我们预期的结果,但是往后和再往后却发生完全不同的、出乎预料的影响,常常把最初的结果又消除了。"②毛泽东则主要是从人类社会实践的角度来阐释这一理论的,他在《实践论》、《自由是必然的认识和世界的改造》等著作中继承和发展了马克思主义关于社会与自然协调发展的观点,认为科学的社会实践必须合乎规律,必须有正确思想的指导。这里的"合乎规律",也包括要尊重自然规律,保护自然,要注意人与社会的和谐相处。

---

① 《毛泽东文集》第 7 卷,人民出版社 1999 年版,第 310 页。
② 《马克思恩格斯文集》第 9 卷,人民出版社 2009 年版,第 559—560 页。

§3.2　改革开放探索时期的发展思想和实践探索

任何发展思想和理论的提出都是受一定时代背景的影响与约束,并建立在对特定的时代主题、社会发展形势、发展任务的判断基础之上的。从新中国成立到改革开放时期,由于受东西方冷战、朝鲜战争、越南战争等因素的影响,我国长期处在以美国为首的西方国家在经济上封锁、军事上包围、政治上孤立的环境中,加上自苏共二十大后中苏之间的关系逐渐恶化和破裂,这些国际形势的发展变化成为影响党和政府探讨发展问题的重要因素。

从 20 世纪 70 年代起,人类历史发展进入了一个新阶段,新中国建设事业面临的国际国内环境都发生了巨大变化。从国际上来看,世界局势逐步趋于缓和,广大发展中国家在完成本国民族革命的任务后都要求发展本国经济,我国的国际发展空间不断扩大;从国内来看,人们对加快发展的愿望十分强烈。时代的主题逐渐由战争与革命过渡为和平与发展。在时代主题转换的背景下,党和政府关于发展的思想也在与时俱进,对发展问题进行了新的探索,并提出了一些新的观点。

1. 关于发展的目标

邓小平关于发展目标的思想,是对毛泽东关于现代化发展目标思想的继承、调整和完善。他在改革开放之初谈及国家建设时指出:"我们要建设的社会主义国家,不仅要有高度的物质文明,而且要有高度的精神文明。"[1]此后,他多次强调要在建设高度物质文明的同时,提高全民族的科学文化水平,发展高尚的丰富多彩的文化生活,建设高度的社会主义精神文明。随着改革开放的不

---

[1] 《邓小平文选》第 2 卷,人民出版社 1994 年版,第 367 页。

断深入,邓小平对国家发展目标的认识进一步深化。20 世纪 80 年代初,党中央提出把我国建设成为富强、民主、高度文明的现代化的社会主义强国。这一发展目标的提出,不仅加深了人们对现代化的认识,而且具有更强的实践意义和可操作性,有利于国家的全面发展。

在邓小平的发展思想中,发展生产力依然是发展目标的核心,这与毛泽东的发展思想观点相同,并把它上升到一个新的高度。他提出了"发展才是硬道理"的著名论断,认为发展是解决当代中国所有问题的关键,"中国解决所有问题的关键是要靠自己的发展"①。"社会主义阶段的最根本任务就是发展生产力,社会主义的优越性归根到底要体现在它的生产力比资本主义发展得更快一些、更高一些,并且在发展生产力的基础上不断改善人民的物质文化生活。"②

2. 关于发展的根本目的和依靠力量

历史唯物主义认为,人民群众是历史的真正创造者,人民的利益高于一切。人民群众的根本利益,正是邓小平考虑建设和发展有中国特色社会主义的出发点和落脚点。党的十一届三中全会后,邓小平指出中国主要的目标是发展,是摆脱落后,使国家的力量增强起来,人民的生活逐步得到改善。改革开放后,邓小平反复强调发展是为了人民的利益这一观点。1980 年 5 月 5 日,他在《社会主义首先要发展生产力》中提出:"社会主义经济政策对不对,归根到底要看生产力是否发展,人民收入是否增加。这是压倒

---

① 《邓小平文选》第 3 卷,人民出版社 1993 年版,第 265 页。
② 《邓小平文选》第 3 卷,人民出版社 1993 年版,第 63 页。

一切的标准。"①随着改革开放实践的深化,邓小平在1992年南方谈话中,又把发展生产力与人民利益高度统一起来。他指出:"判断的标准,应该主要看是否有利于发展社会主义社会的生产力,是否有利于增强社会主义国家的综合国力,是否有利于提高人民的生活水平。"②

在考虑如何实现人民群众的根本利益时,邓小平做了进一步细化,提出了实现共同富裕的发展目的,并将共同富裕与社会主义本质结合起来,这是对马克思主义和毛泽东思想的一大发展。邓小平指出:"共同富裕,这是体现社会主义本质的一个东西"③,是我们必须坚持的社会主义的根本原则之一。他强调:"社会主义财富属于人民,社会主义的致富是全民共同致富。社会主义原则,第一是发展生产,第二是共同致富。"④他在揭示社会主义本质时,把"解放生产力,发展生产力,消灭剥削,消除两极分化"的最终结果归结为达到"共同富裕"。社会主义区别于资本主义的特点就在于共同富裕,不搞两极分化。

从群众中来,到群众中去,是我党的优良传统和政治优势。在发展的依靠力量方面,邓小平继承了这一思想,深刻揭示了人民群众的社会主体地位,并强调"群众是我们力量的源泉"。他在1980年8月18日谈党和国家领导制度改革时指出:"社会主义现代化建设的极其艰巨复杂的任务摆在我们的面前。很多旧问题需要继续解决,新问题更是层出不穷。党只有紧紧地依靠群众,密切地联

---

① 《邓小平文选》第2卷,人民出版社1994年版,第314页。
② 《邓小平文选》第3卷,人民出版社1993年版,第372页。
③ 《邓小平文选》第3卷,人民出版社1993年版,第364页。
④ 《邓小平文选》第3卷,人民出版社1993年版,第172页。

系群众,随时听取群众的呼声,了解群众的情绪,代表群众的利益,才能形成强大的力量,顺利地完成自己的各项任务。"①此后,他多次强调了这一观点,并认为中国的事情能不能办好,社会主义和改革开放能不能坚持,经济能不能快一点发展起来,国家能不能长治久安,从一定意义上说,关键在人。在改革开放中,邓小平始终重视人民群众的实践,他认为中国特色社会主义事业每前进一步,都是靠群众的创造。邓小平对此有过精辟的总结和论述,他多次谈到:"改革是大家的主意,人民的要求。"②"农村改革中的好多东西,都是基层创造出来,我们把它拿来加工提高作为全国的指导。"③"我们党提出的各项重大任务,没有一项不是依靠广大人民的艰苦努力来完成的。"④"我个人做了一点事,但不能说都是我发明的。其实很多事是别人发明的,群众发明的,我只不过把它们概括起来,提出了方针政策。"⑤这些都是邓小平尊重群众、尊重实践、依靠群众的集中体现。

3. 关于发展的战略步骤

在总结以往建设的失误时,邓小平认为主要问题是太急,政策偏"左",导致生产力的发展受到阻碍。基于对我国基本国情的分析,邓小平逐渐形成了"三步走"的战略部署。邓小平在 1979 年12 月接见日本首相大平正芳时说:"我们要实现的四个现代化,是中国式的四个现代化。我们的四个现代化的概念,不是像你们那

---

① 《邓小平文选》第 2 卷,人民出版社 1994 年版,第 342 页。
② 《邓小平文选》第 3 卷,人民出版社 1993 年版,第 118 页。
③ 《邓小平文选》第 3 卷,人民出版社 1993 年版,第 382 页。
④ 《邓小平文选》第 3 卷,人民出版社 1993 年版,第 4 页。
⑤ 《邓小平文选》第 3 卷,人民出版社 1993 年版,第 272 页。

样的现代化的概念,而是'小康之家'。"①根据邓小平的这个战略构想,党的十二大明确规定:"从一九八一年到本世纪末的二十年,我国经济建设总的奋斗目标是,在不断提高经济效益的前提下,力争使全国工农业的年总产值翻两番,即由一九八○年的七千一百亿元增加到二○○○年的二万八千亿元左右。"②1987 年 4 月 30 日,邓小平在会见一位西班牙客人时,系统地阐述了"三步走"的战略步骤。他指出:"我们原定的目标是,第一步在八十年代翻一番。以一九八○年为基数,当时国民生产总值人均只有二百五十美元,翻一番,达到五百美元。第二步是到本世纪末,再翻一番,人均达到一千美元。实现这个目标意味着我们进入小康社会,把贫困的中国变成小康的中国。那时国民生产总值超过一万亿美元,虽然人均数还很低,但是国家的力量有很大增加。我们制定的目标更重要的还是第三步,在下世纪用三十年到五十年再翻两番,大体上达到人均四千美元。做到这一步,中国就达到中等发达的水平。"③

1987 年 10 月,党的十三大将邓小平的"三步走"战略构想用党的文件的形式确定下来,这标志着我国社会主义建设战略步骤基本确立,并成为我们党在社会主义初级阶段经济发展的纲领。

"三步走"战略部署以社会主义初级阶段主要矛盾的演变为线索,根据经济发展的客观规律,立足于我国的基本国情,阐明了我国经济建设的历史任务和奋斗目标,它体现了发展的长期性和阶段性的统一、党的奋斗目标和群众利益的统一、速度和效益的统一。

---

① 《邓小平文选》第 2 卷,人民出版社 1994 年版,第 237 页。
② 《十二大以来重要文献选编》上,人民出版社 1986 年版,第 14 页。
③ 《邓小平文选》第 3 卷,人民出版社 1993 年版,第 226 页。

　　为了实施"三步走"战略部署,邓小平提出了非均衡发展战略和"两个大局"思想。邓小平认为:"对于我们这样发展中的大国来说,经济要发展得快一点,不可能总是那么平平静静、稳稳当当。"[①]1978 年,邓小平提出了允许和鼓励一部分地区、一部分人先富起来的思想。自此,我国的经济发展战略的指导思想开始跳出均衡发展的逻辑思维。1980 年 3 月,在国务院召开的长期计划的座谈会上,邓小平指出要"发挥比较优势,扬长避短,要承认不平衡"。1986 年,邓小平在同新西兰总理朗伊的谈话中又一次谈到了这一非均衡发展思想。他说:"我们坚持走社会主义道路,根本目标是实现共同富裕,然而平均发展是不可能的。……对这个政策有一些人感到不那么顺眼,我们的做法是允许不同观点存在,拿事实来说话。"[②]非均衡发展战略主要体现在两个方面:一是从空间上来看,允许和鼓励一部分地区、一部分人先富起来。他指出:"在经济政策上,我认为要允许一部分地区、一部分企业、一部分工人农民,由于辛勤努力成绩大而收入先多一些,生活先好起来。一部分人生活先好起来,就必然产生极大的示范力量,影响左邻右舍,带动其他地区、其他单位的人们向他们学习。这样,就会使整个国民经济不断地波浪式地向前发展,使全国各族人民都能比较快地富裕起来。……这是一个大政策,一个能够影响和带动整个国民经济的政策,建议同志们认真加以考虑和研究。"[③]二是从产业和部门上来看,实施基础产业优先发展和重点发展。他认为农业、能源和交通、教育和科学技术是我国国民经济发展的基础环

---

①　《邓小平文选》第 3 卷,人民出版社 1993 年版,第 377 页。
②　《邓小平文选》第 3 卷,人民出版社 1993 年版,第 155 页。
③　《邓小平文选》第 2 卷,人民出版社 1994 年版,第 152 页。

节、薄弱环节、关键环节,因而我国经济发展的战略重点"一是农业,二是能源和交通,三是教育和科学"①。

1988年9月,邓小平提出了"两个大局"思想:"沿海地区要加快对外开放,使这个拥有两亿人口的广大地带较快地先发展起来,从而带动内地更好地发展,这是一个事关大局的问题。内地要顾全这个大局。反过来,发展到一定的时候,又要求沿海拿出更多力量来帮助内地发展,这也是个大局。那时沿海也要服从这个大局。"②1989年10月,邓小平又对"两个大局"进一步阐释:我们的发展规划,第一步,让沿海地区先发展;第二步,沿海地区帮助内地发展,达到共同富裕。"两个大局"思想是对非均衡发展战略的运用,对于促进我国国民经济的快速发展和实现"三步走"发展战略发挥了重要作用。

4. 关于发展的主要途径和方法

在发展的主要途径和方法方面,邓小平提出了许多重要的思想。总体而言,主要包括以下几个方面:

一是以经济建设为中心。经济活动是人类社会赖以存在和发展的基础。这是邓小平"以经济建设为中心"思想的最基本的理论依据。邓小平不仅提出了"发展是硬道理"的论断,而且指明了怎样发展的问题。他在《目前的形势和任务》中指出:"现代化建设的任务是多方面的,各个方面需要综合平衡,不能单打一。但是说到最后,还是要把经济建设当作中心。离开了经济建设这个中心,就有丧失物质基础的危险。其他一切任务都要服从这个中心,

---

① 《邓小平文选》第3卷,人民出版社1993年版,第9页。
② 《邓小平文选》第3卷,人民出版社1993年版,第277—278页。

围绕这个中心，决不能干扰它，冲击它。"①他认为："抓住时机，发展自己，关键是发展经济。"②在社会主义建设时期，尤其是在社会主义初级阶段，必须把党的工作重心转移到经济建设上来，自觉坚持以经济建设为中心。

二是坚持改革开放。改革开放是推进中国社会主义现代化建设的根本途径。要发展就必须实行改革开放，是邓小平发展观的重要特色。在这方面，邓小平提出了许多著名的论断，例如："改革是社会主义制度的自我完善"，"改革是中国的第二次革命"，"坚持改革开放是决定中国命运的一招"，等等。在这些思想的指导下，实行对外开放成为我国的一项基本国策，正如邓小平指出的："要发展生产力，就要实行改革和开放的政策。不改革不行，不开放不行。"③

三是充分发挥市场的优势。邓小平突破了原有的把计划经济等同于社会主义、把市场经济等同于资本主义的错误认识，他指出："我们必须从理论上搞懂，资本主义与社会主义的区分不在于是计划还是市场这样的问题。社会主义也有市场经济，资本主义也有计划控制。……不要以为搞点市场经济就是资本主义道路，没有那么回事。计划和市场都得要。"④"计划多一点还是市场多一点，不是社会主义与资本主义的本质区别。计划经济不等于社会主义，资本主义也有计划；市场经济不等于资本主义，社会主义也有市场。计划和市场都是经济手段。"⑤正是由于在计划与市场

① 《邓小平文选》第2卷，人民出版社1994年版，第250页。
② 《邓小平文选》第3卷，人民出版社1993年版，第375页。
③ 《邓小平文选》第3卷，人民出版社1993年版，第265页。
④ 《邓小平文选》第3卷，人民出版社1993年版，第364页。
⑤ 《邓小平文选》第3卷，人民出版社1993年版，第373页。

关系上取得突破性认识,才使党的经济方针做出了正确的调整。十一届三中全会上提出"以计划经济为主、市场调节为辅"的方针,十二届三中全会上进一步提出社会主义经济是有计划的商品经济,党的十三大把经济体制界定为"计划与市场内在统一的体制"。南方谈话和十四大的召开,标志着邓小平关于计划与市场以及社会主义市场经济的思想达到了成熟。

四是注重科技教育。当今世界,一个国家和民族的兴衰强弱,比以往任何时候都更紧密地与科学技术联系在一起。针对这一现实,邓小平指出,现代科技是社会主义发展的关键环节,社会生产力的巨大发展,劳动生产率的大幅度提高,最主要的是靠科学的力量。为此,他不仅提出了"科学技术是第一生产力"的著名论断,而且提出了"四个现代化,关键是科学技术的现代化"、"中国要发展,离开科学不行"等发展理论的命题,准确地阐明了当代科学技术发展对经济、社会发展的巨大推动作用。"过去也好,今天也好,将来也好,中国必须发展自己的高科技,在世界高科技领域占有一席之地"[1]。1992年年初,邓小平在南方谈话中进一步强调说:"我说科学技术是第一生产力。近一二十年来,世界科学技术发展得多快啊!高科技领域的一个突破,带动一批产业的发展。我们自己这几年,离开科学技术能增长得这么快吗?要提倡科学,靠科学才有希望。"[2]邓小平也高度重视教育问题,提出了教育是一个民族最根本的事业、抓教育要从娃娃抓起、尊重知识和尊重人才是我们长远的根本大计等著名论断。邓小平这一系列战略思

---

[1]　《邓小平文选》第3卷,人民出版社1993年版,第279页。
[2]　《邓小平文选》第3卷,人民出版社1993年版,第377—378页。

想,为我国科技和教育方针、政策的制定指明了方向。

§3.3 社会主义市场经济体制建立时期的发展思想和实践探索

20世纪90年代以来,时代主题仍然是和平与发展,但世界政治经济形势有了新的变化。冷战结束后,国际局势风云变幻,世界格局趋于多极化,世界经济日益全球化,包括生产全球化、市场全球化、金融全球化。在此时代背景下,中国进入了通过市场化改革来推动生产力发展的历史新阶段。为此,党和政府总结我国改革开放的经验、借鉴人类文明有益成果,将建立社会主义市场经济体制作为中国进一步发展的基本路径,提出了一系列关于发展问题的新思想、新观点、新论断。

1. 关于发展的战略意义

江泽民将发展的战略意义上升到一个前所未有的高度。他强调要把发展不仅仅看做是一个重大的经济问题,而且看做是一个重大的政治问题,强调要把发展这个硬道理作为我们必须始终坚持的一个战略思想,进而提出"把发展作为党执政兴国的第一要务"的新论断。他指出:"党要承担起推动中国社会进步的历史责任,必须始终紧紧抓住发展这个执政兴国的第一要务"[1]。他进一步强调:"能不能抓住机遇,加快发展,是一个国家、一个民族赢得主动、赢得优势的关键所在。"[2]"离开发展,坚持党的先进性、发挥社会主义制度的优越性和实现民富国强都无从谈起。""要集中全

---

[1] 《江泽民文选》第3卷,人民出版社2006年版,第538页。
[2] 江泽民:《论"三个代表"》,中央文献出版社2001年版,第123页。

国人民的智慧和力量,聚精会神搞建设,一心一意谋发展。"①这些重要论断体现了邓小平关于发展是硬道理的重要思想,揭示了解决我国社会主要矛盾和问题的根本办法。

同时,江泽民将发展的战略意义置于改革、发展与稳定三者之间的关系中来研究,认为三者存在着不可分割的内在联系,并指出:"改革、发展、稳定,好比是我国现代化建设棋盘上的三着紧密关联的战略性棋子,每一着棋都下好了,相互促进,就会全局皆活;如果有一着下不好,其他两着也会陷入困境,就可能全局受挫。所以把握好改革、发展、稳定的关系,是现代化建设的一项重要领导艺术。"②

2. 关于发展的战略步骤

江泽民深化了邓小平关于分阶段、分步骤地实现我国社会主义现代化的战略思想,提出了新的"三步走"战略和全面建设小康社会的奋斗目标。1997 年党的十五大第一次明确提出:"展望新的世纪,我们的目标是,第一个十年实现国民生产总值比 2000 年翻一番,使全国人民的小康生活更加宽裕,形成完善的社会主义市场经济体制;再经过十年的努力,到建党一百年时,使国民经济更加发展,各项制度更加完善;到下个世纪中叶建国一百年时,基本实现现代化,建成富强民主文明的社会主义国家。"这就实际上提出了到 21 世纪中叶,跨度达 50 年的新的"三步走"发展战略。党的十六大将新"三步走"发展战略又进一步具体化:在本世纪的头 20 年集中力量全面建设惠及十几亿人口的更高水平的小康社会。

---

① 《江泽民文选》第 3 卷,人民出版社 2006 年版,第 538—539 页。
② 《江泽民论有中国特色社会主义》(专题摘编),中央文献出版社 2002 年版,第 211 页。

国内生产总值 2010 年比 2000 年翻一番；2020 年比 2010 年再翻一番；到 21 世纪中叶，人均国民生产总值达到中等发达国家水平，基本实现现代化。新"三步走"战略也就是全面建设小康社会的"三步走"战略，这是在新的历史起点上对邓小平提出的"三步走"战略的进一步展开。

3. 关于发展的目的

江泽民继承了毛泽东、邓小平关于发展是为了人民群众的思想，他指出："人民群众是改革发展的主体和动力，也是稳定的力量源泉和深厚基础。只要广大人民群众真心实意拥护改革，我们就一定能够应对各种复杂情况和矛盾，即使出点这样那样的问题也好办。而要赢得群众拥护，最根本的是要把实现和维护最广大人民群众的利益作为我们一切工作的出发点和落脚点，努力使工人、农民、知识分子等基本群众共同享受到改革发展的成果。党的一切方针政策，都要以是否符合最广大人民群众的利益为最高标准，以最广大人民群众满意不满意为根本准则。"①他并强调："不断改善人民生活，是我们党全心全意为人民服务宗旨和'三个代表'要求的最终体现，是处理好改革发展稳定关系的结合点。"②

4. 关于发展的主要途径和方法

在如何促进发展方面，江泽民形成了一系列关于发展的途径和方法的新思想、新观点：

一是确立社会主义市场经济体制。根据马克思主义的基本原理，以及邓小平关于计划与市场关系的重要论述，江泽民在总结世

---

① 《江泽民文选》第 2 卷，人民出版社 2006 年版，第 444—445 页。
② 江泽民：《论社会主义市场经济》，中央文献出版社 2006 年版，第 569 页。

界经济发展历史经验的基础上,把握时代前进的要求,提出了建立社会主义市场经济体制的改革目标。他强调:"我们搞的是社会主义市场经济,'社会主义'这几个字是不能没有的,这并非多余,并非画蛇添足,而恰恰相反,这是画龙点睛。所谓'点睛',就是点明我们的市场经济的性质。西方市场经济符合社会化大生产、符合市场一般规律的东西,毫无疑义,我们要积极学习和借鉴,这是共同点;但西方市场经济是在资本主义制度下搞的,我们的市场经济是在社会主义制度下搞的,这是不同点,而我们的创造性和特色也就体现在这里。"①

二是调动一切积极因素,发展先进生产力。江泽民指出:始终代表中国先进生产力的发展要求,大力促进先进生产力的发展,是我们党站在时代前列,保持先进性的根本体现和根本要求。他强调:人是生产力中最具有决定性的力量;人才资源是第一资源;科学技术是先进生产力的集中体现和主要标志;创新是一个民族进步的灵魂,是一个国家兴旺发达的不竭动力。江泽民的这些重要论断,继承和发展了马克思主义的生产力理论。

三是坚持走持续快速健康的发展道路。以江泽民为核心的党的第三代中央领导集体,立足于我国国民经济发展的实际情况,作出了加强和改善宏观调控、稳定和发展农业、对经济结构进行战略性调整、加快转变经济增长方式、促进区域协调发展等一系列重大决策。具体而言:其一,实行经济结构的战略性调整,推动两个根本性转变。其二,把"三农"放在经济工作的首位,统筹城乡发展。他指出,农业、农村、农民问题,始终是我国革命、建设和改革的根

---

① 江泽民:《论社会主义市场经济》,中央文献出版社2006年版,第203页。

本问题。其三,实施西部大开发战略,促进区域协调发展。他指出:"实施西部大开发,是一项振兴中华的宏伟战略任务。实现了这个宏图大略,其经济、文化、政治、军事、社会的深远意义,是难以估量的。全党同志和全国上下必须提高和统一认识。没有西部地区的稳定就没有全国的稳定,没有西部地区的小康就没有全国的小康,没有西部地区的现代化就不能说实现了全国的现代化。"①其四,正确处理现代化建设中的重大关系,加强统筹兼顾,促进协调发展。

四是实施科教兴国战略。江泽民指出:"科学技术实力和国民教育水平,始终是衡量综合国力和社会文明程度的重要标志,也是每个国家走向繁荣昌盛的两个不可缺少的飞轮。"②同时,他认为,全面实施科教兴国战略,加速全社会的科技进步,关键是要加强和不断推进知识创新、技术创新。科技创新越来越成为当今社会生产力解放和发展的重要基础和标志,越来越决定着一个国家、一个民族的发展进程。如果不能创新,一个民族就难以兴盛,难以屹立于世界民族之林。

五是实施"引进来"和"走出去"相结合的开放战略。中国的发展离不开世界,必须打开大门搞建设,充分利用国际国内两个市场、两种资源。江泽民指出:"'引进来'和'走出去',是我们对外开放基本国策两个紧密联系、相互促进的方面,缺一不可。这个指导思想一定要明确。现在,国际竞争这样激烈,无论从目前搞活国有企业还是从我国经济的长远发展来看,非这样做不可。"③为此,

---

① 《江泽民文选》第 2 卷,人民出版社 2006 年版,第 344 页。
② 《江泽民文选》第 2 卷,人民出版社 2006 年版,第 237 页。
③ 《江泽民文选》第 2 卷,人民出版社 2006 年版,第 92 页。

他形象地比喻:"引进来"和"走出去"是对外开放的两个轮子,必须同时转动起来。"走出去"既是对外开放的重要战略,也是经济发展的重要战略,这是对邓小平改革开放思想的进一步发展。

六是实现经济社会协调发展,走可持续发展的道路。1999 年 11 月 15 日,江泽民指出:"实现经济社会协调发展是我国社会主义现代化建设的一个重要指导方针。……在经济建设任务十分繁重的情况下,一定要统筹兼顾地抓好教育、科技、文化、卫生、体育、环境保护、计划生育等各项工作,努力促进经济、社会、环境协调发展。"①在可持续发展方面,他认为这是一个重大战略,必须把贯彻实施可持续发展战略始终作为一件大事来抓;实现可持续发展,核心的问题是实现经济社会和人口、资源、环境协调发展。为此,他指出:"要把控制人口、节约资源、保护环境放到重要位置,使人口增长与社会生产力发展相适应,使经济建设与资源、环境相协调,实现良性循环。"②

§4　科学发展观的产生及基本内涵

科学发展观是与时俱进的马克思主义发展观,同毛泽东、邓小平和江泽民关于发展的重要思想一脉相承。它是根据辩证唯物主义和历史唯物主义的基本原理,在准确把握世界发展趋势、认真总结我国发展经验、深入分析我国发展阶段性特征的基础上提出的。它吸收了人类文明进步的新成果,站在历史和时代的高度,客观地

---

① 《江泽民文选》第 2 卷,人民出版社 2006 年版,第 446 页。
② 《江泽民文选》第 1 卷,人民出版社 2006 年版,第 463 页。

反映了我国社会主要矛盾在现阶段的新特点、新要求。

§4.1 科学发展观的产生与深化

任何发展思想和理论的提出都是时代的产物,并建立在对特定的时代主题、社会发展形势、发展任务的判断基础之上。我国在新世纪面临的新挑战、新任务以及当今世界发展的潮流和国际形势的新发展是科学发展观产生的时代背景。经过改革开放 20 多年的发展历程,我们实现了现代化建设"三步走"战略的第一步、第二步目标,完成了由解决温饱到总体上达到小康的历史性跨越、从计划经济到社会主义市场经济的历史性转变。当人类社会跨入 21 世纪的时候,我国进入了加快推进社会主义现代化、全面建设小康社会的新的发展阶段。新世纪新阶段,我国的发展站在了新的历史起点上:世界经济全球化给我国带来了新的机遇,也产生了新的挑战;社会主义的工业化、城镇化、市场化、国际化在新的发展形势下也产生了新的矛盾。新的世纪与新的发展阶段,不仅是我国发展新的历史起点,而且是科学发展观产生的时代背景和时代要求。

产生科学发展观的时代潮流和国际环境。科学发展观是顺应世界潮流、应对国际竞争的必然选择。积极参与国际经济分工,充分利用国际市场是我国经济发展的重要经验。一方面,当今世界,和平、发展、合作成为时代潮流,世界多极化发展的趋势不可逆转,经济全球化深入发展,科技革命加速推进,全球和区域合作方兴未艾,生产要素流动和产业转移加快,我国与世界经济的相互联系和影响日益加深,国内国际两个市场、两种资源相互补充,我国全面参与经济全球化面临难得的历史机遇。另一方面,国际环境复杂多变,影响和平与发展的不稳定不确定因素增多,我国仍将长期面对发达国家在经济科技等方面的优势压力,世界经济发展不平衡状况加剧,围绕资源、市场、技术、人才的竞争更加激烈,贸易保护主义有新的表现,随着经济全球化的发展,西方加紧向全世界传播他们的价值观念,这些都对我国经济社会发展和文化安全提出新的挑战。在这种国际背景下,我国发展面临一系列新的问题:如何适应经济全球化和区域经济一体化的新形势,在更大范围、更广领域和更高层次上参与国际经济技术合作和竞争,形成自身合作和竞争的新优势;如何进一步高举和平与发展的旗帜,促进和谐世界的建立;如何坚定不移地坚持社会主义的方向,继续探索既符合国情又与世界发展潮流相适应的发展道路;如何大力建设社会主义核心价值体系,巩固全党全国各族人民团结奋斗的共同思想基础,发展具有中华民族特色的、汲取世界文化之长的和富有时代精神的新文化,并切实维护国家的文化安全;等等。面对这些问题,客观必然地要求我们树立科学发展观,以适应历史发展的时代潮流。

产生科学发展观的历史条件。科学发展观是我国发展阶段性要求产物。"三步走"战略阶段性目标的实现,推动我国的建设事业进入了全面建设小康社会的新阶段。这是作为我国新时期发展战略指导思想的科学发展观产生的历史条件。按照邓小平的设想,到 20 世纪末完成现代化"三步走"战略的第二步时,就"意味着我们进入小康社会,把贫困的中国变成小康的中国。那时国民生产总值超过一万亿美元,虽然人均数还很低,但是国家的力量有很大增加。我们制定的目标更重要的还是第三步"①。中国共产

---

① 《邓小平文选》第3卷,人民出版社1993年版,第226页。

党在十六大报告中明确指出，人民生活总体上实现了由温饱到小康的历史性跨越，从新世纪开始我国进入全面建设小康社会的新的发展阶段。2009年我国的国内生产总值达到31.4万亿元，经济总量已达到世界第三位，2010年上半年国内生产总值已跃居全球第二位；我国的对外贸易迈上新台阶，2009年进出口贸易总额达到2.2万亿美元，2010年达到2.97万亿美元，居世界第二位；外汇储备超过2万亿美元，居世界第一位。同时，我国的经济体制改革不断深化，工业化、城镇化、市场化、国际化步伐加快，城乡人民生活进一步改善，居民消费结构逐步升级，各项社会事业取得新进步，社会主义民主政治和精神文明建设继续加强。面向未来，我国站在一个新发展阶段的历史起点上。完成第三步发展战略、全面推进小康社会建设，需要新的发展思想来指导。正是在这种历史条件下，以胡锦涛为总书记的党中央提出科学发展的战略思想，从强调又快又好发展，到强调又好又快发展，坚持经济与社会发展相协调，从而为开创中国特色社会主义事业新局面提供了科学理论指导。

形成科学发展观的时代要求。我国当前面临的新形势、新任务是科学发展观产生的时代要求。当我国社会主义建设进入新的历史阶段时，社会主义工业化、城镇化、市场化、国际化深入发展带来了新机遇、新挑战和新矛盾，经济体制、社会结构、利益格局和思想观念都发生着深刻的调整和变化。这种机遇和挑战、调整和变化给我国发展进步带来巨大活力，同时也使我国各项事业发展面临新课题新矛盾。

从我国工业化所处的发展阶段来看，我国目前总体上尚处在工业化中期水平，实现工业化仍然是我国现代化进程中艰巨的历史性任务。一方面,推进工业化必然面临人口、资源、环境等重要约束,随着工业化的深入发展,我国面临着经济增长和资源、环境的矛盾;另一方面,随着工业化的推进,一国的经济结构包括产品结构、技术结构、产业结构、就业结构等往往都要发生重大变动,因而面临着因经济结构优化升级而产生大量相对剩余劳动力与解决劳动力就业的矛盾。此外,我国在工业化尚未完成的情况下就面临着信息化的任务。由此可见,我国面临的新课题就是如何坚持以信息化带动工业化,以工业化促进信息化,走出一条科技含量高、经济效益好、资源消耗低、环境污染少、人力资源优势得到充分发挥的新型工业化道路。在走新型工业化道路上,我国必须以科学发展观为指导,努力转变经济发展方式,采取更有力的措施提高经济发展的质量和效益。

从城镇化发展的情况来看,我国正处在城镇化发展的关键时期,同样也面临着一些新课题、新矛盾。虽然近年来我国城镇化取得巨大成就,总体上已经进入以工促农、以城带乡的发展阶段,大大促进了国民经济的整体发展和城乡居民生活水平的提高,但也面临着资源紧缺、环境脆弱、地区差异大等许多问题和矛盾,在城镇化中出现了一些不容忽视的新问题,如:一些地方政府打着“规模经营”、“加快城镇化”的招牌,纷纷“圈地”、“围地”,土地资源透支严重;一些地方不顾城市的承载能力、经济发展水平、工业化水平等客观条件,盲目追求城镇化率的提高;随着土地被征用,出现了大批徘徊在城市边缘的“失地农民”;有的城市盲目扩张,交通拥堵、环境污染、能源短缺、房价高昂。因此,随着城镇化的深入发展,需要认真解决好发展与坚持走中国特色城镇化道路的矛盾,推动城镇建设由粗放型向集约型转变,提高城镇综合承载能力和吸纳农村富余劳动力就业的能力,把城市群作为推进城镇化的主体形态,努力形成资源节约、环境友好、经济高效、社会和谐的城镇发展新格局,而做到这些必然要求以科学发展观为指导。

树立科学发展观的历史必然性。建立社会主义市场经济体制是我国经济发展和社会主义建设事业繁荣发展的重要保证。党的十四大提出了建立社会主义市场经济体制的改革目标,党的十六届三中全会又就如何进一步完善社会主义市场经济体制做出新的部署。这些都符合中国国情,顺应了时代发展潮流。但是,由于受多种因素的影响,我国计划经济体制依赖与动作惯性还十分明显,政府转型还不到位,即使是市场经济基本标识的价格手段,也依然是明显的行政化管理特征。资本、土地和劳动力等要素市场也不完善,改革正处在攻坚阶段;在所有制方面,还没有形成一个各种所有制经济平等竞争的社会环境;教育、医疗、就业等领域的过度市场化趋向和行为,已经出现了上学难、看病贵和就业难等社会问题;在收入分配方面,由于分配关系尚未理顺、分配制度尚不健全,分配不公、贫富差距拉大的矛盾较为突出。随着市场化的不断深入,我国面临着诸多新的课题,如:如何强化政府在公共服务中的主体地位,加快建设公共服务型政府;如何继续推进社会主义的市场化改革,实现经济增长方式由政府主导向市场主导的转变;如何进一步坚持和完善公有制为主体、多种所有制共同发展的基本经济制度,形成各种所有制经济平等竞争、相互促进的新格局;如何建设好市场竞争的主体秩序和市场经济的交易秩序、法制秩序、道德秩序;如何解决好群众的上学贵、看病贵、住房贵、就业难等一系列实际问题;如何理顺分配关系,缩小贫富差距,实现社会公平。妥善解决我国经济社会发展面临的这些历史课题,离开科学发展观是不行的。

总而言之,新的历史阶段,是我国现代化推进的关键时期,经济社会发展呈现出一系列新的阶段性特征,主要是①:经济实力显著增强,同时生产力水平总体上还不高,自主创新能力还不强,长期形成的结构性矛盾和粗放型增长方式尚未根本改变;社会主义市场经济体制构架初步建立,同时影响发展的体制机制障碍依然存在,改革攻坚面临深层次矛盾和问题;人民生活总体上达到小康水平,同时收入分配差距拉大趋势还未根本扭转,城乡贫困人口和低收入人口还有相当数量,统筹兼顾各方面利益难度加大;协调发展取得显著成绩,同时农业基础薄弱、农村发展滞后的局面尚未改变,缩小城乡、区域发展差距和促进经济社会协调发展任务艰巨;社会主义民主政治不断发展、依法治国基本方略扎实贯彻,同时民主法制建设与扩大人民民主和经济社会发展的要求还不完全适应,政治体制改革需要继续深化;社会主义文化更加繁荣,同时人民精神文化需求日趋旺盛,人们思想活动的独立性、选择性、多变性、差异性明显增强,对发展社会主义先进文化提出了更高要求;社会活力显著增强,同时社会结构、社会组织形式、社会利益格局发生深刻变化,社会建设和管理面临诸多新课题;对外开放日益扩大,同时面临的国际竞争日趋激烈,发达国家在经济科技上占优势的压力长期存在,可以预见和难以预见的风险增多,统筹国内发展和对外开放要求更高。这些阶段性特征是社会主义初级阶段基本国情在新世纪新阶段的具体表现,反映了我国经济社会发展面临

---

① 胡锦涛:《高举中国特色社会主义伟大旗帜　为夺取全面建设小康社会新胜利而奋斗》,人民出版社 2007 年版,第 13—14 页。

的新形势、新矛盾和新问题。科学发展观正是在准确把握我国的基本国情和发展的阶段性特征的前提下,为适应我国发展的新形势、为解决前进中面临的新矛盾、新问题而提出来的。

科学发展观的形成经历了一个逐步完善的过程,其理论内涵和特征表述也越来越完整和深刻。2003 年春天,我国遭遇了一场突如其来的"非典"疫情。在抗击"非典"的斗争中,胡锦涛总书记到广东视察,第一次提出要坚持全面的发展观,努力促进社会主义物质文明、政治文明和精神文明的协调发展。7 月 1 日,胡锦涛总书记在"七一讲话"中指出:"发展是以经济建设为中心、经济政治文化相协调的发展,是促进人与自然相和谐的可持续发展。"[①]28日,他在全国防治"非典"工作会议上指出:"我们要更好地坚持全面发展、协调发展、可持续发展的发展观,更加自觉地坚持推动社会主义物质文明、政治文明和精神文明协调发展,坚持在经济社会发展的基础上促进人的全面发展,坚持促进人与自然的和谐。"[②]

2003 年 10 月 14 日,党的十六届三中全会通过的《中共中央关于完善社会主义市场经济体制若干问题的决定》明确提出了"坚持以人为本,树立全面、协调、可持续的发展观,促进经济社会和人的全面发展"[③]。强调统筹城乡发展、区域发展、经济社会协调发展、人与自然和谐发展、国内发展和对外开放。这是党的文件第一次完整地提出了科学发展观。11 月 29 日,胡锦涛总书记在中央经济工作会议上提出:重要的是牢固树立和认真落实全面、协

---

① 胡锦涛:《在"三个代表"重要思想理论研讨会上的讲话》,人民出版社 2003 年版,第7—8 页。

② 《十六大以来重要文献选编》上,中央文献出版社 2005 年版,第 397 页。

③ 《十六大以来重要文献选编》上,中央文献出版社 2005 年版,第 465 页。

调、可持续的发展观。这既是经济工作必须长期坚持的重要指导思想,也是解决当前经济社会发展中诸多矛盾必须遵循的基本原则。

2004 年 2 月,党中央在中央党校举办了省部级主要领导干部"树立和落实科学发展观"专题研讨班,胡锦涛总书记在研讨班上强调各级领导干部一定要自觉地用科学发展观来指导各项工作,推进中国特色社会主义事业顺利发展。3 月 10 日,在中央召开的人口资源环境工作座谈会上,胡锦涛总书记全面阐述了科学发展观的理论基础、实践来源、深刻内涵和基本要求。4 月 30 日至 5 月 6 日,胡锦涛总书记在江苏考察工作时提出,解决中国的发展问题,必须牢固树立和认真落实科学发展观,做到三个"紧密结合":把树立和落实科学发展观与坚持正确的政绩观紧密结合起来,与掌握科学的思想方法紧密结合起来,与发扬优良的工作作风紧密结合起来。

2004 年 9 月,党的十六届四中全会通过的《中共中央关于加强党的执政能力建设的决定》指出,提高驾驭社会主义市场经济能力,必须坚持以人为本、全面协调可持续的科学发展观。把树立和落实科学发展观作为提高党的执政能力的重要内容。

2005 年 10 月,党的十六届五中全会通过的《中共中央关于制定国民经济和社会发展第十一个五年规划的建议》强调要坚定不移地以科学发展观来统领经济社会发展的全局,坚持以人为本,转变发展观念,创新发展模式,提高发展质量,把经济社会的发展切实转入到全面协调可持续发展的轨道。

2006 年 10 月,党的十六届六中全会通过的《中共中央关于构建社会主义和谐社会若干重大问题的决定》指出,以科学发展观统领经济社会发展全局。科学发展观是推进社会主义现代化建设必须长期坚持的重要指导思想。

2007年10月，胡锦涛总书记在党的十七大报告中进一步深刻阐述了科学发展观的时代背景、科学内涵、精神实质和根本要求。他明确指出："科学发展观，第一要义是发展，核心是以人为本，基本要求是全面协调可持续，根本方法是统筹兼顾。"①

2010年10月，党的十七届五中全会再次强调，在当代中国，坚持发展是硬道理的本质要求，就是坚持科学发展，更加注重以人为本，更加注重全面协调可持续发展，更加注重统筹兼顾，更加注重保障和改善民生，促进社会公平正义。并进一步明确"十二五"期间，要深入贯彻落实科学发展观，以科学发展为主题，以加快转变经济发展方式为主线，深化改革开放，保障和改善民生，巩固和扩大应对国际金融危机冲击成果，促进经济长期平稳较快发展和社会和谐稳定，为全面建成小康社会打下具有决定性意义的基础。

§4.2　科学发展观的理论体系

科学发展观是根本性、全局性和系统性的发展战略和指导思想，是一个完整的理论体系。一个完整的科学理论体系，需要具备一系列基本理论范畴和前后一贯的基本观点。科学发展观由一系列相互联系的基本范畴和基本观点所构成，内容丰富而深刻，是思想成熟、逻辑严密、完整系统的科学理论。其理论体系大体包括以下几个方面：

---

① 胡锦涛：《高举中国特色社会主义伟大旗帜　为夺取全面建设小康社会新胜利而奋斗》，人民出版社2007年版，第15页。

1. 第一要义：发展；

2. 理论基础：马克思主义唯物史观、党的三代中央领导集体关于发展的思想；

3. 发展的核心和价值取向：以人为本；

4. 发展的根本动力和目的：一切依靠人民、一切为了人民；

5. 发展的基本内容：社会主义经济建设、政治建设、文化建设、社会建设等；

6. 发展的基本要求：全面、协调、可持续发展；

7. 发展的根本方法：统筹兼顾；

8. 发展的方式和发展道路：实现两个转变、加快自主创新、走新型工业化道路、以更大决心深化改革开放、实施科教兴国战略、人才强国战略、可持续发展战略等；

9. 发展的根本保证：加强和改善党的领导。

科学发展观用一系列紧密联系、相互贯通的新思想、新观点、新论断，进一步回答了中国特色社会主义的发展道路、发展阶段、根本任务、发展动力、外部条件、政治保证、战略步骤、党的领导和依靠力量以及祖国统一等一系列基本问题，涉及生产力和生产关系、经济基础和上层建筑的各个环节，涵盖了改革发展稳定、内政外交国防、治党治国治军等各个方面，贯通哲学、政治经济学、科学社会主义等领域，成为一个指导发展的世界观和方法论，是统领经济社会发展全局的科学理论。

发展是当今时代的主题，更是当代中国的主题。科学发展观把促进发展作为第一要义，同时强调发展必须是全面协调可持续的科学发展，明确了发展的时代意义，从根本上把握了人民的愿望，把握了社会主义现代化建设的本质，有利于推动党员干部着力转变不适应不符合科学发展观的思想观念,有利于解决影响和制约科学发展的突出问题。

科学发展观把以人为本放在核心地位,把紧紧依靠人民群众放在突出地位,强调发展为了人民、发展依靠人民、发展成果由人民共享,明确了发展的根本目的和根本动力,弘扬了科学社会主义的价值理念,体现了"立党为公、执政为民"的价值追求,纠正了发展实践中重物轻人的错误倾向。

科学发展观把坚持改革创新放在重要地位,强调要把改革创新精神贯彻到治国理政各个环节,毫不动摇地坚持改革方向,完善社会主义市场经济体制,推进各方面体制改革创新,着力构建充满活力、富有效率、更加开放、有利于科学发展的体制机制,明确了发展的根本途径,挖掘了推动科学发展的强大动力源泉,为发展中国特色社会主义提供强大动力和体制保障。

科学发展观突出强调发展方式和发展道路,强调要更好实施科教兴国战略、人才强国战略、可持续发展战略,强调坚持走生产发展、生活富裕、生态良好的文明发展道路,建设资源节约型、环境友好型社会,实现速度和结构质量效益相统一、经济发展与人口资源环境相协调,有利于破解发展难题,提高发展质量和效益,实现又好又快发展。

科学发展观突出强调中国将始终不渝走和平发展道路,强调中国始终是维护世界和平的坚定力量,努力建设和谐世界,有利于为中国的改革开放和现代化建设赢得良好的国际环境和周边环境。

科学发展观强调要站在完成党执政兴国使命的高度,把提高党的执政能力、保持和发展党的先进性,体现到领导科学发展、促进社会和谐上来,落实到引领中国发展进步、更好代表和实现最广大人民的根本利益上来,必将使党的工作和党的建设更加符合科学发展观的要求,为科学发展提供可靠的政治和组织保障。这些范畴相互渗透、相互辉映、相互完善,有机地融为一个整体。

科学发展观是党和国家关于发展的根本指导方针,是我国在新的历史时期社会主义全面发展的根本指导思想,指明了我国发展的战略方向。科学发展观是中国特色社会主义理论体系的重要组成部分。党的十七大报告强调科学发展观是与马克思列宁主义、毛泽东思想、邓小平理论和"三个代表"重要思想既一脉相承又与时俱进的科学理论,并将其置于"重要指导方针"和"重大战略思想"的地位,体现了新时期以来我们党理论创新成果的科学性体系、阶段性成果和发展性要求的内在统一。2008 年 9 月 5 日,中共中央政治局研究部署在全党开展深入学习实践科学发展观活动时,提出要从以下几个方面强调科学发展观的理论地位、实践地位和战略地位:开展深入学习实践科学发展观活动,就是要深刻认识到科学发展观就是党的指导思想;深刻认识到在当代中国,坚持马克思列宁主义、毛泽东思想、邓小平理论和"三个代表"重要思想,就必须牢固树立和全面落实科学发展观;深刻认识到要善于用发展的观点看待科学发展观,在推动理论的发展中不断深化对科学发展观的认识。总之,科学发展观是我国在新的历史时期进行社会主义经济、政治、文化和社会建设的根本指导思想和发展战略。

§4.3　科学发展观的基本内涵

科学发展观的理论体系内容极为丰富,涉及了经济、政治、文化、社会和环境等各个领域,既包含生产力和经济基础问题,又包含生产关系和上层建筑问题;既立足于当前,又着眼于长远;既是重大的理论问题,又是重大的实践问题。科学把握科学发展观的理论体系和精神实质,关键在于全面准确地理解科学发展观的基本内涵。

胡锦涛总书记在党的十七大报告中,对科学发展观的基本内涵进行了精辟的概括:"科学发展观,第一要义是发展,核心是以人为本,基本要求是全面协调可持续,根本方法是统筹兼顾。"①这一基本内涵,主要包括以下几个要点:

1. 发展是执政兴国的第一要务

科学发展观的第一要义是发展,这是我们党对"发展"在当代中国具有的重要地位的科学判定。发展是当代中国的主题。离开了发展,科学发展观就成了无源之水、无本之木。2004 年 3 月 10 日,胡锦涛总书记在中央人口资源环境工作座谈会上指出:"树立和落实科学发展观,必须始终坚持以经济建设为中心,聚精会神搞建设,一心一意谋发展。科学发展观,是用来指导发展的,不能离开发展这个主题,离开了发展这个主题就没有意义了。"②同时,他也多次强调,必须坚持抓好发展这个党执政兴国的第一要务,把发展作为解决中国一切问题的关键。

科学发展观强调第一要义是发展,就是要牢牢扭住经济建设这个中心,聚精会神搞建设、一心一意谋发展,不断解放和发展社会生产力,为发展中国特色社会主义奠定坚实的物质基础。我国

---

① 胡锦涛:《高举中国特色社会主义伟大旗帜 为夺取全面建设小康社会新胜利而奋斗》,人民出版社 2007 年版,第 15 页。

② 《科学发展观重要论述摘编》,中央文献出版社、党建读物出版社 2008 年版,第 14 页。

正处于并将长期处于社会主义初级阶段,我国社会的主要矛盾仍然是人民群众日益增长的物质文化需要同落后的社会生产之间的矛盾,而解决这一问题的关键正是集中力量发展生产力。只有坚持以经济建设为中心,不断解放和发展生产力,才能为国家的全面发展奠定良好的物质基础,才能提高人民群众的生活水平,朝着共同富裕的方向不断前进。也只有坚持以经济建设为中心,才能不断提高我国的经济实力和综合国力,实现全面建设小康社会的宏伟目标,完成社会主义现代化建设"三步走"的战略任务。

科学发展观强调第一要义是发展,是又好又快发展。又好又快发展是有机统一的整体。"好"与"快"互为条件,既相互促进又相互制约,不能把二者割裂开来和对立起来。因此,必须着力提高经济增长的质量和效益,不能单纯追求数量和速度而忽视了经济发展的可持续性。科学发展观的关键在于科学,是具有科技含量、符合发展规律的发展,既可以是高速度的发展,也可以是低速度的发展。在全球化和世界贸易组织框架下,既要考虑国际经济政治形势,又要充分考虑环境和资源的承受力,统筹考虑当前发展和未来发展的需要,既要积极实现当前的发展目标,又要为未来的发展创造有利条件。

2. 以人为本是科学发展观的本质和核心

胡锦涛总书记对"以人为本"进行了深刻的研究和阐释,他指出:"我们提出以人为本的根本含义,就是坚持全心全意为人民服务,立党为公、执政为民,始终把最广大人民的根本利益作为党和国家工作的根本出发点和落脚点,坚持尊重社会发展规律与尊重人民历史主体地位的一致性,坚持为崇高理想奋斗与为最广大人民谋利益的一致性,坚持完成党的各项工作与实现人民利益的一致性,坚持发展为了人民、发展依靠人民、发展成果由人民共享。以人为本,体现了马克思主义历史唯物论的基本原理,体现了我们党全心全意为人民服务的根本宗旨和我们推动经济社会发展的根本目的。"①

"以人为本"之所以是科学发展观的核心,就是因为"以人为本"全面回答了科学发展观的一系列基本问题,包括为谁发展、靠谁发展和发展成果如何分配。首先,在为谁发展上,科学发展观强调坚持发展为了人民,把实现好、维护好、发展好最广大人民的根本利益,作为党和政府一切方针政策和各项工作的根本出发点和落脚点,把发展的目的真正落实到满足人民需要、实现人民利益、提高人民生活水平上。其次,在靠谁发展上,科学发展观强调坚持发展依靠人民,尊重人民主体地位,发挥人民首创精神,密切联系群众,始终相信群众,紧紧依靠群众,最充分地调动人民群众的积极性、主动性、创造性,最大限度地集中全社会全民族的智慧和力量,最广泛地动员和组织亿万群众投身到中国特色社会主义伟大事业中去。最后,在发展成果如何分配上,科学发展观强调坚持发展成果由人民共享,走共同富裕道路,把改革发展取得的各方面成果,体现在不断提高人民的生活质量和健康水平上,体现在不断提高人民的思想道德素质和科学文化素质上,体现在充分保障人民享有的经济、政治、文化、社会等各方面权益上,让发展成果惠及广大人民群众。

科学发展观是体现"以人为本"的发展观,这与"以物为本"的

---

① 《科学发展观重要论述摘编》,中央文献出版社、党建读物出版社 2008 年版,第 31 页。

传统发展观有着根本的区别。传统发展观把物质财富的增长作为经济发展的主体目标,把人作为经济发展的手段,这种发展观认为发展必须致力于以物质财富增长为核心的经济增长,只要物质财富增长起来,一切经济和社会问题就自然会解决。如果在这种发展观的指导下,一味地追求经济的数量增长,而忽视了经济的增长质量及生态环境的保护,导致经济发展成本的增加,就会出现"有增长而无发展"的现象。科学发展观克服了传统的"以物为本"发展观的局限性,把发展的终极关怀建立在以人为本的基础之上,把人的全面发展看做是发展的最终目的和根本动力,把提高人的物质文化水平和健康水平作为发展的出发点和归宿。在发展中不仅重视物的增长,而且特别重视人的全面发展,重视解决扩大劳动就业,增加公民收入,提高福利水平,促进政治民主和政治参与,健全公共服务,提高教育、医疗水平等与人的全面发展密切相关的问题,把提高人的生活福利、拓宽人的发展空间、维护人的发展权利作为经济发展的终极关怀。正如 1998 年诺贝尔经济学奖获得者阿马蒂亚·森所提出的,发展是一个"个人自由和社会承诺"紧密联系的过程,在发展中要以人为主体,以制度为载体,使人人能够获取机会、争取权利和充分地享有经济自由。

3. 全面、协调、可持续发展是科学发展观的基本要求

科学发展观强调坚持全面、协调、可持续的发展,是对怎样发展作出的新的科学回答。全面是指各个方面都要发展,协调是指各个方面的发展要相互适应、相互促进,可持续则是强调发展进程的持久性和连续性,三者是相互联系的整体。坚持全面发展必然要求发展的协调性和可持续性,坚持协调发展和可持续发展,也必然要求发展的全面性。全面、协调、可持续既是科学性的具体体

现,也是科学发展观的基本内在要求。三者相互联系,有机统一,共同构成了发展的科学框架。

第一,科学发展观是全面的发展观。全面发展,就是要以经济建设为中心,全面推进经济建设、政治建设、文化建设和社会建设,实现经济发展和社会全面进步,它强调的是处理好"中心"与"全面"的关系,解决社会结构的整体性发展进步问题。一定社会的经济、政治和文化,总是相互依存、相互贯通、相互作用的。经济发展在任何时候都是社会其他方面发展的基础,但如果社会事业发展滞后,那么经济也难以实现持续较快健康发展,甚至带来严重的社会灾难。

传统的发展观的片面性,就在于发展过程中片面强调经济增长指标,把工业化看成是经济活动的中心、把国内生产总值的增长作为衡量发展的唯一尺度,把向自然的索取和追赶战略的实施作为发展的手段。而科学发展观则克服了这种片面性,以发展内涵的全面性为出发点,要求在发展中兼顾物质文明、政治文明、精神文明和社会文明的发展,进而实现社会全面进步。在发展的衡量尺度上,以包括经济发展、政治发展、文化发展、社会发展在内的全面性的指标为衡量标准;在发展的内容上,强调既要考虑经济总量的增长,又要考虑政治民主、科技进步、教育发展、生态保护、结构优化、文化繁荣和收入分配的改善;在发展的手段上,强调提高发展的能力,主张在技术进步的基础上,提高资源的循环再生能力;在发展的代价上,强调低代价发展,既要保证实现发展的代内公平,又要保证发展的代际公平。

第二,科学发展观是协调的发展观。"协调发展,就是要统筹城乡发展、统筹区域发展、统筹经济社会发展、统筹人与自然和谐发展、统筹国内发展和对外开放,推进生产力和生产关系、经济基础和上层建筑相协调,推进经济、政治、文化建设的各个环节、各个方面相协调。"[①]"协调发展"强调处理好"平衡"与"不平衡"的关系,着力解决发展的均衡和协调问题。

传统发展观表现在人与自然的关系上,过分强调人对自然的单向性利用和索取,造成了人与自然关系的非协调性;在经济结构上,过度强调非均衡发展,造成了区域经济差距日益拉大;在发展的内涵上,单纯重视经济总量的增长,忽视其他方面的发展,造成了经济、政治、社会和文化发展的非协调性;在公平与效率的关系上,片面倚重通过资源配置来促进经济效率的提高,而忽视社会发展的公平和公正,导致收入差距不断拉大,造成公平与效率的非协调性。而科学发展观克服了传统发展观的片面性,强调在全面发展的基础上实现发展的协调性。在发展中强调"统筹"和"协调"原则:一是强调统筹城乡协调发展,既重视城市化和工业化,又重视农业和农村经济社会的发展,促进城市与农村良性互动,逐步缩小城乡差距和改变城乡二元结构;二是强调统筹收入分配的协调发展,既要提高社会整体的丰裕程度,又要重视解决丰裕中的贫困问题,在坚持国民收入分配总格局合理性的基础上,统筹考虑和谋划调整国民收入分配结构和财政支出结构,改善低收入阶层的收入状况;三是强调统筹区域经济的协调发展,解决"极化效应"造成的区域市场分割、区域经济发展差距过大的问题,促进区域经济合理布局和协调发展;四是强调统筹政府与市场的关系,在积极发

---

① 《科学发展观重要论述摘编》,中央文献出版社、党建读物出版社 2008 年版,第 35 页。

挥市场的配置和调节作用的同时,更要发挥好政府的社会管理和公共服务职能,把发展科技教育文化、提高人民生活健康水平、促进社会和谐安定作为发展的重要任务;五是强调统筹国内发展和对外开放,充分利用国内国际两种资源、两种市场,实现内外优势互补,促进共同发展。

第三,科学发展观是可持续的发展观。"可持续发展,就是要促进人与自然的和谐,实现经济发展和人口、资源、环境相协调,坚持走生产发展、生活富裕、生态良好的文明发展道路,保证一代接一代地永续发展。"①可持续发展既要考虑当前发展的需要,又要考虑未来发展的需要,努力实现从单纯追求发展数量的发展模式向注重发展质量的可持续发展模式的根本转变,坚持资源开发与节约并举,坚持经济社会发展与环境保护、生态建设相统一,从根本上改变资源过高消耗、环境不断恶化、生态加剧破坏的状况。

传统发展观是不可持续的发展观,它以满足人类需要为出发点来看待人与自然的关系,用因果决定论来理解自然,把自然界看做是人类所支配的对象。这种发展观将人类对自然界的无限需求看做是合理的,认为人定胜天,科学技术是万能的。在这种发展观指导下的工业化进程,基本上把经济增长建立在对自然资源的无限索取以及对生态环境破坏的基础上,把工业文明建立在对不可再生资源的大规模开发以及自然生态和环境不受保护的基础上,片面强调增长的总量和速度,忽视了自觉调整人口、经济与自然生态环境的关系,使人类经济发展的行为和方式越来越脱离三者协

---

① 《科学发展观重要论述摘编》,中央文献出版社、党建读物出版社2008年版,第35页。

调发展的轨道。而科学发展观是可持续的发展观,它把经济发展的短期利益和长期利益结合起来,认为发展既不能简单地与增长画等号,也不能简单地理解为仅向自然的索取。倡导人与自然之间的和谐理念,强调在保护自然并与之和谐相处的过程中实现经济增长与经济发展。反对以人为主体的对自然界的单向索取关系,强调自然界的整体性和人对自然的依赖性,在认识和运用自然规律、自然条件的基础上,爱护保护自然,自觉地承担起保护自然的责任。因此,科学发展观是在传统工业文明模式中注入了有序性、统一性和综合性因素的一种新型发展观,坚持经济效益、社会效益和生态效益的有机协调,以及当前利益与长远利益、整体利益与局部利益、理性尺度与价值尺度的有机统一。

相关链接:古代中国的可持续发展思想

中国历史上的可持续发展思想主要体现在忧患意识、"和谐"与"中道"思想、"天人合一"观念、绿色意识等方面。

忧患意识。这可以从两个层次来说明:第一个层次,作为一般意义上"居安思危"的忧患意识。如《左传》中的"居安思危"、《诗经》所言的"未雨绸缪",以及《论语》中的"人无远虑,必有近忧"等等。它所表现出的透过现象看本质、立足眼前看长远的意识,正与我们追求可持续发展的动机相吻合,存在文化传统的承继性。作为一种思想意识和方法有着超越时代和地域的普遍意义。第二个层次,中国古代的一些思想家,对人类发展前途及与自然的关系等具体问题进行思考,表现出强烈的忧患意识。思想家洪亮吉(1746—1809)在《治平篇》和《生计篇》中写道:"田与屋之数常处不足,而户与口之数常有余","为农者十倍于前而田不增加,为商贾者十倍于前而货不增加"，因此产生了"终岁勤动，毕生皇皇而自好者居然有沟壑之忧"和为非作歹之徒，酿生"攘夺之患"。

"和谐"与"中道"思想。中国古代的哲学家十分注重"和谐"，认为建立事物之间的和谐关系、实现多样性的统一是一种至高的境界。"和"是万物生成的缘由。故老子说："万物负阴而抱阳，冲气以为和。"荀子则谓："万物各得其和以生，各得其养以成。"由"和"的观念，引申出的行为规范就是奉行"中庸之道"，提倡"中行"、"执中"，将"中和"视为根本的行为法则。因为"中也者，天下之大本也；和也者，天下之达道也。致中和，天地位焉，万物育焉"。许多思想家更具体地以人与自然的关系为例，阐述"和谐"与"中道"思想，强调尊重自然规律的重要性。如孔子说："天何言哉，四时行焉，百物兴焉。"强调人类要尊重自然，对自然只能因势利导，而不能横加干涉。《逸周书》中说："山林非时不升斧斤，以成草木之长；川泽非时不入网罟，以成鱼鳖之长。"管子也认为人不能"上逆天道，下绝地理"，否则"天不予时，地不生财"。

"绿色意识"。这不仅体现在人与自然、环境的和谐上，还表现在强调节俭、量入为出的消费理念上。前者如北魏农学家贾思勰在《齐民要术》中指出："顺天时，量地利，用力少而成功多。人情返劳，劳而无获。"后者如墨子所言："国无三年之食者，国非其国。家无三年之食者，子非其子。"警告人们"节俭则昌，淫佚则亡"。

4. 统筹兼顾是科学发展观的根本方法

统筹兼顾，就是总揽全局、科学规划、协调发展、兼顾各方。胡锦涛总书记曾指出："统筹兼顾是我们在中国这样一个十几亿人口的发展中大国治国理政的重要历史经验,是我们处理各方面矛盾和问题必须坚持的重大战略方针,也是我们党一贯坚持的科学有效的工作方法。"①

深入贯彻落实科学发展观,最根本的是要正确认识和妥善处理中国特色社会主义事业中的重大关系,切实做到统筹兼顾,既要总揽全局、统筹规划,又要抓住牵动全局的主要工作、事关群众利益的突出问题,着力推进、重点突破。首先,要充分调动一切积极因素。社会主义现代化建设是中国亿万人民自己的事业,因此必须依靠广大人民群众,发挥群众创造历史的主体作用。要调动全社会的积极性,团结一切可以团结的力量,化消极因素为积极因素,化不利因素为有利因素,把各方面的积极性引导好、保护好、发挥好,为全面建设小康社会筹措最广泛的力量。其次,要妥善处理好各种利益关系。从最广大人民群众的根本利益出发,调节并处理好各种具体利益关系,正确处理新形势下的人民内部矛盾,兼顾各方利益。正确处理局部利益和整体利益、当前利益和长远利益的关系,形成统筹兼顾的利益协调机制。再次,要注重实现良性互动。城乡、区域、经济社会、人与自然、国内与国外是相互联系、相互依存的。只有实现不同方面的良性互动,才能达到统筹兼顾的要求。最后,要着重加强经济社会发展中的薄弱环节。

统筹兼顾既要求考虑到方方面面的因素,从规划、政策、法规、科技、资金、市场、体制等各方面统一考虑,又要求在实际工作中突出重点,调动公共资源,引导社会力量,支持重点领域发展。为此,

---

① 《科学发展观重要论述摘编》,中央文献出版社、党建读物出版社2008年版,第56页。

需要特别做好以下五方面的工作:一是统筹城乡发展,把解决农业、农村和农民问题作为全面建设小康社会的重点;二是统筹区域发展,把支持中西部地区加快发展作为促进区域经济协调发展的重要内容;三是统筹经济社会发展,把加大各项社会事业的发展力度提到重要位置;四是统筹人与自然和谐发展,把发展经济与保护资源、环境结合起来;五是统筹国内发展和对外开放,不断提高对外开放水平。

§4.4 科学发展观的具体要求

全面落实科学发展观,必须要在全面准确地把握科学发展观基本内涵的基础上,从一般到特殊,从抽象到具体,从理论到实践,将科学发展观具体地贯彻到社会主义经济、政治、文化和社会建设的各个方面和领域。科学发展观对我国发展中的一些重大问题提出了具体的要求。

1. 科学发展观要求转变经济发展方式

经济建设是社会主义建设的中心任务,因此作为根本战略指导思想的科学发展观要求在具体实践中选择与之相适应的经济发展方式,选择什么样的发展方式,不仅关系到经济增长速度的快慢,而且直接决定发展能否实现协调和可持续。从我国现实情况来看,当前我国的经济发展方式面临着诸多矛盾,已经不能适应新的发展要求。譬如,产能过剩所导致的供需矛盾。由于我国曾长期实行计划经济体制,投资冲动长期存在,在宏观上表现为以扩大投资拉动经济增长,在微观上表现为不断争取投资项目来扩大规模。盲目的投资冲动导致了产能过剩,甚至进一步引发过剩危机。这表明,主要靠投资拉动经济增长隐藏着巨大经济风险,加快转变经济发展方式是化解风险的迫切要求。再如,经济增长与就业困难的矛盾。改革开放以来,虽然我国经济始终保持快速增长的势头,但城镇就业比率却没有实现同步增长,而是出现递减趋势。科学发展观的核心是"以人为本",这就要求必须按照"以人为本"的原则,使全国各阶层、各行业、各地域的人民享有同等的发展机会。实现公平的发展,首先要为更多的人提供就业岗位,使其在有就业保障的前提下,获得合理的劳动报酬。经济增长的持续高速与就业增长逐年下降问题,对经济发展方式提出了新要求,即在经济高速增长的同时应使就业水平同步持续稳定增长,这在客观上要求加快发展方式转变。

第一,转变经济发展方式是实现又好又快发展的关键,其基本要求是实现"三个转变"。一是实现由主要依靠投资、出口拉动增长向依靠消费、投资、出口协调拉动增长的转变。要始终立足扩大内需推动发展。为此,就要处理好投资需求与消费需求的关系。这里所说的消费需求,既包括居民的消费需求,又包括国家和社会的消费需求,努力把经济发展根植于国内需求特别是消费需求上来,从而形成"消费与投资、出口"三者协调拉动经济发展的格局。二是实现由主要依靠第二产业推动增长向依靠各大产业协同拉动增长的转变。目前第二产业对经济增长的贡献率较高,第一、第三产业的贡献率较低,改变这种状况关键是调整产业结构,通过优化产业结构推动经济增长。为此,需要加强第一产业的基础地位,加快实现传统农业向现代农业转变;加快提高工业技术水平和信息化程度,实现第二产业由大变强;大力发展第三产业,加快传统服务业向现代服务业转变。另外,还要高度重视文化软实力对经济发展的作用。实践证明,只有各产业协同拉动经济增长,才能实现国民经济又好又快发展。三是实现由主要依靠物质资源消耗拉动增长向主要依靠科技进步、劳动者素质提高、管理创新增强协同拉动增长的转变。这是实现"三大转变"的关键环节。从经济发展趋势来看，科技进步对促进经济增长的作用越来越大。从经济发展的基础来看，劳动者素质是推动经济发展的根本动力。这里所指的劳动者，既包括一线职工和技术人员，又包括经营管理者和政工干部，他们都是创造财富的劳动者。国民经济竞争，从根本上讲，是劳动者素质的竞争。再从经济发展的关键环节来看，提高管理水平和自主创新能力，是今后推动经济发展的关键环节。管理是生产力，管理创新更是先进生产力，这一点随着时代发展与科技进步，其优势已越来越受到重视。

第二，促进经济发展方式转变还必须处理好"三大关系"。一是处理好结构升级与发展劳动密集产业的关系。近年来世界经济正处于产业结构升级和产业转换的又一次浪潮。积极参与国际市场竞争，必须拥有技术含量高的创新型产品。这一市场竞争在客观上要求我们积极参与新一轮产业结构调整，产业结构的调整升级既是发展方式转变的重要内容和载体，也是发展方式转变的最基本标识。在产业结构调整的过程中，利用增量调整和存量调整相结合的方式，促进发展方式转变，是最好的选择。不可否认，产业结构升级，以高科技产业代替传统的劳动密集型产业，是当今世界产业结构调整的主题，但也必须认识到：在资本有机构成和经济效益不断提高的同时，就业岗位有可能会不断减少，难免出现马克思当年曾经预言过的"机器排挤工人"的严重问题。近年来伴随经济增长而出现的就业率下降的问题，已经为我们敲响了警钟。不仅如此，产能过剩问题的出现，也从一定程度上反映出城乡居民消费水平的整体下降,而这种下降也是与就业率的降低相辅相成的。

调整产业结构,加快经济发展方式转变,其目的是为了促进经济更加健康地增长,而经济增长的最终目的又是为了人的全面发展。这种全面发展意味着让各阶层、各群体的人民都能得到公平的发展机会,这首先取决于就业机会的公平获得。就业是人们生存和发展的基础条件,就业岗位的提供,是基础的基础。转变发展方式不能以减少就业岗位为条件,也并不意味着必须放弃发展劳动密集型产业。我国人口众多,就业压力大,这种特殊国情决定了经济发展方式转变不能以就业岗位的不断下降为代价,否则就是得不偿失。在转变经济发展方式与扩大就业岗位的权衡中,既不能为了追求经济发展方式的转变、资本有机构成的提高而不顾及就业岗位,也不能为了保证就业岗位的基本稳定而放弃经济发展方式的转变。要做到二者兼顾,就应当在经济发展方式转变的过程中,坚持以内涵集约型增长为主,外延粗放型增长为辅。产业发展应该选择包括劳动密集、资金密集和技术密集在内的多层次产业结构。在发展高科技产业的同时,兼顾劳动密集型产业,特别是要促进为高科技服务的劳动密集型产业的发展,不断拓展就业岗位,使得发展方式的转变不至于付出就业岗位急剧减少、人民生活水平由此下降的高昂代价。

二是处理好经济发展方式转变与可持续发展的关系。经济发展方式转变的目的是为了促进经济更好更快地增长。经济的快速增长,必然带来更多的能源与原材料消耗,而我们只有一个地球,地球上的各种资源都是有限的,特别是那些不可再生的资源,更是面临着将要耗竭的状况。因此,发展方式转变的同时,更应当伴随着经济增长价值观的转变。如果按照经济效益这个衡量标准，似乎经济效益越高，经济增长越快，生产的产品越多，就越接近经济增长的追求目标。但近年来兴起的经济伦理学，从价值观的角度对经济的高速增长进行评判，得出了经济增长并非越快越好的结论。也许作为宏观经济调控的措施，以消费拉动需求无可厚非，但从环境与资源永续利用的视角来看，并非所有的消费都值得鼓励。人们的消费受到欲望的支配，这种欲望是无止境的。当人们具有相当程度的消费能力时，欲望将支配其不停地消费。在基本生活需要得到满足之后，人们便倾向于追求奢侈性消费。近年来经常见诸报端的腐败分子的骄奢淫逸，大都是受到消费欲望的支配而做出的荒唐举动。因此，保持一定的经济增长速度固然重要，但更为重要的是要重视经济的可持续发展问题。转变经济发展方式，要高度重视稀缺资源的利用效率，对奢侈性消费的产业进行必要的限制，或者课以重税。在经济高速发展的时期，仍要崇尚节约，形成节约为荣的经济伦理观。

三是处理好宏观经济调控与微观经济发展的关系。经济发展方式转变是一项长期而艰巨的任务，涉及宏观和微观两个不同的层面。要完成经济发展方式转变，需要宏观、微观的协同作用。在宏观层面上，要保证经济发展方式转变与就业岗位增加的双重目标的实现。一方面要从体制上铲除盲目投资的土壤，减少由此造成的重复建设、重复生产，及其造成的宏观效率损失。为此需要建立科学的政绩观，以损失浪费为耻，以节约高效为荣，逐步树立可持续发展观。另一方面，要不断开拓新的就业岗位。信息时代的到来，在淘汰了一大批技术落后的旧产业的同时，也催生了一批新兴产业，提供了新的就业岗位。通过开拓新的就业渠道增加就业，不断提高更多人的收入水平,使更多的人获得更高层次的消费能力,以形成稳定的社会环境,促进经济发展方式转变。在微观领域,特别是在企业组织层面,通过不断深化企业改革,建立现代企业制度,形成企业的高效治理机制,减少投资决策错误带来的产能过剩等问题。按照市场经济的要求,不断调整经济结构,实现产业结构升级,利用微观主体的自组织能力,促进企业提高效率。通过多种所有制经济发展,形成经济主体、投资主体多元化,减轻政府拉动经济增长的压力,真正形成内生的增长动力。

转变经济发展方式既要考虑一定的经济发展阶段,也要兼顾国际市场竞争的要求,更要重视国内的资源禀赋与比较优势。后者在发展方式选择中具有特殊重要的意义。我国既要不断推进产业结构升级,以增强在国际市场上的竞争能力;又要保留和不断开拓必要的劳动密集产业,以保证充分的就业岗位。这样既能增强抵御外部风险的能力,又可兼顾和谐社会的公平要求。

2. 以科学发展观为指导,着力统筹城乡发展,全面推进新农村建设

正确认识我国城乡发展严重失调问题。我国城乡的二元结构,与经济发展历史进程中的"二元"结构现象有着质的不同。西方的"二元经济"是产业形态与居住空间的不同,在产业递进与居民生活方面有着自然的演进过程。而以我国的行政性户口管制为代表的二元制度,是造成城乡发展失调的根本原因,我国的二元经济有着明显的行政性特征。因此,解决城乡统筹的根本性举措,是破除户口管制、公共政策、公共服务等制度性障碍,从体制机制上解决城乡统筹发展问题。从当前形势看,统筹城乡发展,首先就是要改变重城市、轻农村的传统观念和城乡分割的政策与体制设计,

把城市与农村作为一个有机整体。统筹城乡发展,重要前提和基础是解决好农业、农村和农民问题,以全面推进新农村建设,扩大我国生产力发展空间。

我国是在落实科学发展观的背景下,推进新农村建设的,体现了科学发展观的时代精神。科学发展观的本质和核心是以人为本。在科学发展观指导下建设新农村,就要坚持以实现和保障农民利益为根本,促进农业发展、农村和谐与农民富裕。

一是以科学发展观为指导,以农民利益为根本建设社会主义新农村。以科学发展观为指导,以农民利益为根本建设社会主义新农村,关键在于"三农"问题的解决。改革开放以来,我国经济社会持续快速发展,人民生活总体上达到小康水平,但目前的小康还是低水平、不全面、不平衡的,农村面貌变化相对较小。邓小平指出,没有农民的小康,就没有全国的小康。农业和农村发展搞不上去,农民生活得不到显著改善,我国就不能实现全面建设小康社会的目标。因此,需要积极推进现代农业,坚持用现代物质条件装备农业,用现代科学技术改造农业,用现代经营形式发展农业。

另一方面的重要任务是促进和谐农村建设。构建和谐社会,是中国特色社会主义目标之一。只有把建设新农村的各项任务落实好,把农村发展好,我们的社会才更加和谐。当前,农村整体稳定,但也存在由于征地拆迁、环境污染等引起的新的不稳定因素,处理不好可能会引发社会矛盾。因此,必须通过推进社会主义新农村建设,缓解农村社会矛盾,着力解决农民生产生活中最迫切的实际问题,不断满足广大农民日益增长的物质文化需要,切实保障他们的经济政治文化权益,让广大农民群众参与发展进程、共享发展成果,从而为促进农村和谐社会建设奠定坚实基础。

以科学发展观为指导,以农民利益为根本建设社会主义新农村,核心是提高农民的生活水平。近些年来,党对解决"三农"问题的认识不断深化,采取一系列支农惠农政策,使农业生产出现良好态势,农民生活有所改善。但是,同全面建设小康社会的要求相比,农民收入增长缓慢依然是较为突出的矛盾,农民生活水平还比较低,城乡居民收入差距扩大的趋势并没有得到根本改变,农村社会事业发展和基础设施与城市差距很大,文化教育、医疗卫生条件差的问题仍然很突出。因此,较快增加农民收入,提高农民生活水平和质量,是建设新农村的基本出发点和根本目的。

二是以科学发展观为指导建立新农村发展的目标体系。这一目标体系包括经济、政治、文化和社会发展等方面,必须符合统筹城乡发展的战略要求。一方面,把新农村建设的物质文明、政治文明、精神文明和社会文明统一起来,体现了科学发展观的全面性要求。新中国成立初期的新农村建设,强调集体化、机械化、水利化等。改革开放初的新农村建设各具特色,但没有统一的总体要求。以科学发展观为指导,赋予了新农村建设全新的时代内容,即建设"生产发展、生活宽裕、乡风文明、村容整洁、管理民主"的社会主义新农村。这个总体要求包括发展农村生产力、农民增收、民主法制、精神文明、和谐社会、农村改革等内容,涵盖了当前和今后一个时期"三农"工作的主要方面。生产发展、生活宽裕,发展农村物质文明是新农村经济建设的目标;管理民主,发展农村政治文明是新农村政治建设的目标;乡风文明,发展农村精神文明是新农村文化建设的目标;村容整洁,发展农村社会文明是新农村社会建设的目标。可见,建设新农村是加强农村经济、政治、文化、社会建设的综合体现。

另一方面,从统筹城乡发展、实施以工补农、以城带乡的战略高度建设新农村,体现了科学发展观协调发展的要求。新中国成立之初,我们党确立了优先发展重工业的战略,通过工农业"剪刀差"把农业剩余转化为工业的资本积累,形成工农差别、城乡分割的二元管理体制。经过 60 多年工业化发展,国民经济主导产业已由农业转化为非农业,总体上进入了"以工促农、以城带乡"的发展阶段,需要统筹城乡经济社会协调发展。2004 年 9 月,胡锦涛总书记在党的十六届四中全会上提出了"两个趋向"的论断:纵观一些工业化国家的发展历程,在工业化初始阶段,农业支持工业、为工业提供积累是带有普遍性的趋向;但在工业化达到相当程度以后,工业反哺农业、城市支持农村,实现工业与农业、城市与农村协调发展,也是带有普遍性的趋向。在统筹城乡发展这样的背景下建设新农村,把工业与农业、城市与农村联系起来,把推进工业化、城镇化、市场化与解决"三农"问题结合起来,实行工业反哺农业,从用农业积累支持工业转向加强对农业的扶持和保护,让公共财政更多地覆盖农村。在建设新农村过程中,要走出一条中国特色的工业与农业协调发展、城市与农村共同繁荣的现代化道路。

3. 以科学发展观为指导,统筹区域,促进区域协调发展

科学发展观关于区域发展的具体要求是全方位、深层次的,它既是对国际上区域发展理论的借鉴和突破,又是新中国成立以来区域发展理论和实践的继承和发展。以科学发展观为指导,综合区域统筹,促进区域协调发展,应该从以下几个方面入手:

一是实现基本公共服务均等化,引导生产要素跨区域合理流动。为了推动区域协调发展,胡锦涛总书记在党的十七大报告中提出:"缩小区域发展差距,必须注重实现基本公共服务均等化,

引导生产要素跨区域合理流动。"①这是未来十几年缩小区域发展差距的基本目标和促进区域协调发展的基本途径,有其深刻的现实背景。我国区域经济社会经历 60 多年的发展,已取得很大成效,但存在的问题也十分突出:从经济发展角度看,在经济总量差距缓解的同时,经济增长质量的差距仍在扩大;区域资源与能源分布不均,资源配置不合理仍然是区域发展的制约因素;从社会发展角度看,区域之间的社会发展、环境状况存在着极大的不平衡性;区域产业发展超过资源环境承载能力,导致生态系统脆弱、生态环境恶化,可持续发展面临挑战;人口转移和劳动力转化滞后于经济空间集聚,广大中西部地区由于缺少资金、人才,经济发展相对较慢,而人口比重却大大高于经济所占的比重;区域间财富、生活水平差距扩大;社会事业发展严重失衡,区际公共服务水平差距明显;等等。这些问题和矛盾的存在和出现,与我国传统的区域政策的定位有关。

解决上述这些问题,需要实现基本公共服务均等化。党的十六届六中全会明确将教育、卫生、文化、就业再就业服务、社会保障、生态环境、公共基础设施、社会治安等列为基本公共服务。所谓均等化,一是最低标准,即要保底;二是平均标准,达到中等水平;三是相等的标准,即结果均等。因此,按最低标准,我国不同区域的居民,不管其区域(省、市、县)的经济发展如何,经济总量有多大,人均国内生产总值或财政收入有多少,都应该和其他区域的居民一样享受同等的基本公共服务。

---

① 胡锦涛:《高举中国特色社会主义伟大旗帜　为夺取全面建设小康社会新胜利而奋斗》,人民出版社 2007 年版,第 24 页。

引导生产要素跨区域合理流动包括两个方面：一是引导经济发展相对落后的中西部劳动力向经济相对集中的地区转移，充分发挥这些地区的人口承载力；二是引导资金、技术等生产要素向中西部地区流动，增强中西部地区的经济实力。通过人口和生产要素的合理流动，促进区域协调发展，逐步缩小发展差距。这表明，新的区域发展理论既可以避免过去不同区域间为了追求经济增长速度一致和经济总量（GDP）差距的缩小，而不顾环境的承载能力和资源的可持续发展，忽略经济发展与社会发展的协调，片面追求经济效应的趋势，又可以使不同区域的人民生活水平的差距不断缩小。

二是划分主体功能区，调整经济布局。根据资源环境承载能力、现有开发密度和发展潜力，统筹考虑未来我国人口分布、经济布局、国土利用和城镇化格局，将国土定向划分为优化开发、重点开发、限制开发和禁止开发四类主体功能区，按照主体功能定位完善区域政策、调整经济布局和绩效评价，规范空间开发秩序，形成合理的空间开发结构。这是科学发展观在区域发展领域的最新反映，是构建和谐的人地关系的总体布局，将对国家空间的开发利用科学化产生深远影响。

我国区域发展的总体布局和实施方案曾不断地进行调整：20世纪五六十年代制定了六大经济协作区方案。80年代，制定了东、中、西三大地带的划分方案。21世纪以来，又逐步形成了四大板块——东部率先发展、中部崛起、西部大开发和东北振兴的总体部署。这些部署无疑在当时都有它的合理性，然而也有其局限性。主体功能区的重新规划和调整有助于合理引导人口和产业的集聚和转移。对欠发达地区，既要支持这些地区发展经济，使经济总量不断增大,同时又要合理引导这些地区人口逐步转移,使人均国内生产总值增加。通过经济发展、人口转移和财政转移支付等多种途径,缩小不同区域间在人民生活水平和基本公共服务等方面的差距,切实使全体人民共享改革发展的成果。

三是形成若干带动力强、联系紧密的经济圈和经济带。我国区域发展的一个显著特点,就是区域经济在一定的行政区划内运行,行政区政府在区域发展中起着主导甚至是决定性作用。由于行政区划对区域经济的刚性约束而产生了一些特殊区域经济现象,如:企业在区域市场竞争和扩张过程中渗透着强烈的地方政府经济行为;受地方保护主义的强力影响,生产要素的跨行政区流动受到阻滞;不同区域产业结构雷同现象普遍;行政中心与经济中心高度重叠,城市间产业分工和特色逐渐弱化;行政区边界地区的经济相对落后等。

党的十七大报告明确指出:"遵循市场经济规律,突破行政区划界限,形成若干带动力强、联系紧密的经济圈和经济带。"[1]这是党和政府对我国区域发展政策提出的又一个具有战略意义的决策,将加快我国区域经济由纵向运行向横向运行转变的速度,使区域经济发展由以地方政府为主导向以市场为主导转变,由行政权力支配向依靠法律和经济杠杆调节转变,由行政主体的单一化向多元化转变。经过长期发展,我国形成了一些沿海、沿江、沿重要交通干线的重要经济区。在我国区域发展的宏观格局中,长三角经济圈、环渤海湾经济圈和珠三角经济圈已初显轮廓;以上海为龙头的长江经济带,以北京、天津为龙头的华北经济带,"珠三角"的

---

[1] 《十七大以来重要文献选编》上,中央文献出版社2009年版,第19页。

"10+3"经济带也初见端倪。还有海峡（海峡西岸）经济圈、成渝经济圈、关中经济圈、中原经济圈、武汉经济圈和沿哈大线经济带、黄河中上游经济带等正在整合之中，这些地区凭借区位优势，集聚了大量生产要素，对周边地区的带动作用十分明显。在"突破行政区划"的区域发展创新理论指导下，这些经济圈和经济带的作用将会逐步显现。

四是形成辐射作用大的城市群，培育新的经济增长极。作为中国区域发展战略的一个重要方面，城镇化与区域发展密不可分，只有当区域空间结构进入向心型城镇发展阶段时，城镇化水平才能较快提高，城市群才有可能出现。

党的十七大报告根据区域协调发展的目标明确提出："走中国特色城镇化道路，按照统筹城乡、布局合理、节约土地、功能完善、以大带小的原则，促进大中小城市和小城镇协调发展。以增强综合承载能力为重点，以特大城市为依托，形成辐射作用大的城市群，培育新的经济增长极。"[1]这是几十年来区域和城市发展战略的重大突破。促进全面发展，是科学发展观的重要目标。在城镇化中树立和落实全面发展观，必须全面把握城镇化的内涵和要求。城镇化是一个系统工程，既要实现由农民转变为城镇居民的身份上的"化"，又要实现从农业转变为非农产业上的"化"，也要实现从分散的、较单一的农村生活方式转变为集中的、多样化的城市生活方式上的"化"，还要实现从文化水平较低的农民转变为具有较高文化和文明素养的市民上的"化"。

---

① 胡锦涛：《高举中国特色社会主义伟大旗帜　为夺取全面建设小康社会新胜利而奋斗》，人民出版社2007年版，第25页。

当前我国城镇化过程中存在诸多问题。如：乱占滥用土地资源；城市规模偏小，带动区域有限，对周围腹地经济的带动作用难以发挥；区域间城市分布不合理。因此，以科学发展观为指导，结合我国城镇发展的实际和区域协调发展的目标，对我国城镇化提出的具体要求是：城市群建设有利于生产要素在更大空间优化配置，使产业链延伸更趋合理、基础设施产生规模效应，从而带动区域内大中小城市分工协作、竞争共长、功能互补、可持续发展；有利于区域内的城乡统筹、协调发展，形成"工业反哺农业，城市带动农村"的良性循环；有利于优化环境、发挥优势、集聚产业，达到培育新的经济增长极的目的，推动区域经济社会全面发展。

4. 以科学发展观为根本指导，统筹经济社会发展，促进各项社会事业的全面发展

以科学发展观为根本指导，统筹经济社会发展，促进各项社会事业的全面发展，要求更加注重社会公平，促进社会主义和谐。其具体要求体现在以下几个方面：

一是缩小收入差距，促进共同富裕。党的十六大以来，党中央对于收入分配制度的改革和收入差距过大问题给予了高度关注。党的十六届三中、四中和五中全会都强调了要注重社会公平，加大调节收入分配的力度，努力缓解地区之间和部分社会成员收入分配差距扩大的趋势，逐步实现全体人民共同富裕。2006 年 5 月 26 日，中共中央政治局召开会议专门研究了改革收入分配制度和规范收入分配秩序问题。10 月，党的十六届六中全会进一步明确阐述了收入分配制度的改革方向，指出要在经济发展的基础上，更加注重社会公平，着力提高低收入者收入水平，逐步扩大中等收入者比重，有效调节过高收入，坚决取缔非法收入，促进共同富裕。党

的十七届五中全会通过的《中共中央关于制定国民经济和社会发展第十二个五年规划的建议》中指出:"初次分配和再分配都要处理好效率和公平的关系,再分配更加注重公平。努力提高居民收入在国民收入分配中的比重,提高劳动报酬在初次分配中的比重。创造条件增加居民财产性收入。健全扩大就业增加劳动收入的发展环境和制度条件,促进机会公平。逐步提高最低工资标准,保障职工工资正常增长和支付。规范分配秩序,加强税收对收入分配的调节作用,有效调节过高收入,努力扭转城乡、区域、行业和社会成员之间收入差距扩大趋势。"①党中央的这些重大战略思想为完善分配制度和实现公平分配奠定了理论基础。

二是建立社会公平保障体系,促进社会公平正义。当前的社会不公问题不仅表现为收入差距过大,更重要的是造成这种收入差距的产生存在一些不公平和不合理的因素,如:我国还存在大量的贫困人口,有几千万低收入群众基本生存底线缺乏保障;社会群体资产之间的差距扩大速度过快,分布相当不均;权钱交易的腐败现象严重,各种非法收入大量存在;教育、司法和社会保障等方面的公平权利得不到保障;等等。因此,要加快建立社会公平保障体系,促进社会公平正义。2005 年 2 月 19 日,胡锦涛总书记在省部级主要领导干部提高构建社会主义和谐社会能力专题研讨班开班式上的讲话中提出:"依法逐步建立以权利公平、机会公平、规则公平、分配公平为主要内容的社会公平保障体系"②。2006 年 10 月,党的十六届六中全会通过的《中共中央关于构建社会主义和谐社会

---

① 《中国共产党第十七届中央委员会第五次全体会议文件汇编》,人民出版社 2010 年版,第 42 页。

② 《十六大以来重要文献选编》中,中央文献出版社 2006 年版,第 736 页。

若干重大问题的决定》强调,要加强制度建设,保障社会公平正义,完善民主权利保障制度、法律制度、司法体制机制、公共财政制度、收入分配制度、社会保障制度,系统完整地阐明了实现社会公平的要求。

三是坚持以人为本,使全体人民共享改革发展的成果。科学发展观的核心是以人为本。以人为本,就是要以实现人的全面发展为目标,从人民群众的根本利益出发谋发展、促发展,不断满足人民群众日益增长的物质文化需要,切实保障人民群众的经济、政治、文化权益,使全体人民共享改革发展的成果。

四是在经济发展的基础上,更加关注社会公平。更加注重社会公平,体现了科学发展观和构建社会主义和谐社会重大战略思想的要求,反映了现阶段我国经济社会发展所面临的特殊矛盾和问题以及具体的形势和任务。社会公平问题涉及了社会生产、分配、交换、消费以及司法、行政、文化和教育等各个方面,而不仅仅是一个收入分配问题。在经济发展的基础上,更加关注社会公平,需要处理好公平与效率的关系。在不同的发展阶段和不同的领域与环节中,两者关系的表现并不相同,应根据实际情况做具体分析。与过去的"效率优先、兼顾公平"的提法相比,"在经济发展的基础上,更加注重社会公平"的方针,既符合马克思主义的生产力与生产关系、经济基础与上层建筑辩证关系的基本观点,又强调了以人为本、共同富裕这一社会主义的根本目标,体现了目的与手段的辩证统一。因此,需要努力实现公平与效率的统一,推动公平的经济增长和经济增长基础上的社会公平。

5. 以科学发展观为根本指导,统筹人与自然和谐发展,大力发展循环经济以科学发展观为根本指导,统筹人与自然和谐发展,要求以实现资源利用最大化、废物排放量最小化和经济活动生态化为目标,把发展经济与保护资源、环境结合起来,在物质不断循环利用的基础上,建立经济效益和生态效益"双赢"的可持续发展模式。这与传统的工业生产模式有着根本的区别。

传统工业生产模式是以"资源→产品→废弃物排放"单向流动为特征的线型经济。这种模式在创造了大量社会财富的同时,也以惊人的速度污染着生态环境,消耗着自然资源,从而导致生态严重破坏、环境危机、能源危机等诸多矛盾。为应对这种模式带来的弊端,一些西方国家从20世纪70年代提出"末端治理方式",到80年代提出"资源化治理方式",再到90年代基本形成了以源头预防和全过程污染控制为核心的"生态治理方式"整体思路,循环经济模式逐步形成。循环经济模式以"减量化、再利用、再循环"为理念,把经济活动组织成一个"资源→产品→再生资源"的"闭环"反馈式循环过程。

从我国发展中存在的现实问题来看,改革开放30余年来,我国经济社会发展取得巨大成就,但是经济增长的资源环境代价过大,资源短缺、环境污染已经成为制约我国经济社会可持续发展的瓶颈。在这种资源相对紧缺、资源环境压力持续增加的形势下,要缓解资源能源的长期供需矛盾,必须要求大力发展循环经济。科学发展观为发展循环经济提供了理论基础和科学依据,因此,建立"促进人与自然的协调与和谐"的一种新的经济发展模式,走中国特色的资源节约和环境友好的循环经济道路,促进经济社会又好又快发展,加快由工业文明向生态文明的转变,是科学发展观对统筹人与自然和谐发展,促进社会全面进步的具体要求。

从工业化发展的外部环境来看,我国与西方发达国家当时面临的情况截然不同。西方发达国家在工业化初期,主要是依靠大量获取其他国家的资源来实现超常规发展的,而我国已经不具备西方工业化初期的发展环境,所面临的资源约束和环境挑战比任何一个大国在工业化过程中所遇到的形势都更加严峻。我国不能继续走发达国家当初采取的"末端治理方式"来发展经济。我国必须按照循环经济的理念,从源头做起,要十分重视"城市矿产"的管理、开发和再利用,促进产业链和循环经济网络的形成。总之,必须以科学发展观为指导,走中国特色的资源节约和环境友好的循环经济道路,是我国在工业化发展中的必然选择。

按照科学发展观的要求,发展循环经济要始终着眼于解决我国的实际问题。整体而言,需要大力推动产业结构优化升级,实现发展方式由粗放型向集约型的转变,健全和完善各项制度、政策,为循环经济的发展创造良好的外部环境。但具体到各个地区而言,由于地域差别、产业差别、行业差别、企业差别的存在,很难找到一个固定的、一成不变的模式,这就需要我们灵活运用循环经济的原理,积极探索循环经济发展之路,以解决各自不同的实际问题。一是加快推进试点工作,寻找适合的循环经济发展之路。从重点地区和重点行业入手,通过试点,提出重点行业、重点领域、工业园区、典型城市的节约型社会发展模式及重大技术领域和重大项目领域。同时,加大示范试点和典型企业的推动和辐射作用,推进循环经济的区域发展。如,东南沿海城市,应将发展环境保护产业作为重点;资源型城市和老工业基地,其技术改造和产业转型要将资源综合利用作为重要内容;中西部欠发达地区应将生态农业作为重点,培育新的经济增长点。二是搞好规划,做好"生态设计"。首先,按照循环经济的要求,生产企业制定生态生产规程,规范生产过程中的每个环节,达到废物的最小化、资源化和无害化以及生产消费的清洁化目标。其次,在工业集中区域发展生态工业。按照循环经济理念,抓好传统重化工业集聚区或工业园区的改造,推进生态工业示范园区的建设,特别是新建的经济技术开发区或工业园区,从规划、设计到整个实施过程,都要考虑资源循环利用和环境保护,推进产业链延伸组合。再次,在一定区域建设生态链条。把工业与农业、城市与农村、行业与行业、生产与消费有机结合起来,最大限度地综合利用资源和减少废物的排放,实行可持续生产和消费。

6. 以科学发展观为统领,统筹国内发展和对外开放,不断提高对外开放水平,促进国民经济与社会和谐的全面发展

改革开放以来,我国的对外开放取得了不平凡的成就:全方位、多层次、宽领域的对外开放格局逐步形成;"引进来"和"走出去"较好地结合,对外开放水平不断提高;吸收外资结构不断优化,有效支持了国民经济持续快速健康发展。但同时我们也看到,世界经济和国际贸易出现了一些新的特点,我国的国际竞争和对外贸易环境发生了新的变化,客观上要求我国以科学发展观为指导,积极调整对外开放的战略。

国内发展是对外开放的坚实基础,对外开放是国内发展的强大动力。"统筹国内发展和对外开放",就是要拓宽对外开放的广度和深度,提高开放型经济水平;优化开放结构,提高开放质量;注重提高自主创新能力,推进全方位的技术引进战略,增强国际竞争力;发挥我国比较优势与后发优势,把"引进来"和"走出去"更好地结合起来。

一是以提升开放型经济质量作为我国对外开放总目标。随着经济全球化趋势的深入,发展开放型经济已成为各国的主流选择。从国际经验来看,发达的市场经济都是开放型经济。资本主义早期积累中,依靠武力掠夺市场与资源的时代已不复存在,某一时段的现象也不可能成为人类社会发展的规律,尤其是在世界贸易组织构架下的全球化时代,全球化配置资源,每一个国家关门发展成为不可能。市场化程度越高,经济开放的程度也越高。再从我国现实情况来看,30多年对外开放的实践以及经济调整发展的巨大成就证明,中国要实现现代化,跻身世界强国之列,发展开放型经济具有特殊的意义。我国只有通过发展开放型经济,充分利用两种资源、两个市场,才能克服资源、资金、技术、管理等诸多方面的制约,实现可持续发展。因此,应将提升发展外向型经济水平作为我国对外开放总目标,实行更加积极主动的开放战略,不断拓展新的开放领域和空间,为我国的整体战略服务。

二是以优化结构和提高效益为我国对外开放的核心诉求。随着国内市场供求总体格局的转变,长期困扰我国经济健康发展的结构问题更为突出。结构调整是当前和今后相当长一段时期我国经济发展中的主要任务。以往在结构调整中,较多地强调增量而非存量调整,较多地依赖政府力量而非市场机制,较多地局限于国内市场而非在全球化经济背景下展开,从而导致结构调整难以取得突破性进展。在经济全球化背景下进行结构调整,应在尽可能发挥比较优势的基础上,发展具有国际竞争力的优势产业,在国际分工中获取最大收益。在开放市场和优化结构的过程中,政府要转变职能,立足于做好服务、引导工作,减少对微观经济主体的直接干预,给企业创造一个良好的制度环境,在全球一个市场的环境中，只有让企业灵活自主地在国内、国外市场上选择投资和生产，才会提高企业的竞争力与经济效益，进而相应提高我国的整体国民财富。

三是注重发挥我国后发优势与比较优势，提高对外开放水平。世界经济中的优势和劣势是相对的。处于劣势、落后一方，如果战略选择得当、政策设计有效，就有可能形成后发优势。每一次重大的技术革命，都会引起各国实力的消长和世界格局的变化。而具有后发优势的国家往往能在新技术革命中获得较大发展机遇。当前席卷世界的信息技术革命浪潮为我国利用后发优势，在知识经济的竞争中争得一席之地提供了历史性机遇。我国只有进一步扩大开放领域，积极参与国际竞争与合作，才能把握技术进步的主流方向，从对外交流的"技术外溢"中受益。集中发展自身具有比较优势的产业，尽可能避免将资源用于不具有比较优势的、效率较低的行业，是我国的必然选择。从长远来看，应将发展技术密集、知识密集的产业作为发展方向。从我国现实情况来看，要处理好发展技术密集、知识密集的产业与提高劳动密集型总附加值的关系。一方面，在制造业基础较好和劳动力素质较高的部分地区与部门，可以通过 OEM、ODM、分包等多种方式，直接参与高新技术产业的国际分工，发展高新技术产业的零部件生产与组装能力，为拥有自主知识产权的商品生产创造条件。另一方面，提高劳动密集型出口加工业的质量和水平，缓解就业压力，打破以往出口导向部门与国内大部分产业间的阻隔状态，充分发挥加工贸易的"溢出效应"，带动国内产业参与国际分工，使现有加工能力得到充分利用，提高其总附加值。

四是着重提高自主创新能力的发展，增强国家竞争力。自主创新能力是国家竞争力的核心,科技创新已经成为当今世界综合国力竞争的焦点。由于当前我国经济社会发展水平还不高,科技总体水平同世界先进水平相比还有一定的差距,科技创新的成果还满足不了我国经济社会发展要求,因此,按照科学发展观的要求,以提高自主创新能力为核心,加强对外技术交流,增强国家的竞争力。

第一,推进全方位的技术引进战略,利用技术引进的卖方竞争,降低引进高新技术的成本。从目前我国对外引进技术的国家来看,结构较为单一,主要集中在欧盟、日本和美国。为此,一方面,我国需要实行多元化引进战略,在扩大引进区域范围的基础上,充分利用技术出口大国之间市场竞争,避免技术引进的卖方垄断。另一方面,要建立国内行业协调机制,集中市场优势,统一对外谈判和报价,让出市场的目的是实实在在地引进技术。在这方面,我们既有高速铁路成功经验,通过统一引进、兼收并蓄、集成开发、消化创新,在较短时间实现突破,领先国际技术;也有沉痛的教训,我国汽车工业从新中国成立之初到改革开放的引进,让出了市场,却没有吸收、消化技术,至今没有全球影响较大的自主品牌。通过技术引进的卖方竞争,我国可以进行引进技术的比较和选择,实现以较低成本引进先进技术,加快高新技术向我国的转移。

第二,增强技术引进的消化、吸收和模仿创新能力,最终达到提高自主创新能力,实现技术"引进——消化——吸收——创新——出口"的良性循环。一个国家技术引进的消化、吸收和模仿创新能力的大小,在一定程度上决定着该国技术进步和经济发展的速度。如果只重视技术的引进而轻视技术的消化吸收,势必落入"引进——落后——再引进"的恶性循环。因此,我国应该改变当前重视技术的引进、轻视技术的消化吸收的状况,加大消化、吸收经费和研发经费的投入,切实提高对引进技术的消化、吸收和模仿创新能力,最终达到提高自主创新能力,抢占科技制高点,从而做到"后来者居上",在新一轮的技术周期中拥有知识产权优势和技术优势。

第三,推动我国大型公司海外并购,拓展国外先进技术向我国转移的渠道。跨国并购,是技术转移的一个有效渠道,可以减少技术输入壁垒的干扰。因此,应提倡我国大型企业对技术先进企业的海外并购,通过在国外进行跨国并购来获取国外先进的专利技术和专有技术,从而加速实现技术向国内的转移。

第四,利用技术的输出,带动成套设备出口和对外投资的发展,获取技术转让利益、更多关联贸易利益和投资利益。根据我国技术发展的现状,应制定"以发展中国家为主、发达国家为辅,并逐渐向发达国家转移"的策略。由于技术转移的层次性,我国对外技术输出的对象主要是发展中国家;同时由于技术发展的不平衡性,凭借自主创新能力的提高,在某些领域也可以向发达国家输出技术。我国在对外技术输出中,不能单纯依靠出售技术获取技术转让利益,而应凭借技术输出带动我国成套设备和产品的出口,并利用先进技术进行直接投资,从而获取更多的贸易利益和投资利益。

§4.5　科学发展观的实践意义

科学发展观科学地回答了我国在新的历史条件下"为什么要发展、为谁发展、什么是发展、如何发展"等重大问题,这对全面建设小康社会、加快推进社会主义现代化建设具有极为重要的现实意义和深远的历史意义。

　　贯彻落实科学发展观是适应我国经济社会发展阶段性特征的正确选择。我国目前正处在一个十分重要的关键时期。我国人均国内生产总值在 2003 年迈上了 1000 美元的新台阶,2008 年站上3000 美元大关,2009 年更是达到了 3711 美元。研究国际经验及典型国家的发展规律就会发现,走出低收入国家行列并向中上等收入国家迈进的阶段,对任何国家的发展来说都是一个极为重要的历史阶段。一方面,国民经济有可能保持一个较长时期的持续快速增长,从而进入一个"黄金发展时期"。之所以出现这种情况,是居民消费类型和行为的重大转变而带来的。随着人均国内生产总值的增高,人们的收入水平也在提高。当人们温饱问题基本解决后,人们为"生存"而奋斗转向求"发展",不仅要吃饱,而且要吃好,更要住得舒适,行得方便,精神、文化消费的需求也越来越高。这种消费结构的升级,将会引起产业结构的大幅调整和升级,促进服务业长足发展,带动城镇化、工业化加速。在这一时期,快速发展的各种基础条件已经具备,如果处理得当,就能抓住战略机遇期,使经济社会发展再上一个新台阶。另一方面,社会也可能会进入一个矛盾多发期。经济社会发展不平衡,收入差距开始拉大,社会公平问题凸显,人口、资源、环境等矛盾突出,瓶颈约束有可能加剧。在这种情况下,如果处理不当,就可能丧失发展机遇,导致经济徘徊不前和社会长期动荡,国际上的"拉美陷阱"等可谓"殷鉴不远"。因此,当前我国面临的既是一个必须紧紧抓住并且可以大有作为的重要战略机遇期,也是一个社会矛盾和问题较为突出的矛盾凸显期。在这样一个重要的历史发展阶段,全面贯彻落实科学发展观,实现国民经济又好又快发展,显得尤为重要和迫切。

贯彻落实科学发展观是实现全面建设小康社会奋斗目标的重要途径。党的十六大提出，要在本世纪头 20 年，集中力量，全面建设惠及十几亿人口的经济更加发展、民主更加健全、科教更加进步、文化更加繁荣、社会更加和谐、人民生活更加殷实的更高水平的小康社会的宏伟目标。党的十七大又提出了实现全面建设小康社会奋斗目标的新要求，最引人注目的就是要在优化结构、提高效益、降低消耗、保护环境的基础上，实现人均国内生产总值到 2020 年比 2000 年翻两番，人民富裕程度普遍提高，生活质量明显改善，生态环境良好。完成这个新的目标，很大程度上取决于我国经济社会发展的质量、能源支撑条件和环境承载能力。这客观上要求我们按照科学发展观的要求，转变发展观念，让全体社会成员充分享受受到改革和发展的成果，改变片面追求经济规模的增长、忽视经济质量和效益的提高，片面追求经济发展、忽视社会进步，片面追求经济发展、忽视环境保护，片面追求经济发展、忽视改善人民生活的状况。同时，还要考虑我国的能源支撑条件和环境承载能力。改革开放以来，我们用能源消费翻一番支撑了国内生产总值翻两番。实现人均国内生产总值再翻两番，如果也按能源再翻一番考虑，2020 年我国一次能源消费量将超过我国能源的支撑力。从资源条件看，虽然我国能源资源总量比较丰富，但油、气、煤炭等化石能源剩余可采储量有限，如果不加快转变发展方式，实现又好又快发展，仅从能源供给考虑，再翻两番的难度很大。按目前美国工业化的标准和消耗，即使将全球能源全部用于中国，也难以满足要求。因此，没有科学的发展路径，我国的现代化只会成为"空中楼阁"。这需要按照科学发展观的要求，加快转变经济发展方式，促进经济社会全面协调发展,才能实现全面建设小康社会的奋斗目标。

　　贯彻落实科学发展观是实现可持续发展的必然要求。落实科学发展观,要求促进人与自然的和谐,实现经济发展和人口、资源、环境相协调。在社会经济发展过程中,对资源的开发和利用必须考虑到人口增长的长期需要以及自然资源和生态环境的承载能力,考虑到经济快速发展特别是传统工业增长模式造成的高投入、高排放、高污染给人民群众生活带来的严重影响。从现实情况来看,经过多年的不懈努力,我国人口过快增长的势头得到有效控制,资源保护和开发管理得到加强,环境保护和生态建设逐步改善,循环经济建设开始起步。但是在人口、资源、环境协调发展方面仍存在一些问题。如:劳动就业的压力越来越大,提高人口素质的任务十分艰巨;资源紧缺的矛盾日益突出,一些关系国计民生的矿产资源特别是石油严重短缺;生态环境总体恶化的趋势短期内难以根本扭转,环境治理的任务依然十分艰巨。解决这些突出矛盾和问题,我们要按照科学发展观的要求,始终把控制人口、节约资源、保护环境放在重要战略位置,正确处理经济发展与人口、资源、环境的关系,真正走出一条科技含量高、经济效益好、资源消耗低、环境污染少、人力资源优势得到充分发挥的新型工业化道路,实现又好又快发展。

　　贯彻落实科学发展观是保持国民经济持续快速协调健康发展、防止大起大落的重要举措。避免经济出现大起大落、忽冷忽热的现象,是保持国民经济又好又快发展的必然要求。这就要求既要防止经济的过冷,也要防止经济的过热。在我国历史上,出现过多次经济发展的“热潮”,不说20世纪50年代“钢铁元帅”升帐、

"赶美超英"的"大跃进"，即使改革开放以来，我国已六次出现大的经济波动。不同表现的"大跃进"仍然时隐时现。客观上讲，有的"热潮"对经济的发展产生了一些积极影响，但是超越经济发展规律，行政性主导调高速度，并由此产生经济的"过热"现象，必然导致结构失调、效益低下和资源浪费等问题，进而冲击国民经济持续快速协调健康发展。从我国目前情况来看，防止经济过热，重点在于抑制投资需求。由于受片面政绩观的影响，致使地方政府具有"天然投资冲动"，单纯追求经济增长，盲目攀比增长速度，其结果往往是造成投资与消费失衡、经济结构不合理等问题。加快发展，必须保持一个较快的增长速度，但是增长并不等于发展。如果单纯地追求经济增长，将会导致经济结构失衡，增长动力不足，最终会影响健康发展。从经济"过冷"方面而言，导致经济过冷的因素很多，既有因投资过热收缩而引发的过冷，也有因油价上涨、出口下降、企业成本增加等因素引发的过冷，但从根本上而言，一般是由消费萎缩、经济结构失衡等引起的。因此，保持国民经济又好又快发展，这就需要真心实意、扎扎实实地贯彻落实科学发展观的要求，一手抓经济体制改革，加快建立符合科学发展观要求的体制机制，从根本上解决粗放、数量型增长的问题，切实加快转变经济发展方式；一手抓政策创新与完善，不断提高政府宏观调控的艺术水平，处理好投资与消费的关系，使经济发展真正走出"膨胀——收缩——再膨胀——再收缩"的怪圈，实现平稳较快发展。

第二章 科学发展指标评价体系的构建与评价结果

本章提要:践行科学发展观的理论探索和现实实践,已经在诸多方面表现出对构建科学发展指标评价体系的渴求,这为笔者探索设计科学发展的指标评价体系提供了明确导向与动力。其实,随着数学、统计学等基础学科的长足发展,社会科学的规范化和数量化研究方法逐渐兴起并逐步被推广运用,国内外学者在这一方面进行了大量探索和尝试,从而使社会科学的数量化研究思想有了比较坚实的基础。本章立足当代中国发展实际,借鉴国内外层析分析法(AHP方法)、聚类分析法和因子分析法等统计学研究方法的最新成果,紧紧围绕科学发展观的基本内涵与目标要求,试图全面构建科学发展的指标评价体系。

科学发展理论体系的确立是借鉴吸收东、西方发展理论等优秀文明成果的一项重大理论创新。现代发展理论的演进历程及发展实践证明,随着经济社会的不断发展及理论研究的逐步深入,衡量经济社会发展的指标评价体系也有一个不断变化和完善的过程。梳理、分析这些变化的内容及深层原因,对我们研究构建科学发展指标评价体系无疑有着深刻的借鉴意义。

§1 西方经济社会发展指标评价体系的历史演进

伴随西方经济社会的不断发展,研究评估已成客观需要,探索指标设计层出不穷,其指标评价体系林林总总。择其要者,大致可以划分三个阶段(或三大类别):即以 GDP 为核心的指标评价体系、以优化 GDP 为主导的指标评价体系、系统的综合指标评价体系。

§1.1 以 GDP 为核心的指标评价体系

GDP(国内生产总值)的概念最早见于 1953 年联合国发布的"国民经济核算体系(SNA)及其附表",是这一评价体系的一个综合指标,也是其核心指标。经过 1968 年与 1993 年的两次修订之后,SNA 系统已经成为当前国际最主流的国民经济核算体系。GDP 是指在一定时期内(一个季度或一年),一个国家或地区所生产出的全部最终产品和劳务的价值,一般来说有四个组成部分,即消费、私人投资、政府支出和净出口额。直到现在,这仍是大多数国家所采用的国民经济核算方法。

以 GDP 为核心的指标评价体系,其产生的理论背景是 20 世纪 60 年代以前早期的经济增长理论,这一时期的主流观点以促进经济增长为核心,而且认为经济增长就是社会发展。以 GDP 为核心指标的国民经济核算体系创立,开启了对经济运行状态进行量化计算、总体分析的新时代,是人类发展的智慧结晶,意义重大。正如萨缪尔森所评价的:"虽然 GDP 和国民经济核算似乎有些神秘,但它们确实是 20 世纪最伟大的发明。如同人造卫星探测地球上的气候,GDP 描绘出一幅经济运行状态的整体图景。"曾长期执掌美联储的格林斯潘也曾指出,是 GDP"把秩序带给了本来是混乱的世界"①。

　　20 世纪 60 年代以后,"有增长无发展"的现象引起人们越来越多的关注,人们对以 GDP 为核心的指标评价体系也开始进行反思和评判。这一指标体系的问题主要集中在以下几个方面:一是假定任何货币交易都"增加"社会财富,对实际是否增加社会财富并不加以辨识。二是造成社会无序和发展倒退的"支出"均计入GDP,从面将其视为社会财富,不计实际增长过程中的破坏性后果。三是不考虑自然资源的稀缺性,不能反映环境的缓冲能力、自净能力和抗逆能力的下降,反将污染环境的经济活动也计入GDP,从而将其算成贡献。四是只记录看得见的、可价格化的劳务,而其他的对社会有贡献的劳务却被摒除在外。

§1.2　以优化 GDP 为主导的指标评价体系

　　基于对传统 GDP 指标评价体系的扬弃,以计算真实 GDP 为目标,西方经济学界对如何完善经济社会发展的指标评价体系进行了积极探索。主要包括:绿色 GDP、"纯经济福利"指标、"扩展的财富"指标等。

　　绿色 GDP,指用以衡量各国扣除自然资产损失后新创造的真实国民财富的总量核算指标。也就是从现行统计的 GDP 中,扣除由于环境污染、自然资源退化、教育低下、人口数量失控、管理不善等因素引起的经济损失成本,从而得出真实的国民财富总量。绿

---

① 《告别 GDP 论成全国共识　幸福指数将成导向》,《中国新闻周刊》2011 年 3 月 3 日。

色GDP这个指标,实质上代表了国民经济增长的净正效应。绿色GDP占GDP的比重越高,表明国民经济增长的正面效应越高,负面效应越低,反之亦然。

从20世纪70年代开始,联合国和世界银行等国际组织在绿色GDP的研究和推广方面做了大量工作。倡导在传统意义上统计的GDP中扣除非真正财富积累的部分,计算"真实GDP"(又称"绿色GDP")。真实GDP等于传统GDP扣除自然因素的虚数、人文因素的虚数。其中"自然因素的虚数"包括:生态环境退化所造成的损失、自然灾害所引起的经济损失和资源稀缺性所引发的成本等等。"人文因素的虚数"包括:因疾病和公共卫生条件退化导致的支出、失业造成的损失、犯罪造成的损失、教育水平低下和文盲状况导致的损失、人口数量失控导致的损失和管理不善(包括决策失误)造成的损失等等。

"纯经济福利"指标是由萨缪尔森提出的概念,即在GDP中减去污染、环境破坏这些对社会福利有负面作用的项目,再加上家务劳动、闲暇价值这些有福利贡献却没有计入GDP的项目。[①]

1995年,世界银行曾公布了用"扩展的财富"来衡量全球或区域发展的新指标,使"财富"的概念超越了传统范式。"扩展的财富"包括"自然资本"、"人造资本"、"社会资本"和"人力资本"四组要素,以此来评判各国或地区"真实财富"的增减。

§1.3 系统的综合指标评价体系

20世纪80年代以后,追求"人与自然之间协调"和"人与人之

---

① 《告别GDP论成全国共识　幸福指数将成导向》,《中国新闻周刊》2011年3月3日。

间和谐"的可持续发展理念逐渐兴起。构建系统的、综合性的经济社会发展指标评价体系,引起越来越多的关注和研究。有代表性的研究成果主要有:人类发展指数、国民幸福指数等。

人类发展指数(Human Development Index,简称 HDI)是由联合国开发计划署(UNDP)在《1990 年人文发展报告》中提出的,用以衡量联合国各成员国经济社会发展水平的指标。该指数是以"预期寿命、教育水准和生活质量"三项基础变量按照一定计算方法组成的综合指标,主要由预期寿命指数、教育成绩指数和实际人均 GDP 指数三大指标复合而成。自 1990 年以来,联合国开发计划署每年都发布世界大部分国家和地区的人类发展指数(HDI),在世界许多国家和地区颇有影响。

国民幸福指数(Gross Nationl Happiness,简称 GNH),据可查资料,是由不丹前国王吉格梅·辛格·旺楚克于 1970 年最先提出来的。他认为"政策应该关注幸福,并应以实现幸福为目标",人生"基本的问题是如何在物质生活(包括科学技术的种种好处)和精神生活之间保持平衡"。在这种执政理念的指导下,不丹创造性地提出了由政府善治、经济增长、文化发展和环境保护四级组成的"国民幸福指数"(GNH)指标。该指标体系采用主观调查数据,涉及 72 项指标。近年来,不丹的实践逐步得到发达国家的重视,"国民幸福指数"这一概念已初步得到国际认可。

§2　国内发展指标评价体系的研究探索

新中国成立以后,最初我国经济社会发展的指标评价体系是采用苏联模式,即物质产品平衡表体系(简称 MPS)。改革开放以后,逐步过渡到以 GDP 为核心的国民经济核算体系(SNA)。2003
年科学发展观提出以后,国内学界对如何构建新的经济社会发展
指标评价体系,进行了积极探索。

§2.1 从苏联模式向国际通行模式转变

在新中国成立伊始到改革开放初期的 30 多年的时间里,与当
时高度集中的计划管理体制相适应,我国经济社会发展指标评价
体系采用的是以物质产品平衡表(MPS)为核心的国民经济核算体
系。1953 年开始试算国民收入,到 1956 年,先后编制了社会产品
生产、积累和消费平衡表,社会产品和国民收入生产、分配、再分配
平衡表,劳动力资源和分配平衡表等基本表式。国民经济核算从
无到有,内容不断丰富,用量化数据反映我国各行各业经济社会建
设的成就,为党中央国务院和各级党委政府制定国民经济发展计
划和管理宏观经济提供了重要的基础信息。

MPS 与国际通行的 SNA 相比的主要区别是,SNA 将服务部门
与物质生产部门等同看待,而 MPS 仅核算工业、农业、建筑业、货
物运输业和商业五大物质生产部门。改革开放以后,20 世纪 80
年代中期,我国开始探索引进国际通行的 SNA 国民经济核算体
系。1992 年,国家统计局制定了《中国国民经济核算体系(试行方
案)》。该方案采纳了 SNA 的基本核算原则、内容和方法,保留了
MPS 体系的部分内容,是一个 MPS 与 SNA 的混合体系,其中的
GDP 是在国民收入的基础上计算的。1993 年,我国取消了 MPS
体系下的国民收入核算;GDP 成为我国经济发展评价体系的核心
指标。

§2.2　科学发展观提出后的新探索

2003 年我国正式提出科学发展观以后,如何构建科学发展指标评价体系,国内有关机构和专家学者已经作了诸多有益的尝试,"中国中小城市科学发展评价指标体系"的研究与发布,是其中比较具代表性的研究成果。

科学发展观一经提出,中国中小城市科学发展评价研究课题组便开始组建,在逐年发布研究报告的同时,中国中小城市科学发展指标评价体系逐渐趋于完善、凸显科学特征,可以说是目前中国科学发展指标评价体系研究领域最具前沿性和参考价值的一项研究成果。具体而言,该套指标体系首先打破了"唯 GDP 论"的传统评价观念,以科学发展观思想为指导,从经济发展、社会进步、民生改善、环境友好和政府效率五个方面构建了 36 个具体指标,对我国中小城市科学发展情况全方位进行了观照和科学评价,得出"中国中小城市科学发展百强"的评价结果并以报告的形式向社会公布,产生了良好的研究效应和社会反应。

国内一些城市在实践科学发展观的同时,结合自身发展情况,也积极尝试,试图建立一套符合当地特点的科学发展指标评价体系。2005 年 9 月,深圳市正式对外公布并实施了《深圳市落实科学发展观经济社会调控指标体系(试行)》,成为国内探索构建城市科学发展指标评价体系的先行者。《深圳市落实科学发展观经济社会调控指标体系(试行)》包括 4 大类共 18 个核心指标、41 项量化指标,涵盖了经济、社会和文化各方面,旨在大幅降低资源消耗、提高经济增长的科技含量、确保生态环境等方面的公共投入,围绕"和谐"和"效益"做足文章,通过转变发展模式和经济增长方式来落实科学发展观。

与此同时，部分科研单位和专家学者也纷纷从理论的高度对构建科学发展的指标评价体系献言献策。中国人民大学法律社会学研究所所长周孝正教授等学者对科学发展评价体系的构建给出了一些原则性的意见。他们认为：科学发展观有三个要素，即全面、协调、可持续，同时"以人为本"是第一位的。"以人为本"就要保障人的生命权、生存权和发展权，客观上要求科学发展指标体系设计一定要注重"人"的因素，同时应该坚持简洁、明快、可操作。

西南大学经济管理学院邵腾伟、丁忠民以问卷形式调查了60名经济与社会发展专家（包括大学教授、著名企业家、社会活动家、政府领导干部），按照分目标、复合指标、具体指标的层次构建了科学发展评价体系。科学发展分目标包括经济发展、社会进步、生态良好3个方面；经济发展包括经济速度、经济结构、经济效益3个复合指标，社会进步包括物质生活、公用事业、教育培训、主观感受4个复合指标，生态良好包括人口因素、资源利用、环境保护3个复合指标；各项复合指标包括若干项具体指标，如GDP增长速度、三次产业增长率、城镇居民实际收入增长率等。

从上述诸多对于科学发展指标评价体系的理论研究和实践探索可以看出，一方面，在科学发展观思想提出的短短几年内，我国对于科学发展指标评价体系的研究工作，已经做了大量深入的探索并取得了诸多富有实用价值的成果；另一方面，目前对于科学发展进程现实情况的研究与探索工作尚存在巨大的改进空间。从学术研究的角度来看，目前对于科学发展指标评价体系的研究多从指标结构设计的角度展开，尚缺乏对于评价指标数量化过程中相关技术问题的研究。从实践探索的角度而言，目前开发的"中国中小城市科学发展指标评价体系"和"深圳市落实科学发展观经济社会调控指标体系",一个突出特点在于他们的评价对象集中在某一特定群体,而群体特征必然导致上述评价体系特殊性过强而普遍性不足。另外,上述评价体系因立足实践与指标数据的可获得性,主要关注当年的评价结果,对于我国改革开放的整个发展历程缺乏系统而较全面的关注,因而不可避免地缺乏指数研究的历史质感和逻辑验证。鉴于这些原因,本书讨论构建的科学发展指标评价体系,将力求实现评价对象的普遍性、评价内容的全面性、评价方法的兼顾性和评价视角的延续性等诸多既定目标,努力将科学发展指标评价体系的研究、探索工作进一步引向深入。

§3　构建科学发展指标评价体系的必要性和可行性

科学的理论必然来源于科学的实践与升华,同时又必然经受实践的检验。实践的成效与评估又离不开一定的指标评价体系。"科学发展观"的基本内涵为"坚持以人为本,树立全面、协调、可持续的发展观,促进经济社会和人的全面发展",坚持"统筹城乡发展、统筹区域发展、统筹经济社会发展、统筹人与自然和谐发展、统筹国内发展和对外开放的要求"。在全面揭示科学发展观丰富内涵的同时,对涉及"全面发展观"和"全面建设小康社会"等重大历史问题,党的十七大明确提出,落实可持续发展观必须要落实到具体量化指标上,将定量化指标的实现作为落实科学发展观和实现全面建设小康社会的基本标志[①]。为此,需要全面评估我国改

---

① 参见胡锦涛总书记在党的十七次代表大会上的报告。

革发展的实践,并通过总结历史经验,建立起尽可能体现科学发展导向的指标体系,以检测评价科学发展观重要思想的落实进程和成效。

§3.1　构建科学发展指标评价体系意义重大

科学发展观自提出以来,从中央到地方各级党政部门,都十分注重和强调深入贯彻落实科学发展观,从实际效果看,已经在很多领域初见成效。但是目前还很少有研究对我国经济社会的发展状况做出全面、规范和定量评价,亦缺乏对阻碍科学发展深层次因素的系统性分析。科学发展指标评价体系的研究有助于科学地看待当前我国经济社会发展的成就与矛盾,并提供有针对性的诊断和建议,对于深入贯彻落实科学发展观具有较强的现实意义和理论价值。

首先,建立科学发展指标评价体系,反映经济社会不断发展的现实,是对现有核算和评价体系的一次认识升华。目前,国际上对经济社会发展综合评价体系的研究方兴未艾,但是还没有一个比GDP更好的、人们普遍认同的经济社会发展综合评价体系。科学发展指标评价体系以科学发展指数为统领和核心,是结合我国国情的综合指标评价体系,既吸收国际上有关发展的最新研究成果,同时依据我国经济社会发展的实际情况形成自己的评估特色,冀望于对现实 GDP 为主导的评价观念的修正与校正。

其次,建立科学发展指标评价体系,是对我国传统经济社会发展评价体系严重缺失的弥补和改进,是推进贯彻科学发展观指导的重要工作环节。全面审视我们已经建立起来的经济增长和社会发展评价体系,就会发现确实存在着一些明显缺陷,不仅缺乏反映全要素生产率、生态文明建设的指标,也缺乏反映人的全面发展和社会全面进步的人文关怀指标。另外,在长期的工作实践中,对发展的评价往往重政府机关内部评价,重上级领导的看法,而忽视外部评价、社会舆论和群众的看法;过于重视过程评价,而轻视实际经济行为后果;"重投入、轻产出",而且长期忽视"投入产出比";"重速度、轻效益",缺乏成本核算等。更为严重的是,GDP崇拜的评价指向在一些地方也衍生出"官出数字,数字出官"的恶性循环。而要从根本上杜绝此类现象发生,唯有从改进评价体系和方法着手,通过建立符合科学发展观要求的综合评价体系,引导政府与社会正确的行为选择。

最后,建立科学发展指标评价体系,是树立和落实科学发展观,建立社会主义和谐社会的制度设计和实践选择的重要工具。科学发展观对经济社会发展的全面性、公正性、协调性和可持续性提出了更高的要求。因此,我们必须按照科学发展观的要求,研究设计一整套评价包括经济、社会、生态和人的全面发展的指标体系,以此来引导政府和市场主体的行为,科学考核政府和干部政绩。力求将经济增长、社会发展、环境保护、资源节约、人民福祉等结合起来,作为地方发展指向与政府政绩的综合考核指标,充分发挥这一指标体系的评价导向作用。

§3.2　构建科学发展指标评价体系的必要性

科学发展观是在新的历史阶段,指导我国经济社会发展的根本性、全局性和系统性的战略思想。全面扎实地践行科学发展观,迫切要求建立体现科学发展观要求的、具有可操作性的综合评价体系。自2003年科学发展观提出以来,从中央到地方的各级党委和政府都十分关注改革发展思路的转变，注重调整思路、寻找出路、完善措施，全面进入贯彻落实科学发展观阶段，并在诸多领域取得实效，初步显示了科学发展观这一重大战略思想的科学性和实践性。同时，各级党委和政府对于科学发展观这个前沿、科学、系统的理论体系，需要有一个在实践中不断深化理解的过程，因此，不可避免地对于科学发展观在理解的深度和广度上存在差异，这也直接影响了科学发展观思想的全面贯彻和切实推进。现实要求我们，必须突出强调科学发展观战略思想的具体内容、推进路径和目标指向，这不仅是完善科学发展观理论体系的要求，而且有利于理清思路、正视问题，增加科学发展的针对性和实效性。

基于我国多年来一直奉行的"科学、公开、透明"的原则，借鉴国内外近年来逐渐成熟的数量化研究方法和丰富的实践经验，构建一个科学发展观指导下的经济社会发展综合评价体系，将科学发展观的宏观、抽象的理论概念进行形象化描述，有利于提高科学发展观的执行力和效率，并使其更加制度化、规范化、清晰化。具体而言，构建科学发展指标评价体系的必要性主要表现在以下三个方面：

第一，科学发展指标评价体系通过量化可持续发展思想的要求，可以使科学发展观的要求更加具体化和清晰化，进而变成可操作性强的工作目标，使各地区和单位落实科学发展观的实践成果变成可考核的工作绩效，有利于形成落实科学发展观的统计、监测和评估机制。

第二，科学发展指标评价体系通过构建全面的评价指标体系可以综合描述和反映某一时点（或时段）各实践主体践行科学发展观的水平和状况,进而综合衡量不同主体对于推动科学发展的贡献程度、衡量不同领域科学发展的整体推进程度。

第三,科学发展指标评价体系通过搜集相应的时间序列数据,可以整合评价和监测某一时期内我国科学发展进程的速度和效率,建立一个全程化的科学评价追踪体系,进而使得各级实践主体对于科学发展观的理解和落实更加动态化、数量化。

§3.3　构建科学发展指标评价体系的可行性

构建科学发展指标评价体系可以从以下几个层面进行可行性分析。

首先,党和国家对于推行科学发展观思想高度关注,并多次通过多种形式,精辟阐述科学发展观的理论含义和现实要求,整体上推动科学发展观这一战略思想朝着清晰化、规范化和数量化的方向迈进。同时,我国各界对于科学发展观这一思想开展了基于不同视角和侧重点的理论研究和经验总结,极大地丰富了科学发展观的基本内涵和思想体系,并提高了不同群体对于科学发展观的认知水平。这为构建科学发展观的指标评价体系提供了丰富的智力资源,并奠定了坚实的理论基础。

其次,随着数学、统计学等基础学科的长足发展,社会科学的规范化和数量法研究方法逐渐兴起并逐步推广应用,国内外学者在这一方面进行了大量探索、尝试并积累了诸多经验。社会科学的数量化研究方兴未艾,这是一种学术的繁荣与进步,更是经济学研究的有力支撑。具体到评价指标和指数等研究,目前模糊数学方法的兴起和应用已经可以实现定性指标向定量指标的有效转化,同时,层析分析法(AHP 方法)、聚类分析法和因子分析法等统计学研究方法的提出和推广为评价指标的分级、分类和权重赋予等工作提供了坚实的技术支持。可以说,目前科学技术的发展不仅完全可以为科学发展指标评价体系的构建提供智力支持,而且大量的实践经验推动着科学发展指标评价体系可以不断朝着个性化、精细化的方向发展。

最后,随着我国统计工作的不断进步与统计机制的不断完善,使得近些年的统计数据更加全面和准确,这为指标的计算提供了基本的数据保证。随着我国改革开放事业的不断推进,不仅大量经济指标被纳入国家统计范畴,而且随着经济社会发展和发展要素的不断扩展与深化,我国统计工作也不断扩展,如进入新世纪之后一些注重东西部对比、城乡对比、生态环境建设的内容被纳入统计范畴,一些新兴产业的相关数据不断被充实进入统计领域,这为我们对科学发展观理论的量化分析与评估体系建立,奠定了良好的基础。

§4　构建科学发展指标评价
体系的一般性原则

科学发展观对新时期我国经济、社会、政治和文化建设提出了新的要求和发展规范。按科学发展观的基本要求,科学发展指标评价体系的构建应该遵循以下一般性原则:

第一,在整体指标体系设置上,要全面反映经济、社会和人的全面发展情况。经济发展是社会进步和人的全面发展的物质基础和前提条件,必须把经济指标摆在整个指标体系的突出位置。但是,发展是全面的,仅有经济发展是不够的,指标体系也必须是全面的,应该包括经济和社会发展的主要方面。比如,可设计一些综合指数来反映社会和谐的实现程度;判断城乡差距和地区差距的变化情况和发展趋势,可以运用基尼系数、人文发展指数和经济结构变动系数等指标等等。

第二,在综合评价体系中,可把评价指标区分为核心指标和扩展指标。核心指标包括人均地区生产总值、居民收入、城市化率、研究与试验发展经费占 GDP 比重、高等教育毛入学率、卫生服务体系健全率、城镇登记失业率、城镇企业职工三大基本保险覆盖率、建成区绿化覆盖率、环境质量综合指数等;扩展指标包括地方财政一般预算收入及其占 GDP 比重、电力产出弹性系数、工业固体废物综合利用率、人均拥有公益性文化设施面积、农村三大保障覆盖率、高低收入差距等。

第三,在经济指标的设置上,既要重视反映经济增长的指标,又要重视反映社会发展的指标。经济增长是社会发展的基础,没有增长谈不上发展,但增长并不是发展的全部。重视 GDP 是对的,但衡量经济情况不能仅看 GDP。虽然 GDP 反映经济活动总规模,属于重要的综合经济指标,但仅仅看 GDP 又是不够的,还必须同时看反映经济发展质量和效益的其他指标。

第四,在评价标准上,既要看数字,又不能唯数字。数字是衡量经济社会发展情况的重要形式,建立评价体系不能不看数字。比如,在经济运行情况方面,地方财政收入年平均增长率、农村居民和城镇居民收入增长率、城镇登记失业率等;在社会发展方面,义务教育普及率、甲乙类传染病发病率、社会保险综合覆盖率等;在可持续发展方面,人口出生率、人均耕地面积增减率、主要污染物排放控制率等等,这些数字是反映经济社会发展的基本指标,能够从量化角度观测经济社会发展的具体情况和趋势。

第五,在工作安排和部署方面,既要着眼将来,又要立足当前。就综合评价体系中的"环保要素"来说,终极目标应是实施绿色GDP 核算制度,但鉴于眼下在技术和操作方面的困难,当前可以考虑的工作目标应当是:首先建立综合环境与经济核算(绿色GDP)理论体系及基本框架;开展和建立环境污染物实物量核算;初步建立环境损失价值量核算,测算经环境损失调整的 GDP,即涉及环境降级成本调整的绿色 GDP;通过国家和地方层面的试点,及时总结推广环境核算研究成果,不断加大试点力度,完善指标体系,为建立全面的综合经济与资源环境核算体系(绿色 GDP)提供基础。

§5 构建科学发展指标评价体系的整体结构及指标设计

构建科学发展评价指标体系的根本目的是形成落实科学发展观的长效观测机制,建立科学发展的统计、监测和评估制度。"五个统筹"是贯彻落实科学发展观的基本要求,落实科学发展观,必须坚持城乡协调发展,实行以城带乡、以工促农、城乡互动;必须坚持区域协调发展,推进西部大开发、振兴东北地区等老工业基地、推进中部地区崛起、鼓励东部地区加快发展;必须坚持经济社会协调发展,加快构建民主法治、公平正义、诚信友爱、充满活力、安定有序、人与自然和谐相处的社会主义和谐社会;必须坚持可持续发展,推动整个社会走上生产发展、生活富裕、生态良好的文明发展道路;必须坚持改革开放,力争在较短时间内在关键环节上实现体制突破与制度创新,为贯彻落实科学发展观提供体制保障、制度环境和机制动力。从某种意义上讲,"五个统筹"是科学发展相关课题研究的理论依据,又是贯彻落实科学发展观的行动指南。因此,笔者围绕"五个统筹"设计科学发展指标评价体系,按照"五个统筹"的要求,科学发展指标评价体系要综合反映经济、社会和人的全面发展,指标体系不仅要包括经济指标,还要包括社会指标、人文指标和环境指标;不仅要包括城市发展指标,还要包括农村发展指标;不仅要包括反映发展现状的指标,还要包括反映发展后劲的指标;等等。

以"五个统筹"为基本依据,新构建的科学发展指标评价体系包括科学发展、统筹发展、基本目标、数据指标4个层次。以科学发展为出发点和落脚点,统筹发展包括5大方面,基本目标包括20项内容,数据指标包括48个条目(见表2.1)。

表 2.1 科学发展评价指标体系表

总指标	统筹发展指标	基本目标	数据指标(48 个)
科学发展	统筹城乡发展	加快城镇化进程	城镇化率
		提高农村居民收入,缩小城乡收入差距	农民人均纯收入
			农村居民家庭恩格尔系数
			城乡居民收入比(农村/城镇)
		加大农村公共财政投入,提高农村公共服务水平	公共财政用于农业支出占 GDP 比重
			农村孕产妇死亡率
		改善农村贫困	农村居民贫困规模

113

总指标	统筹发展指标	基本目标	数据指标(48 个)
科学发展	统筹区域发展	缩小经济发展差距	西部/东部人均 GDP
			中部/东部人均 GDP
		缩小社会发展差距	西部/东部千人医生数
			中部/东部千人医生数
			西部/东部千人医院、卫生院床位数
			中部/东部千人医院、卫生院床位数
		缩小知识发展差距	西部/东部居民家庭每百户电视拥有量
			中部/东部居民家庭每百户电视拥有量
			西部/东部居民家庭每百户电脑拥有量
			中部/东部居民家庭每百户电脑拥有量
		缩小公共财政支出差距	西部/东部人均财政支出
			中部/东部人均财政支出
	统筹经济与社会发展	优化产业结构和就业结构	第三产业增加值占 GDP 比重
			第三产业从业人数比重
		自主创新与科技进步	研发投入占 GDP 比重
			本国居民专利授权量
		改善公共服务	国家财政性教育经费占 GDP 比重
			公民平均受教育年限(6 岁及以上)
			政府预算卫生支出占 GDP 比重
			每万人口执业(助理)医师
		促进社会和谐	城镇基本养老保险覆盖人数
			城镇登记失业率
			每 10 万人犯罪案件数
	统筹人与自然和谐发展	提高资源利用率	单位 GDP 能耗
			单位 GDP 水耗
			非农业用水比例
			工业固体废物综合利用率
		提高环境质量	主要污染物排放总量减少
			环保投资占 GDP 比重

总指标	统筹发展指标	基本目标	数据指标（48 个）
科学发展	统筹人与自然和谐发展	保护自然资源	森林覆盖率
			耕地面积保有量
			初级产品净进口额占 GDP 比重
		减缓生态环境压力	人口自然增长率
			自然资产损失占 GDP 比重
	统筹国内发展和对外开放	保持经济的开放性	进出口总额占 GDP 比重
		对外经济开放质量	FDI 占 GDP 比重
			高技术进口额占 GDP 比重
		优化国际贸易结构	服务业出口占总出口份额
			净出口总额占 GDP 比重
		社会对外开放程度	外国入境旅游人数
			国内居民出境人数

与国内外相关研究相比较，上述科学发展指标评价体系有以下特点：一是理论性强。"五个统筹"是落实科学发展观的基本要求与标识，以"五个统筹"为基本依据构建科学发展指标评价体系，不仅能够从总体上计量科学发展的进展程度，还能够清晰地反映科学发展的结构特征，从而为制定、实施科学发展有关政策奠定理论基础。二是逻辑性强。所构建的科学发展指标评价体系包括科学发展、统筹发展、基本目标、数据指标 4 个层次，逐级递推、逻辑紧密，既可以从宏观层面对科学发展作出评价，又可以从微观层面深入分析，有利于政策制定的取向科学和措施精细。三是操作性强。设计的科学发展指标评价体系共有 48 个具体数据指标，每一个指标均可获得权威的数据来源。评价体系的可操作性是定量分析准确性的必要条

件,也是研究结论客观性的基本前提,更是合理制定、有效落实科学发展政策的重要标识和监测依据。

§6 科学发展评价指标的定量计算方法

科学发展评价指标体系,包括科学发展、统筹发展、基本目标、数据指标4个层次,与之相对应,评价指标体系应用的最终结论为3个层次的评价指数,即科学发展指数、统筹发展指数、基本目标指数。其中,科学发展指数是总指数,统筹发展指数包括统筹城乡发展指数、统筹区域发展指数、统筹经济与社会发展指数、统筹人与自然和谐发展指数、统筹国内发展和对外开放指数,基本目标指数包括20个条目(见表2.2)。科学发展指数、统筹发展指数、基本目标指数的计算过程简述如下:

第一步,指标数据的获取与处理。48项指标数据主要来源于国家统计局发布的各种统计数据,部分数据来自世界银行的"世界发展数据库"。数据收集年份的选择主要考虑,一是1978年十一届三中全会后,1979年是调整、改革、整顿的一年,我们以1980年为观察起点;二是考虑到我国于1992年明确提出建立社会主义市场经济体制的改革目标、2003年明确提出科学发展观,2006年"十一五"开始起步,我们重点以1992年、2003年、2006年为时间点,划分对比分析的时间区间。因此重点收集1980年、1985年、1990年至2006年的相关数据。需要指出的是,数据收集过程中,对于中间年份数据不可得的情况,根据距离最近的两个年份的数据进行插值估计;对于历史数据不可得的情况,根据最新年份的数据进行外推,并主要选用指数函数和线性函数。

第二步,指标数据的指数化。将各项数据指标逐年化归为 $[0,1]$ 区间上的基础指数,指数化计算方法采用以下公式:

$$基础指数=\frac{（实际值-下限参照值）}{（上限参照值-下限参照值）}\times100\%$$

其中,上限参照值综合考虑样本中实际观测最大值和理论最大值确定,下限参照值设定为 0。指数化过程中,假定数据方向为正向,即数据值与科学发展程度正相关;如果数据方向为负,则采用以下公式:

$$基础指数=\frac{（上限参照值-实际值）}{（上限参照值-下限参照值）}\times100\%$$

第三步,科学发展、统筹发展、基本目标指数的计算。根据指标的相对重要程度确定其权重,由各项基础指数加权求和得到基本目标指数,再由基本目标指数加权求和得到统筹发展指数,再由统筹发展指数加权求和得到科学发展指数。需要说明的是,"五个统筹"是科学发展的 5 个重要方面和框架性要求,计算科学发展指数时,对 5 个统筹发展指数均赋予 1/5 权重;5 个统筹发展指标分别包括 4 项基本目标,计算统筹发展指数时,对 4 个基本目标指数均赋予 1/4 权重;20 项基本目标包含不同数目的数据指标,假定其中数据指标重要性相同,计算基本目标指数时,对基础指数赋予权重为 1/数据指标个数。指标权重及合成方式详见表 2.2（括号内数字为指标权重）。

表2.2 科学发展指标评价体系指数表

	统筹发展指数	基本目标指数	基础指数
科学发展指数	统筹城乡发展指数（1/5）	城镇化进程指数（1/4）	城镇化率（1）
		农民收入提高与城乡差距缩小指数（1/4）	农民人均纯收入（1/3）
			农村居民家庭恩格尔系数（1/3）
			城乡居民收入比（农村/城镇）（1/3）
		农村公共服务水平指数（1/4）	公共财政用于农业支出占 GDP 比重（1/2）
			农村孕产妇死亡率（1/2）
		农村贫困改善指数（1/4）	农村居民贫困规模（1）
	统筹区域发展指数（1/5）	缩小经济发展差距指数（1/4）	西部/东部人均 GDP（1/2）
			中部/东部人均 GDP（1/2）
		缩小社会发展差距指数（1/4）	西部/东部千人医生数（1/4）
			中部/东部千人医生数（1/4）
			西部/东部千人医院、卫生院床位数（1/4）
			中部/东部千人医院、卫生院床位数（1/4）
		缩小知识发展差距指数（1/4）	西部/东部居民家庭每百户电视拥有量（1/4）
			中部/东部居民家庭每百户电视拥有量（1/4）
			西部/东部居民家庭每百户电脑拥有量（1/4）
			中部/东部居民家庭每百户电脑拥有量（1/4）
		缩小公共财政支出差距指数（1/4）	西部/东部人均财政支出（1/2）
			中部/东部人均财政支出（1/2）

统筹发展指数	基本目标指数	基础指数
科学发展指数　统筹经济与社会发展指数(1/5)	优化产业结构和就业结构指数(1/4)	第三产业增加值占 GDP 比重(1/2)
		第三产业从业人数比重(1/2)
	自主创新与科技进步指数(1/4)	研发投入占 GDP 比重(1/2)
		本国居民专利授权量(1/2)
	改善公共服务指数(1/4)	国家财政性教育经费占 GDP 比重(1/4)
		公民平均受教育年限(6 岁及以上)(1/4)
		政府预算卫生支出占 GDP 比重(1/4)
		每万人口执业(助理)医师(1/4)
	促进社会和谐指数(1/4)	城镇基本养老保险覆盖人数(1/3)
		城镇登记失业率(1/3)
		每 10 万人犯罪案件数(1/3)
统筹人与自然和谐发展指数(1/5)	提高资源利用率指数(1/4)	单位 GDP 能耗(1/4)
		单位 GDP 水耗(1/4)
		非农业用水比例(1/4)
		工业固体废物综合利用率(1/4)
	提高环境质量指数(1/4)	主要污染物排放总量减少(1/2)
		环保投资占 GDP 比重(1/2)
	保护自然资源指数(1/4)	森林覆盖率(1/3)
		耕地面积保有量(1/3)
		初级产品净进口额占 GDP 比重(1/3)
	减缓生态环境压力指数(1/4)	人口自然增长率(1/2)
		自然资产损失占 GDP 比重(1/2)
统筹国内发展和对外开放指数(1/5)	保持经济开放性指数(1/4)	进出口总额占 GDP 比重(1)
	对外经济开放质量指数(1/4)	FDI 占 GDP 比重(1/2)
		高技术进口额占 GDP 比重(1/2)
	优化国际贸易结构指数(1/4)	服务业出口占总出口份额(1/2)
		净出口总额占 GDP 比重(1/2)
	社会对外开放程度指数(1/4)	外国入境旅游人数(1/2)
		国内居民出境人数(1/2)

§7 科学发展指标评价体系的应用计算结果

§7.1 科学发展指数

在科学发展指标评价体系中,科学发展指数是总指数,处于评价指标体系的顶层,根据 5 个统筹发展指数加权平均计算。其指标结构如表 2.3 所示。

表 2.3 科学发展指数的构成

指数	科学发展指数				
构成	统筹城乡发展指数	统筹区域发展指数	统筹经济与社会发展指数	统筹人与自然和谐发展指数	统筹国内发展与对外开放指数
权重	1/5	1/5	1/5	1/5	1/5

通过计算不同年份的科学发展指数,一是可以量化地对比分析不同历史时点的科学发展总体水平;二是可以量化地对比分析不同历史阶段科学发展的进展速度;三是可以通过构成分析,直观地判断影响科学发展总体水平的结构性因素。1980—2006 年科学发展指数计算结果见表 2.4。

表 2.4 科学发展指数表(1980—2006)

年份	科学发展指数	构成				
		统筹城乡发展指数	统筹区域发展指数	统筹经济与社会发展指数	统筹人与自然和谐发展指数	统筹国内发展与对外开放指数
1980	0.31	0.30	0.61	0.28	0.32	0.06
1985	0.39	0.41	0.62	0.36	0.39	0.17

年份	科学发展指数	构成				
		统筹城乡发展指数	统筹区域发展指数	统筹经济与社会发展指数	统筹人与自然和谐发展指数	统筹国内发展与对外开放指数
1990	0.42	0.46	0.63	0.37	0.43	0.23
1991	0.43	0.46	0.62	0.38	0.45	0.24
1992	0.45	0.47	0.62	0.41	0.48	0.26
1993	0.46	0.48	0.62	0.41	0.49	0.30
1994	0.48	0.49	0.60	0.40	0.51	0.39
1995	0.47	0.50	0.57	0.40	0.52	0.37
1996	0.47	0.51	0.56	0.41	0.53	0.33
1997	0.49	0.52	0.59	0.42	0.55	0.36
1998	0.50	0.55	0.59	0.42	0.57	0.35
1999	0.50	0.55	0.59	0.44	0.60	0.34
2000	0.52	0.56	0.62	0.43	0.60	0.36
2001	0.52	0.57	0.61	0.43	0.61	0.37
2002	0.53	0.58	0.61	0.43	0.61	0.41
2003	0.54	0.58	0.60	0.45	0.63	0.44
2004	0.56	0.60	0.61	0.45	0.64	0.52
2005	0.58	0.61	0.63	0.47	0.64	0.58
2006	0.61	0.63	0.63	0.49	0.66	0.63

科学发展指数的计算结果,十分直观地显示:一是改革开放以来,我国科学发展总体水平大幅度提高。1980—2006 年,科学发展指数从 0.31 提高到 0.61,增长幅度接近一倍(见图 2.1)。二是我国科学发展总体进程具有十分明显的阶段性特征。以我国明确提出科学发展观的 2003 年为划分点,前后两个阶段科学发展指数的变化轨迹十分明显。从我国明确提出建立社会主义市场经济体制改革目标的 1992 年至 2002 年、从 2003 年至 2006 年两个阶段,

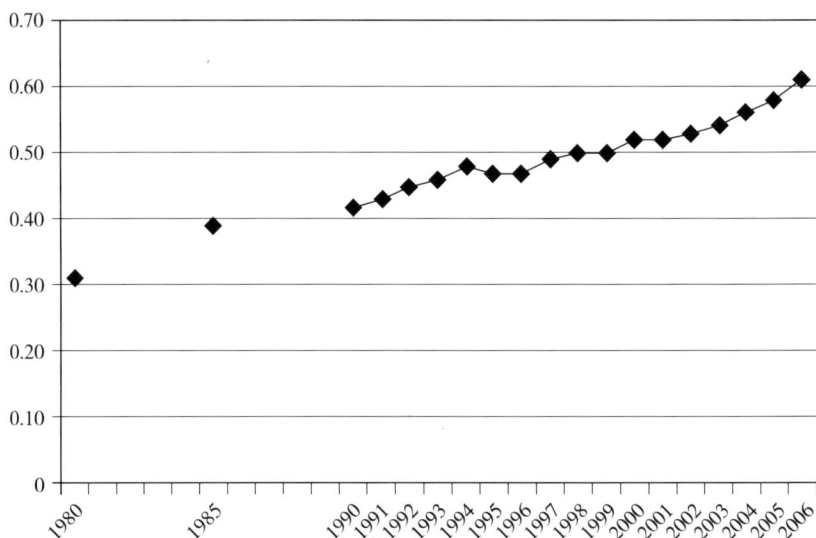

图 2.1　科学发展指数图(1980—2006)

科学发展指数的年均上升幅度分别为 0.0073、0.0175。2003 年以后,科学发展指数年增幅提高 1.4 倍(见图 2.2),经济社会科学发展明显提速。

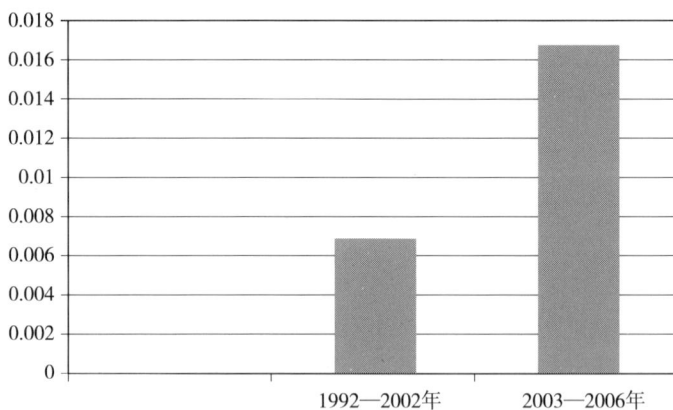

图 2.2　科学发展指数年均增长比较图

科学发展指数变动的结构分析,可以从以下角度来观察:

一是对比分析5个统筹发展指数的变化幅度。由于计算科学发展指数过程中,对5个统筹发展指数赋予相等权重,因此,变化幅度大的统筹发展指数,对科学发展指数的贡献也越大。科学发展雷达图(见图2.3)直观显示:1990—2006年,统筹国内发展与对外开放指数的变化幅度最大,统筹城乡发展、统筹经济与社会发展、统筹人与自然和谐发展指数次之,统筹区域发展指数变化幅度最小。由此可以看出各个统筹发展指数,对科学发展指数的相对贡献存在较大差异。1990—2006年,统筹国内发展与对外开放指数变化对科学发展指数的相对贡献最大。

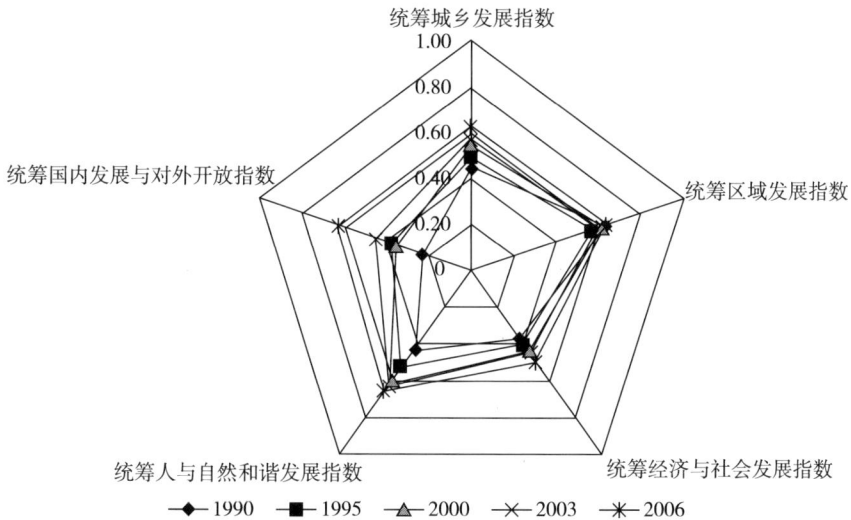

图2.3 科学发展雷达图(1990,1995,2000,2003,2006)

二是计算5个统筹发展指数对科学发展指数的相对贡献率,量化分析5个方面的统筹发展对科学发展总水平影响程度的差异。以我国明确提出建立社会主义市场经济体制改革目标的

1992年、明确提出科学发展观的2003年为两个时间点,将1980—2006年划分为三个阶段,计算1980—1992年、1992—2003年、2003—2006年三个阶段5个统筹发展指数对科学发展指数的相对贡献率(见表2.5)。

表2.5　科学发展指数变动结构分析表

项目		科学发展指数	构成				
			统筹城乡发展指数	统筹区域发展指数	统筹经济与社会发展指数	统筹人与自然和谐发展指数	统筹国内发展与对外开放指数
权重			1/5	1/5	1/5	1/5	1/5
1980—1992年	指数变化量	0.14	0.17	0.01	0.13	0.16	0.20
	相对贡献率	1	25%	1%	19%	24%	30%
1992—2003年	指数变化量	0.09	0.11	−0.02	0.04	0.15	0.18
	相对贡献率	1	24%	−4%	9%	33%	39%
2003—2006年	指数变化量	0.07	0.05	0.03	0.04	0.03	0.19
	相对贡献率	1	15%	9%	12%	9%	56%

从表2.5可以看出,统筹国内发展和对外开放指数对科学发展指数的贡献最大,1980—1992年、1992—2003年、2003—2006年三个阶段的相对贡献率分别为30%、39%、56%;统筹区域发展指数对科学发展指数的贡献最小,三个阶段的相对贡献率分别为1%、−4%、9%。这进一步验证了"雷达图"分析得出的结论。

鉴于科学发展指数的总体性和重要性,进一步考察其较近年份的变动及其构成。选取1998年、2003年、2006年三个时点上的指数数据,计算得出1998—2003年、2003—2006年5个统筹发展指数对科学发展指数的相对贡献率(见表2.6),同样证明了上面得出的结论:相对贡献最大的统筹国内发展和对外开放指数,其两个时段上的相对贡献率分别为41%和56%;相对贡献最小的统筹区域发展指数,其两个时段上的相对贡献率分别为5%和9%。

表2.6　科学发展指数变动结构分析表(1998—2006)

项目		科学发展指数	构成				
			统筹城乡发展指数	统筹区域发展指数	统筹经济与社会发展指数	统筹人与自然和谐发展指数	统筹国内发展与对外开放指数
权重			1/5	1/5	1/5	1/5	1/5
1998—2003 年	指数变化量	0.04	0.03	0.01	0.03	0.06	0.09
	相对贡献率	1	14%	5%	14%	27%	41%
2003—2006 年	指数变化量	0.07	0.05	0.03	0.04	0.03	0.19
	相对贡献率	1	15%	9%	12%	9%	56%

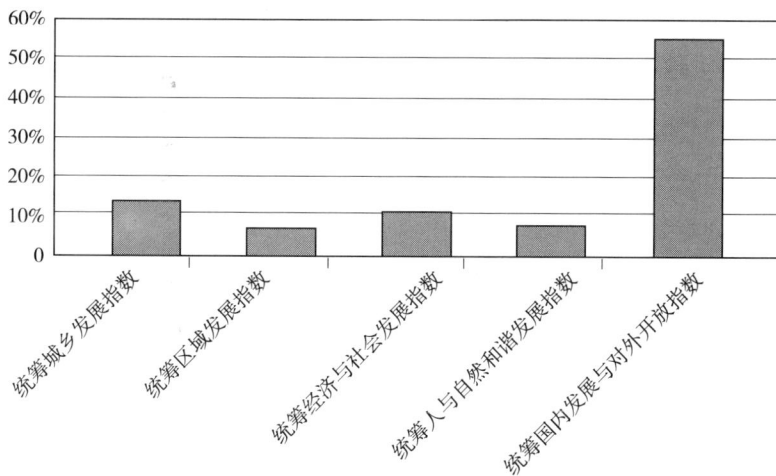

图2.4　2003—2006 年 5 个统筹发展指数相对贡献率比较图

　　在科学发展指标评价体系中,第一层级的科学发展指数由第二层级的 5 个统筹发展指数构成;每个统筹发展指数由第三层级的4个基本目标指数构成;每个基本目标指数则包括若干个基础指数。计算结果逐级展开,可以对经济社会的科学发展情况进行更加细致入微的量化测算。下面对5个统筹发展指数逐个展开至第三层级计算结果,更进一步展现科学发展指标体系应用效果。

§7.2 统筹城乡发展指数

统筹城乡发展指数根据城镇化进程指数、农民收入提高与城乡差距缩小指数、农村公共服务水平指数、农村贫困改善指数4个基本目标指数加权平均计算。其指标结构如表2.7所示。

表2.7 统筹城乡发展指数的构成

指数	统筹城乡发展指数			
构成	城镇化进程指数	农民收入提高与城乡差距缩小指数	农村公共服务水平指数	农村贫困改善指数
权重	1/4	1/4	1/4	1/4

统筹城乡发展指数的计算结果直观地显示:一是1980—2006年,统筹城乡发展的状况总体明显好转,统筹城乡发展指数从0.30提高到0.63,增长幅度超过一倍。二是不同发展阶段城乡统筹发展状况的差异明显,1980—1991年、1992—2002年、2003—2006年三个时段,统筹城乡发展指数年均增长幅度分别为0.0133、0.01和0.0125,2003年以来统筹城乡发展指数增长速度有所回升。1980—2006年的统筹城乡发展指数计算结果见表2.8。

表 2.8　统筹城乡发展指数表(1980—2006)

年份	统筹城乡发展指数	构成			
		城镇化进程指数	农村收入提高与城乡差距缩小指数	农村公共服务水平指数	农村贫困改善指数
1980	0.30	0.28	0.44	0.31	0.17
1985	0.41	0.34	0.51	0.22	0.58
1990	0.46	0.38	0.50	0.23	0.72
1991	0.46	0.38	0.48	0.27	0.69
1992	0.47	0.39	0.48	0.26	0.73
1993	0.48	0.40	0.48	0.29	0.75
1994	0.49	0.41	0.48	0.31	0.77
1995	0.50	0.41	0.49	0.31	0.78
1996	0.51	0.44	0.51	0.30	0.81
1997	0.52	0.46	0.51	0.29	0.83
1998	0.55	0.48	0.51	0.34	0.86
1999	0.55	0.50	0.50	0.31	0.89
2000	0.56	0.52	0.49	0.35	0.89
2001	0.57	0.54	0.48	0.36	0.90
2002	0.58	0.56	0.48	0.39	0.91
2003	0.58	0.58	0.48	0.36	0.90
2004	0.60	0.60	0.50	0.39	0.91
2005	0.61	0.61	0.50	0.40	0.92
2006	0.63	0.63	0.50	0.44	0.93

从统筹城乡发展指数变动的结构性分析来看,统筹城乡发展雷达图(图2.7)直观地显示:一是1980—2006年,农民收入提高城乡差距缩小指数波动最小,说明城乡差距一直变化不大。二是统筹城乡发展的阶段性特征十分明显,1980—1992年,农村贫困改善指数波动幅度最大,说明这一阶段农村贫困改善状况明显;

127

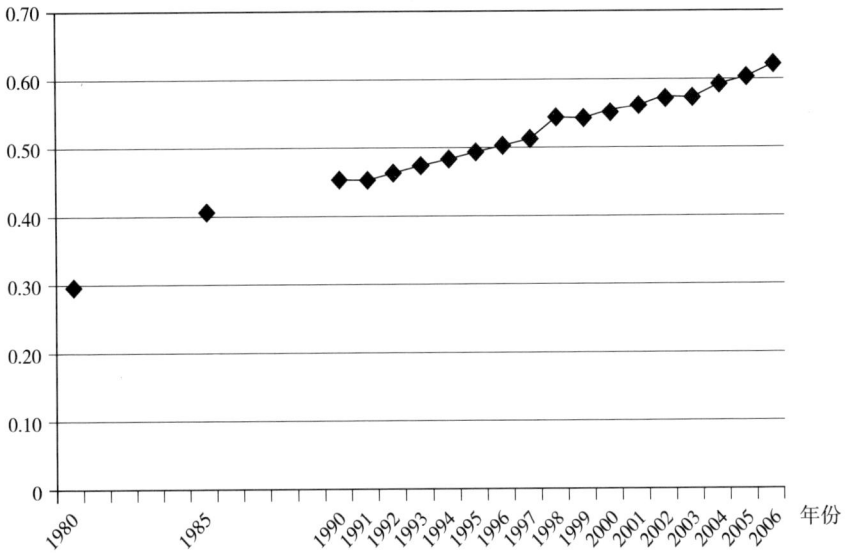

图 2.5 统筹城乡发展指数图

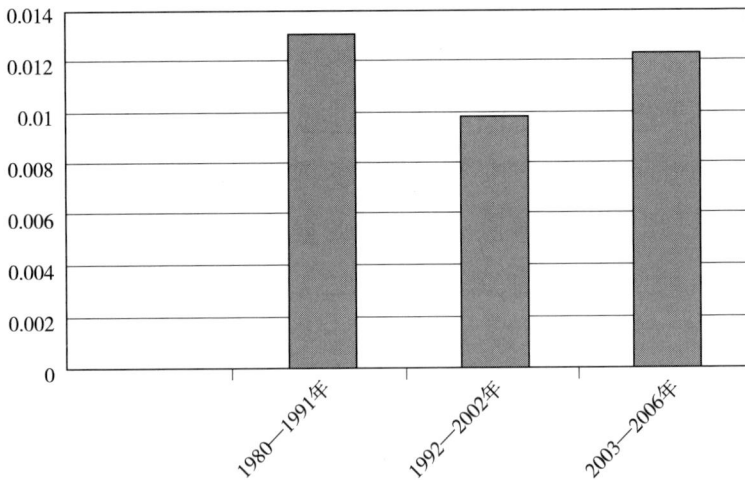

图 2.6 统筹城乡发展指数年均增长比较图

1992—2003 年,城镇化进程指数的波动幅度最大,说明这一阶段城镇化进程加速;2003—2006 年,农村公共服务水平指数波动最大,说明这一阶段农村公共服务水平发展较快。

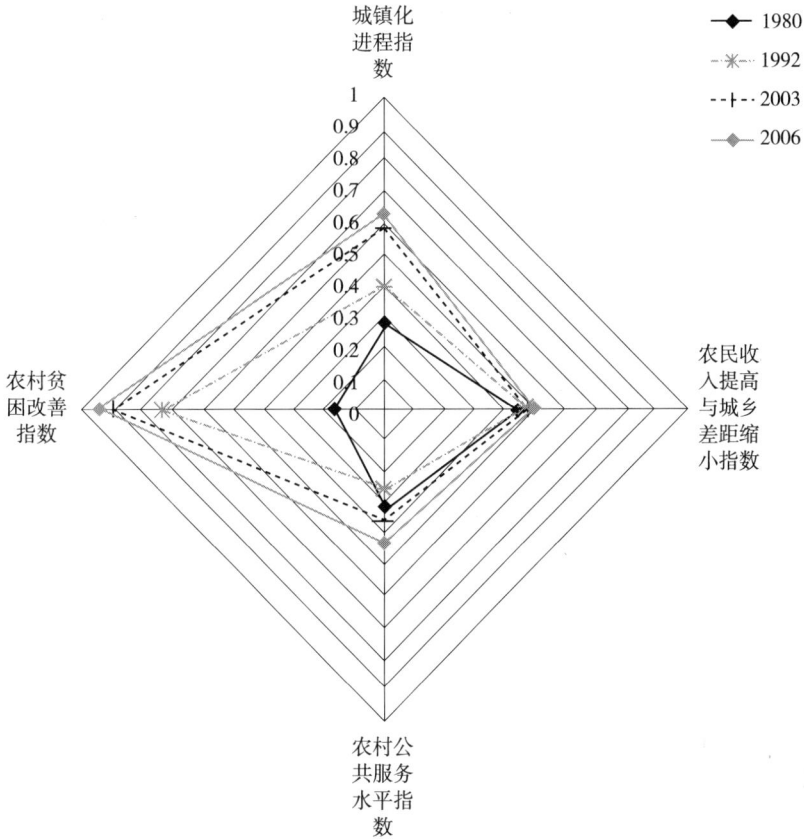

图 2.7　统筹城乡发展雷达图(1980,1992,2003,2006)

　　计算城镇化进程指数、农民收入提高与城乡差距缩小指数、农村公共服务水平指数、农村贫困改善指数 4 个指数对统筹城乡发展指数的相对贡献率,更进一步说明上述统筹城乡发展雷达图得出的结论。1980—1992 年,农村贫困改善指数对统筹城乡发展指数的相对贡献率最高,为 85%;1992—2003 年,城镇化进程指数对统筹城乡发展指数的相对贡献率最高,为41%;2003—2006年,农村公共服务水平指数对统筹城乡发展指数的相对贡献率最高,为44%;1992—2003年、2003—2006年,两个阶段农民收入提高与城乡差距缩小指数的贡献率都为最小,分别为0%、11%。

表 2.9　统筹城乡发展指数变动结构分析表(1980—2006)

项目		统筹城乡发展指数	构成			
			城镇化进程指数	农村收入提高与城乡差距缩小指数	农村公共服务水平指数	农村贫困改善指数
权重			1/4	1/4	1/4	1/4
1980—1992年	指数变化量	0.17	0.11	0.04	−0.05	0.56
	相对贡献率	1	17%	6%	−8%	85%
1992—2003年	指数变化量	0.11	0.19	0.00	0.10	0.17
	相对贡献率	1	41%	0%	22%	37%
2003—2006年	指数变化量	0.05	0.05	0.02	0.08	0.03
	相对贡献率	1	28%	11%	44%	17%

§7.3　统筹区域发展指数

统筹区域发展指数根据缩小经济发展差距指数、缩小社会发展差距指数、缩小知识发展差距指数、缩小公共财政支出差距指数4个基本目标指数加权平均计算。其指标结构如表2.10所示。

表 2.10　统筹区域发展指数的构成

指数	统筹区域发展指数			
构成	缩小经济发展差距指数	缩小社会发展差距指数	缩小知识发展差距指数	缩小公共财政支出差距指数
权重	1/4	1/4	1/4	1/4

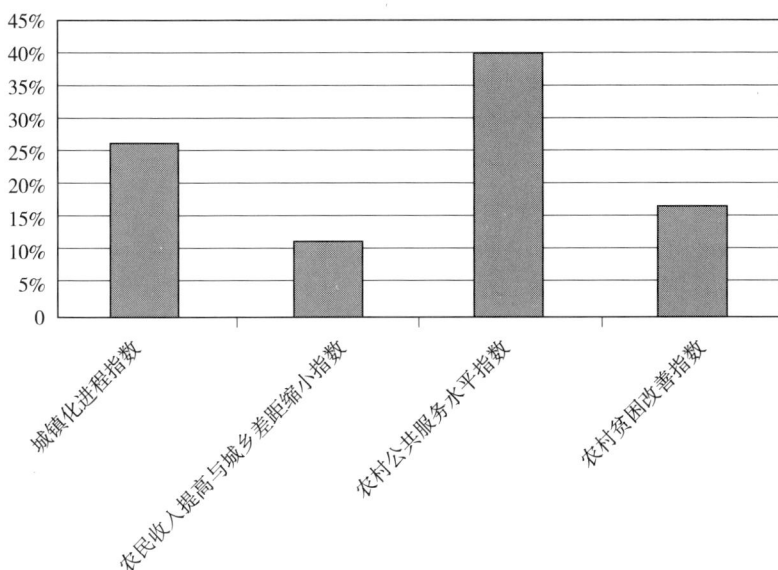

图 2.8　2003—2006 年 4 个基本目标指数相对贡献率比较图

　　统筹区域发展指数的计算结果,直观地显示了其阶段性波动的特征。一是1990—1996 年,统筹区域发展指数从 0.63 下降到 0.56,说明这一时期区域差距呈加大趋势;从 2003 年开始,统筹区域发展指数稳步提高,从 0.60 提高到 0.63,区域协调发展的状况明显改善。二是 1980—1991 年、1992—2002 年、2003—2006 年三个时段的统筹区域发展指数的年均上升幅度分别为 0.0008、−0.0009 和 0.0075,2003 年以来统筹区域发展指数呈现出加速上升的势头。1980—2006 年的统筹区域发展指数如表 2.11 所示。

表 2.11 统筹区域发展指数表(1980—2006)

年份	统筹区域发展指数	构成			
		缩小经济发展差距指数	缩小社会发展差距指数	缩小知识发展差距指数	缩小公共财政支出差距指数
1980	0.61	0.47	1.00	0.32	0.65
1985	0.62	0.53	0.98	0.33	0.64
1990	0.63	0.56	0.95	0.34	0.66
1991	0.62	0.55	0.94	0.34	0.68
1992	0.62	0.53	0.93	0.34	0.70
1993	0.62	0.51	0.91	0.34	0.72
1994	0.60	0.49	0.92	0.35	0.64
1995	0.57	0.48	0.89	0.36	0.57
1996	0.56	0.48	0.86	0.36	0.56
1997	0.59	0.48	0.86	0.52	0.53
1998	0.59	0.47	0.84	0.53	0.52
1999	0.59	0.45	0.84	0.55	0.54
2000	0.62	0.47	0.90	0.57	0.54
2001	0.61	0.45	0.85	0.58	0.57
2002	0.61	0.42	0.84	0.60	0.58
2003	0.60	0.42	0.84	0.61	0.53
2004	0.61	0.42	0.84	0.63	0.55
2005	0.63	0.44	0.88	0.60	0.58
2006	0.63	0.45	0.86	0.60	0.62

从 1990 年到 1996 年,统筹区域发展指数从 0.63 下降到 0.56,分析其结构变动因素,这一时期统筹区域发展指数雷达图(图 2.11)直观地显示,缩小公共财政支出差距指数波动最大,对统筹区域发展指数影响最大;缩小知识发展差距指数波动最小。

从 2003 年至 2006 年,统筹区域发展指数稳步提高,从 0.60

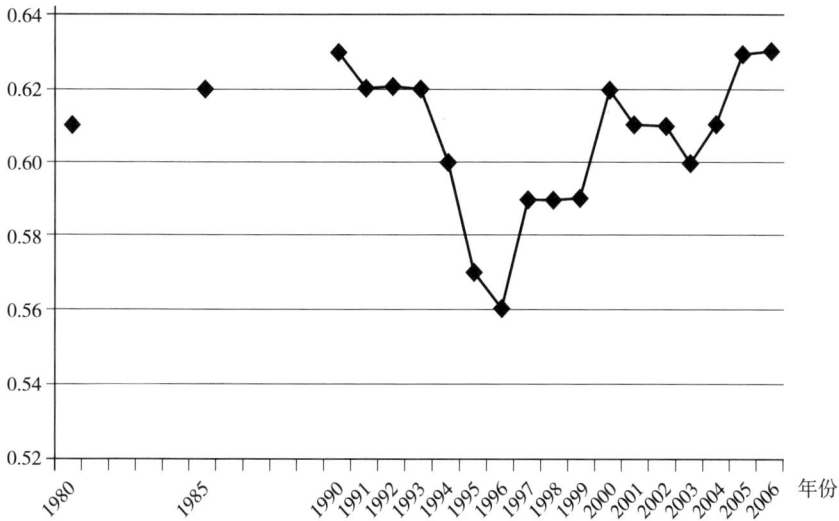

图 2.9 统筹区域发展指数图（1980—2006）

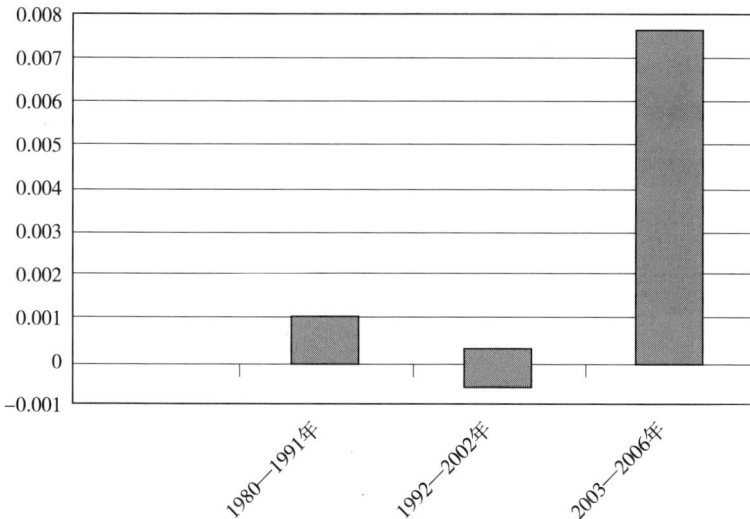

图 2.10 统筹区域发展指数年均增长比较图

提高到 0.63,分析其结构变动因素,这一时期统筹区域发展指数

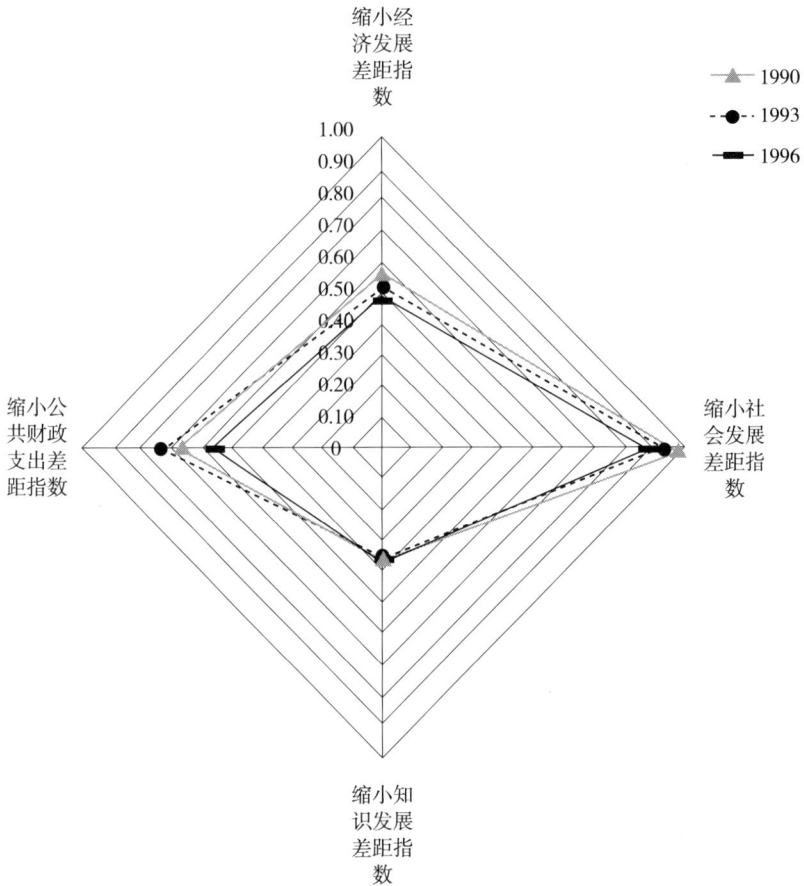

图 2.11　统筹区域发展雷达图(1990,1993,1996)

雷达图(图 2.12)同样直观地显示,缩小公共财政支出差距指数波动最大,对统筹区域发展指数影响最大;缩小知识发展差距指数波动最小。

　　从上述计算结果可以看出,缩小公共财政支出差距指数对统筹区域发展指数影响较大,但若从更长的历史时期观察,1996—2006 年统筹区域发展雷达图(图 2.13)显示,缩小知识发展差距

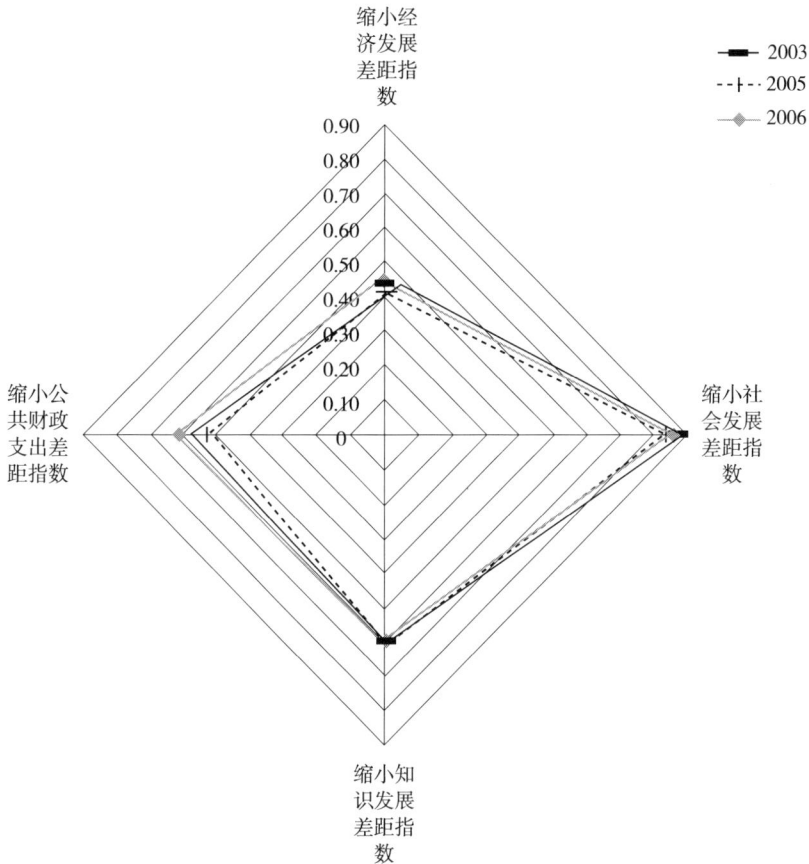

图 2.12 统筹区域发展雷达图(2003,2005,2006)

指数对统筹区域发展指数影响更大。

计算 1990—1996 年、2003—2006 年、1996—2006 年三个阶段缩小经济发展差距指数、缩小社会发展差距指数、缩小知识发展差距指数、缩小公共财政支出差距指数对统筹区域发展指数的相对贡献率,可以进一步论证上述雷达图得出的分析结论。1990—1996 年、2003—2006 年这两个发展阶段,缩小公共财政支出差距指数对统筹区域发展指数的相对贡献率最大,分别为

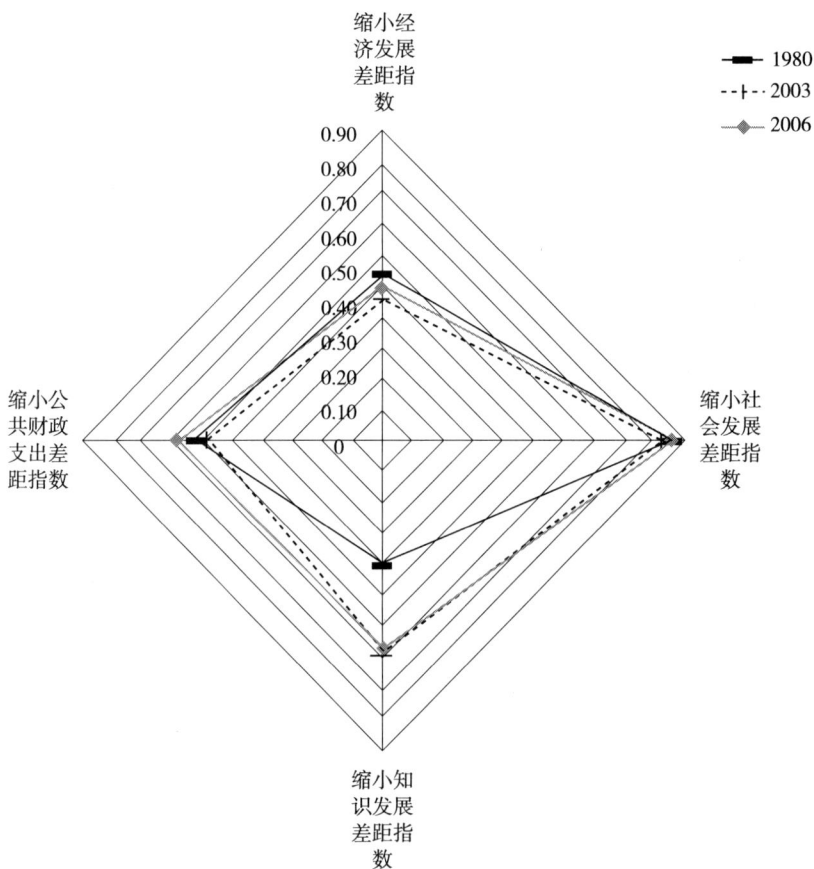

图 2.13　统筹区域发展雷达图(1996,2003,2006)

40%、69%;但若在更长的历史阶段观察,从 1996 年至 2006 年,10
年中缩小知识发展差距指数对统筹区域发展指数的相对贡献率最
大,为 89%。

表 2.12　统筹区域发展指数结构分析表（1980—2006）

项目		统筹区域发展指数	构成			
			缩小经济发展差距指数	缩小社会发展差距指数	缩小知识发展差距指数	缩小公共财政支出差距指数
权重			1/4	1/4	1/4	1/4
1980—1990年	指数变化量	0.02	0.09	−0.05	0.02	0.01
	相对贡献率	1	129%	−71%	29%	14%
1990—1996年	指数变化量	−0.07	−0.08	−0.09	0.02	−0.10
	相对贡献率	1	32%	36%	−8%	40%
2003—2006年	指数变化量	0.03	0.03	0.02	−0.01	0.09
	相对贡献率	1	23%	15%	−8%	69%
1996—2006年	指数变化量	0.07	−0.03	0.00	0.24	0.06
	相对贡献率	1	−11%	0%	89%	22%

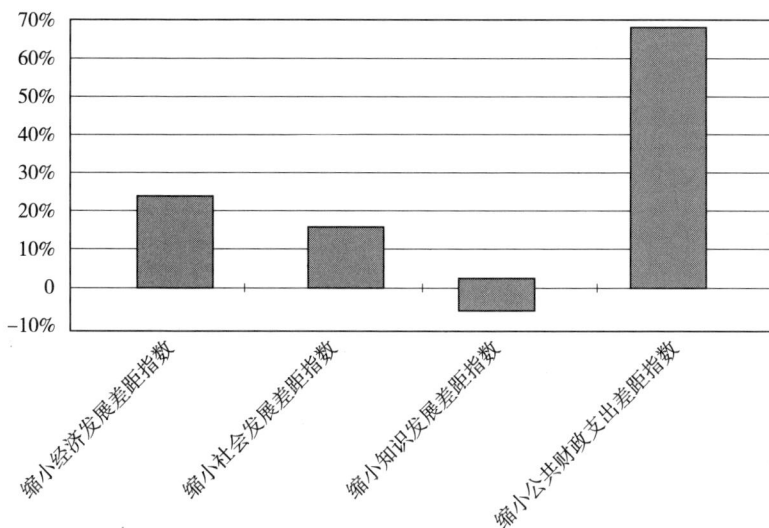

图 2.14　2003—2006 年 4 个基本目标指数相对贡献率比较图

§7.4 统筹经济与社会发展指数

统筹经济与社会发展指数根据优化产业结构和就业结构指数、自主创新与科技进步指数、改善公共服务指数、促进社会和谐指数4个基本目标指数加权平均计算。其指标结构如表2.13所示。

表2.13 统筹经济与社会发展指数的构成

指数	统筹经济与社会发展指数			
构成	优化产业结构和就业结构指数	自主创新与科技进步指数	改善公共服务指数	促进社会和谐指数
权重	1/4	1/4	1/4	1/4

统筹经济与社会发展指数的计算结果直观地显示：一是1980—2006年，统筹经济与社会发展的状况总体明显好转，统筹经济与社会发展指数从0.28提高到0.49，增幅75%。二是不同发展阶段经济与社会统筹发展状况的差异明显，1980—1991年、1992—2002年、2003—2006年三个时段，统筹经济与社会发展指数的年均上升幅度分别为0.0083、0.0018和0.01，2003年以来统筹经济与社会发展指数呈现出加速上升的势头。1980—2006年的统筹经济与社会发展指数如表2.14所示。

表2.14 统筹经济与社会发展指数表(1980—2006)

年份	统筹经济与社会发展指数	构成			
		优化产业结构和就业结构指数	自主创新与科技进步指数	改善公共服务指数	促进社会和谐指数
1980	0.28	0.35	0.06	0.38	0.32
1985	0.36	0.46	0.06	0.42	0.51
1990	0.37	0.50	0.09	0.45	0.43

年份	统筹经济与社会发展指数	构成			
		优化产业结构和就业结构指数	自主创新与科技进步指数	改善公共服务指数	促进社会和谐指数
1991	0.38	0.53	0.10	0.45	0.44
1992	0.41	0.55	0.11	0.44	0.53
1993	0.41	0.55	0.13	0.43	0.52
1994	0.40	0.57	0.11	0.43	0.51
1995	0.40	0.58	0.10	0.43	0.51
1996	0.41	0.59	0.10	0.43	0.51
1997	0.42	0.61	0.11	0.44	0.51
1998	0.42	0.63	0.13	0.45	0.49
1999	0.44	0.65	0.18	0.46	0.48
2000	0.43	0.67	0.20	0.47	0.41
2001	0.43	0.68	0.21	0.48	0.33
2002	0.43	0.70	0.24	0.46	0.33
2003	0.45	0.71	0.30	0.47	0.32
2004	0.45	0.71	0.31	0.47	0.31
2005	0.47	0.71	0.35	0.47	0.33
2006	0.49	0.72	0.41	0.49	0.35

从统筹经济与社会发展指数变动的结构性分析来看,统筹经济与社会发展雷达图(图2.17)直观地显示:1980—2006年,优化产业结构和就业结构指数、自主创新与科技进步指数波动幅度较大,对统筹经济与社会发展指数的贡献也较多;改善公共服务指数波动幅度最小,其对统筹经济与社会发展指数的贡献也最少。

计算优化产业结构和就业结构指数、自主创新与科技进步指数、改善公共服务指数、促进社会和谐指数4个指数对统筹经济与

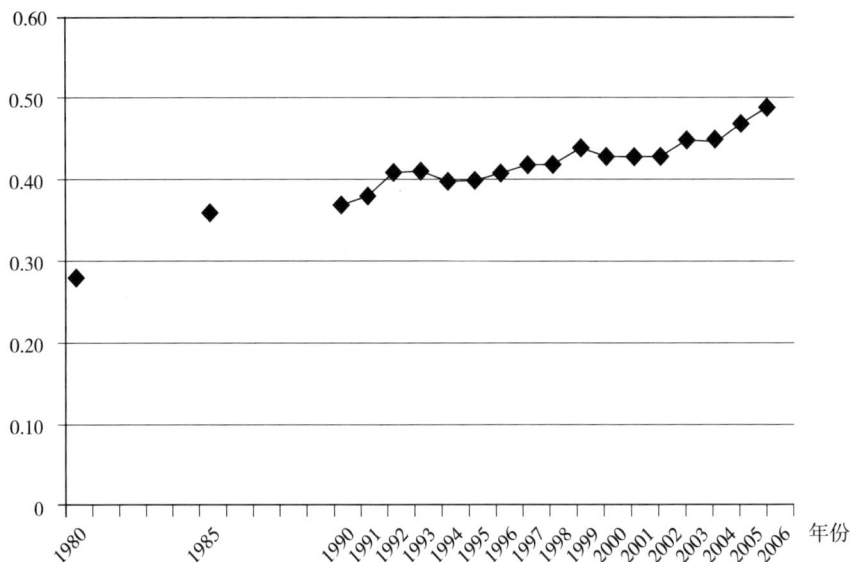

图 2.15　统筹经济与社会发展指数图(1980—2006)

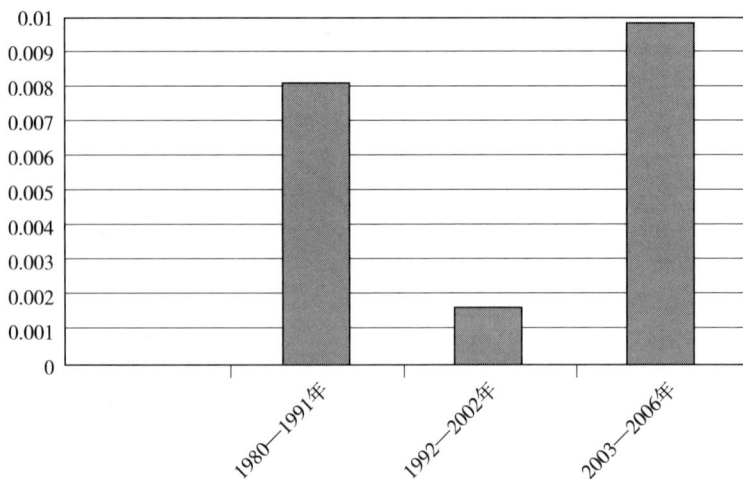

图 2.16　统筹经济与社会发展指数年均增长比较图

社会发展指数的相对贡献率,更进一步说明上述统筹经济与社会

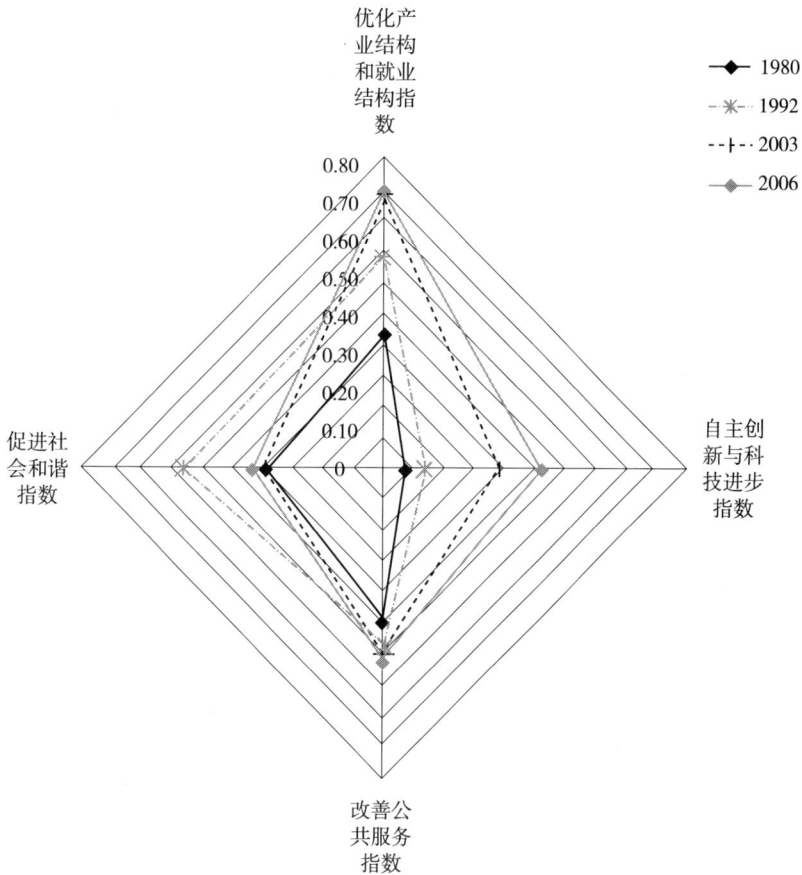

图 2.17　统筹经济与社会发展雷达图（1980，1992，2003，2006）

发展雷达图得出的结论。1980—1992 年、1992—2003 年，产业结构和就业结构指数的相对贡献率都较高，分别为 38%、94%；2003—2006 年，4 个指数中自主创新与科技进步指数的相对贡献率最高，为 65%。

表 2.15　统筹经济与社会发展指数变动结构分析表(1980—2006)

项目		统筹经济与社会发展指数	构成			
			优化产业结构和就业结构指数	自主创新与科技进步指数	改善公共服务指数	促进社会和谐指数
权重			1/4	1/4	1/4	1/4
1980—1992年	指数变化量	0.13	0.20	0.05	0.06	0.21
	相对贡献率	1	38%	10%	12%	40%
1992—2003年	指数变化量	0.04	0.16	0.19	0.03	−0.21
	相对贡献率	1	94%	112%	18%	−124%
2003—2006年	指数变化量	0.04	0.01	0.11	0.02	0.03
	相对贡献率	1	6%	65%	12%	18%

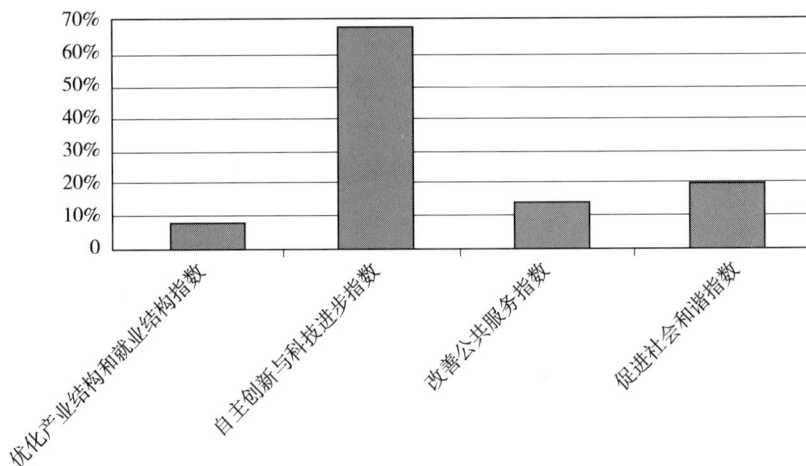

图 2.18　2003—2006 年 4 个基本目标指数相对贡献率比较图

§7.5　统筹人与自然和谐发展指数

统筹人与自然和谐发展指数根据提高资源利用率指数、提高环境质量指数、保护自然资源指数、减缓生态环境压力指数等 4 个基本目标指数加权平均计算。其指标结构如表2.16所示。

表2.16　统筹人与自然和谐发展指数

指数	统筹人与自然和谐发展指数			
构成	提高资源利用率指数	提高环境质量指数	保护自然资源指数	减缓生态环境压力指数
权重	1/4	1/4	1/4	1/4

　　统筹人与自然和谐发展指数的计算结果直观地显示:一是1980—2006年,统筹人与自然发展指数从0.32提高到0.66,增长幅度超过一倍,说明统筹人与自然和谐发展的状况明显好转;二是统筹人与自然和谐发展的阶段性特征明显,1980—1991年、1992—2002年、2003—2006年三个时段的统筹城乡发展指数的年均上升幅度分别为0.010、0.011和0.0075,2003年以来统筹人与自然和谐发展指数增长速度呈现出下降的趋势,说明经济快速增长的同时,自然环境的承载压力进一步加剧。1980—2006年的统筹人与自然和谐发展指数如表2.17所示。

表2.17　统筹人与自然和谐发展指数表(1980—2006)

年份	统筹人与自然和谐发展指数	构成			
		提高资源利用率指数	提高环境质量指数	保护自然资源指数	减缓生态环境压力指数
1980	0.32	0.19	0.37	0.46	0.24
1985	0.39	0.42	0.32	0.45	0.36
1990	0.43	0.58	0.31	0.46	0.37
1991	0.45	0.61	0.32	0.46	0.42
1992	0.48	0.65	0.32	0.46	0.48

续表

年份	统筹人与自然和谐发展指数	构成			
		提高资源利用率指数	提高环境质量指数	保护自然资源指数	减缓生态环境压力指数
1993	0.49	0.70	0.30	0.47	0.51
1994	0.51	0.73	0.29	0.47	0.56
1995	0.52	0.75	0.27	0.48	0.59
1996	0.53	0.76	0.28	0.48	0.60
1997	0.55	0.78	0.29	0.49	0.63
1998	0.57	0.80	0.32	0.48	0.68
1999	0.60	0.81	0.34	0.53	0.72
2000	0.60	0.82	0.32	0.56	0.71
2001	0.61	0.82	0.31	0.55	0.73
2002	0.61	0.83	0.33	0.55	0.75
2003	0.63	0.86	0.33	0.57	0.75
2004	0.64	0.87	0.31	0.65	0.75
2005	0.64	0.88	0.28	0.66	0.75
2006	0.66	0.89	0.31	0.68	0.76

从统筹人与自然和谐发展指数变动的结构性分析来看，不同发展时期的阶段性特征十分明显，统筹人与自然和谐发展雷达图（图2.21）直观地显示：一是1980—1992年，提高资源利用率指数波动幅度最大，其对统筹人与自然和谐发展指数贡献也最大。二是1992—2003年，减缓生态环境压力指数波动幅度最大，这一时期其对统筹人与自然和谐发展指数贡献也最大。三是2003—2006年，保护自然资源指数波动幅度最大，这一时期其对统筹人与自然和谐发展指数贡献也最大。四是1980—2006年，提高环境质量指数总体呈逆向波动特征，说明环境质量状况发展趋势十分严峻。

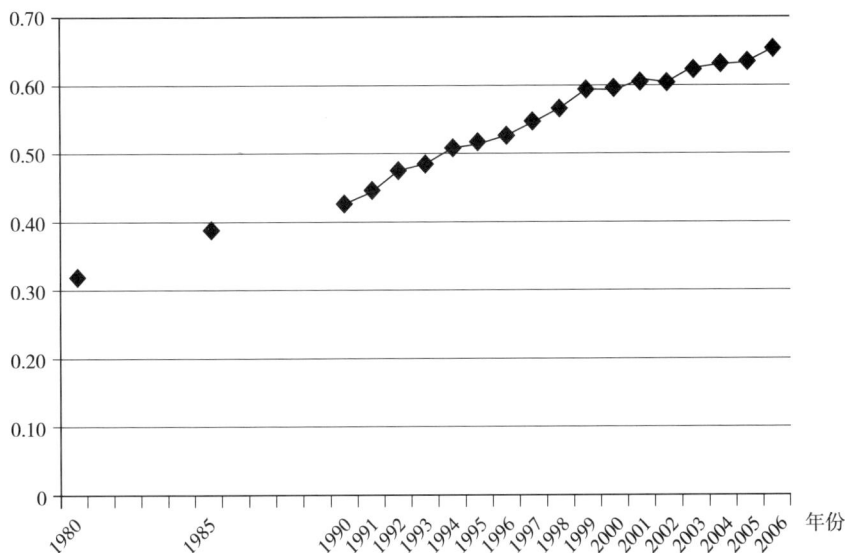

图 2.19 统筹人与自然和谐发展指数图(1980—2006)

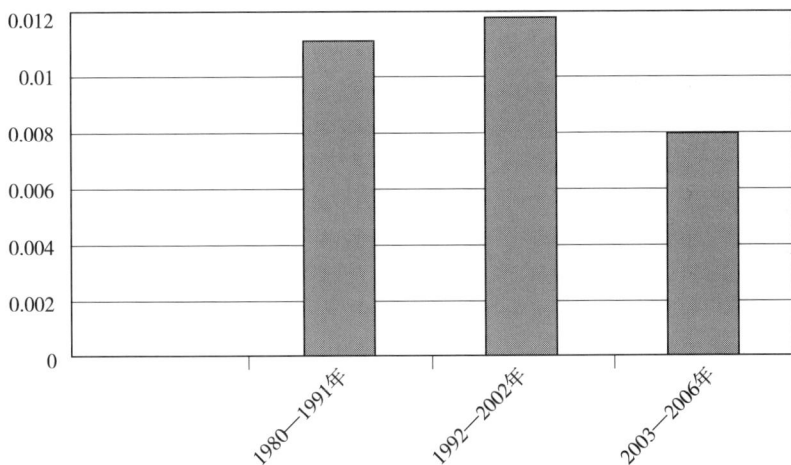

图 2.20 统筹人与自然和谐发展指数年均增长比较图

计算提高资源利用率指数、提高环境质量指数、保护自然资源
指数、减缓生态环境压力指数 4 个指数对统筹人与自然和谐发展

145

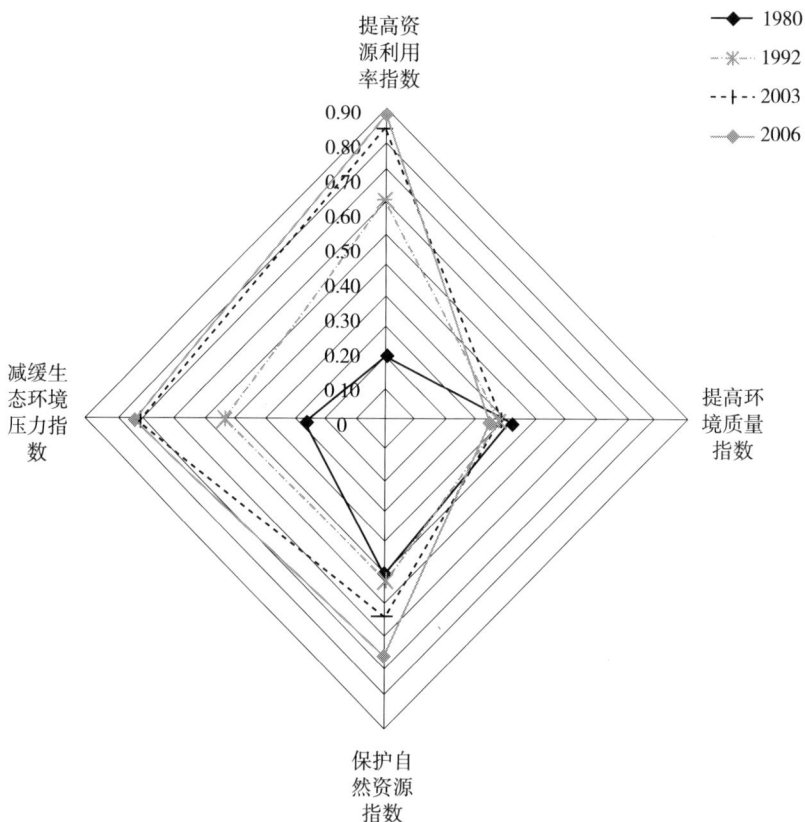

图 2.21　统筹人与自然和谐发展雷达图(1980,1992,2003,2006)

指数的相对贡献率,更进一步说明上述人与自然和谐发展雷达图得出的结论。1980—1992 年,这一时期提高资源利用率指数的相对贡献率较高,为 71%;1992—2003 年,这一时期减缓生态环境压力指数的相对贡献率较高,为 45%;2003—2006 年,这一时期保护自然资源指数的相对贡献率较高,为 85%,而同一时期提高环境质量指数的相对贡献率则为-15%。

表 2.18　统筹人与自然和谐发展指数变动结构分析表（1980—2006）

项目		统筹人与自然和谐发展指数	构成			
			提高资源利用率指数	提高环境质量指数	保护自然资源指数	减缓生态环境压力指数
权重			1/4	1/4	1/4	1/4
1980—1992年	指数变化量	0.16	0.46	−0.05	0.00	0.24
	相对贡献率	1	71%	−8%	0%	37%
1992—2003年	指数变化量	0.15	0.21	0.01	0.11	0.27
	相对贡献率	1	35%	2%	18%	45%
2003—2006年	指数变化量	0.03	0.03	−0.02	0.11	0.01
	相对贡献率	1	23%	−15%	85%	8%

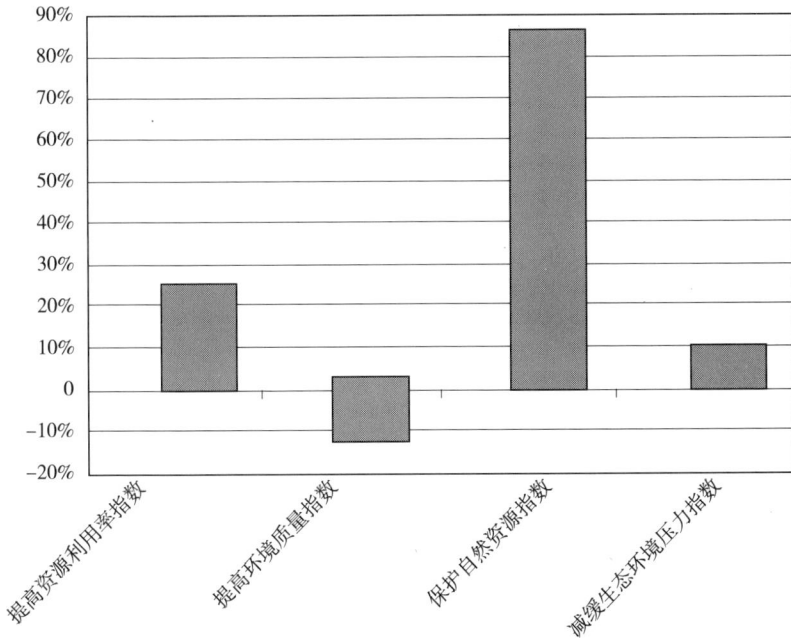

图 2.22　2003—2006 年 4 个基本目标指数相对贡献率比较图

§7.6 统筹国内发展与对外开放指数

统筹国内发展与对外开放指数根据保持经济开放性指数、对外经济开放质量指数、优化国际贸易结构指数、社会对外开放程度指数4个基本目标指数加权平均计算。其指标结构如表2.19所示。

表2.19 统筹国内发展与对外开放指数的构成

指数	统筹国内发展与对外开放指数			
构成	保持经济开放性指数	对外经济开放质量指数	优化国际贸易结构指数	社会对外开放程度指数
权重	1/4	1/4	1/4	1/4

统筹国内发展与对外开放指数的计算结果直观地显示:一是1980—2006年,统筹国内发展与对外开放指数从0.06提高到0.63,增长幅度达9.5倍,说明统筹国内发展与对外开放成绩十分突出。二是1980—1991年、1992—2002年、2003—2006年三个时段的统筹城乡发展指数的年均上升幅度分别为0.015、0.014和0.048,2003年以来统筹国内发展与对外开放指数呈现出加速上升的势头。1980—2006年的统筹国内发展与对外开放指数如表2.20所示。

表2.20 统筹国内发展与对外开放指数表(1980—2006)

年份	统筹国内发展与对外开放指数	构成			
		保持经济开放性指数	对外经济开放质量指数	优化国际贸易结构指数	社会对外开放程度指数
1980	0.06	0.00	0.03	0.20	0.01
1985	0.17	0.33	0.13	0.20	0.03

续表

年份	统筹国内发展与对外开放指数	构成			
		保持经济开放性指数	对外经济开放质量指数	优化国际贸易结构指数	社会对外开放程度指数
1990	0.23	0.43	0.16	0.30	0.04
1991	0.24	0.47	0.14	0.30	0.06
1992	0.26	0.48	0.21	0.26	0.08
1993	0.30	0.46	0.38	0.25	0.11
1994	0.39	0.60	0.53	0.32	0.13
1995	0.37	0.55	0.42	0.36	0.14
1996	0.33	0.48	0.37	0.30	0.16
1997	0.36	0.49	0.34	0.44	0.17
1998	0.35	0.45	0.33	0.43	0.17
1999	0.34	0.48	0.31	0.36	0.20
2000	0.36	0.57	0.33	0.30	0.23
2001	0.37	0.55	0.36	0.29	0.26
2002	0.41	0.61	0.39	0.31	0.33
2003	0.44	0.74	0.43	0.25	0.34
2004	0.52	0.85	0.46	0.26	0.50
2005	0.58	0.91	0.44	0.39	0.56
2006	0.63	0.96	0.45	0.50	0.62

从国内发展与对外开放指数变动的结构性分析来看,国内发展与对外开放雷达图(图 2.25)直观地显示:一是从 1980 年至2006 年整个时期看,保持经济开放性指数、社会对外开放程度指

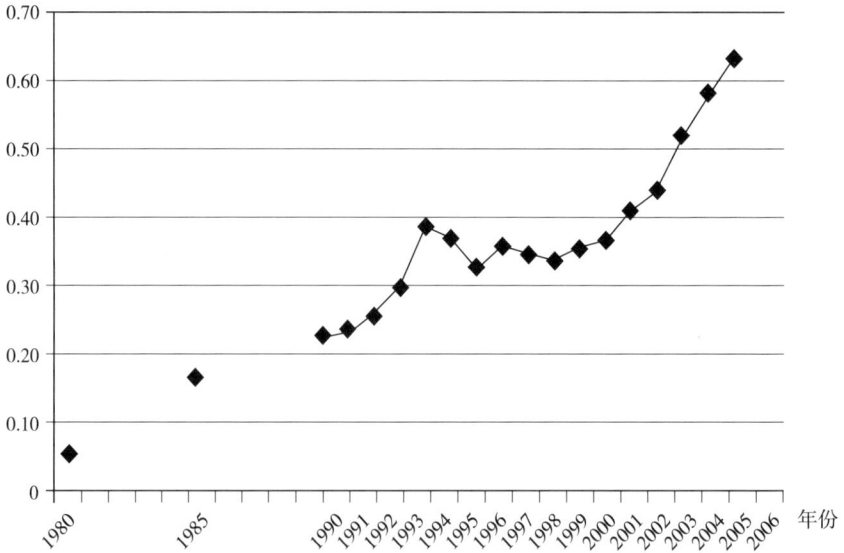

图 2.23　统筹国内发展与对外开放指数图

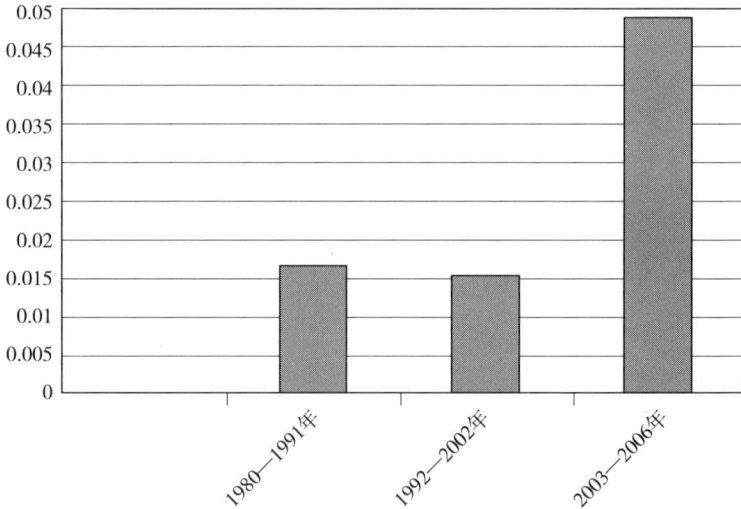

图 2.24　统筹国内发展与对外开放指数年均增长比较图

数的波动幅度总体上较大;而优化国际贸易结构指数的波动幅度

总体上较小。二是分阶段分析,1980—1992 年、1992—2003 年,保持经济开放性指数的波动幅度最大,而同时期优化国际贸易结构指数波动幅度最小;2003 年以后优化国际贸易结构指数波动明显加大,说明 2003 年以后,国际贸易结构趋于优化。

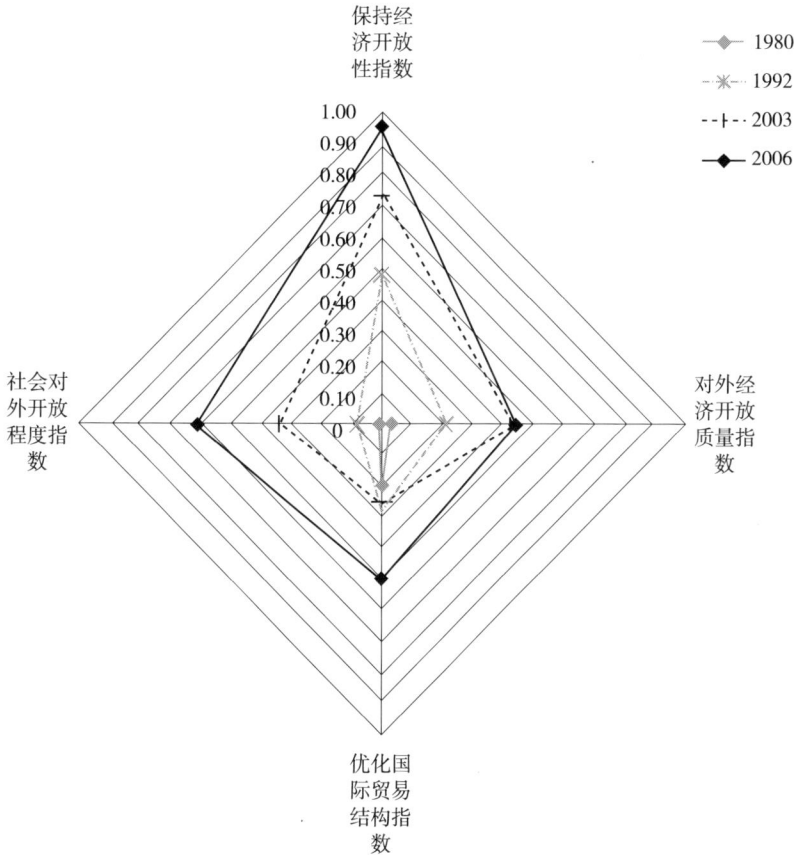

图 2.25 统筹国内发展与对外开放雷达图(1980,1992,2003,2006)

计算保持经济开放性指数、对外经济开放质量指数、优化国际贸易结构指数、社会对外开放程度指数 4 个指数对统筹国内发展与对外开放指数的相对贡献率,更进一步说明上述雷达图得出的结论。1980—1992 年、1992—2003 年,保持经济开放性指数的相对贡献率分别为 61%、36%;同一时期优化国际贸易指数的贡献率分别为 8%、−1%。2003—2006 年,优化国际贸易指数的贡献率提高到 32%。

表 2.21　统筹国内发展与对外开放指数变动结构分析表(1980—2006)

项目		统筹国内发展与对外开放指数	构成			
			保持经济开放性指数	对外经济开放质量指数	优化国际贸易结构指数	社会对外开放程度指数
权重			1/4	1/4	1/4	1/4
1980—1992年	指数变化量	0.20	0.48	0.18	0.06	0.07
	相对贡献率	1	61%	23%	8%	9%
1992—2003年	指数变化量	0.18	0.26	0.22	−0.01	0.26
	相对贡献率	1	36%	30%	−1%	36%
2003—2006年	指数变化量	0.19	0.22	0.02	0.25	0.28
	相对贡献率	1	29%	3%	32%	36%

以上,我们选取 1980—2006 年这一历史时期的历史数据,并以明确提出建立市场经济体制的 1992 年、明确提出科学发展观的 2003 年为划分时点,对有代表性的历史发展阶段的科学发展指数、5 个统筹发展指数及 20 个基本目标指数进行了应用计算,重点对科学发展指数、5 个统筹发展指数进行总量分析及变动结构分析,对计算结果进行了直观展示。科学发展指标评价体系中,20 个基本目标指数由 48 个基础指数构成,每个基本目标指数包括若干个基础指数。随着以后国家统计制度的逐步完善、统计指标的逐步扩宽,科学发展指标评价体系也将随之进一步拓展完善。

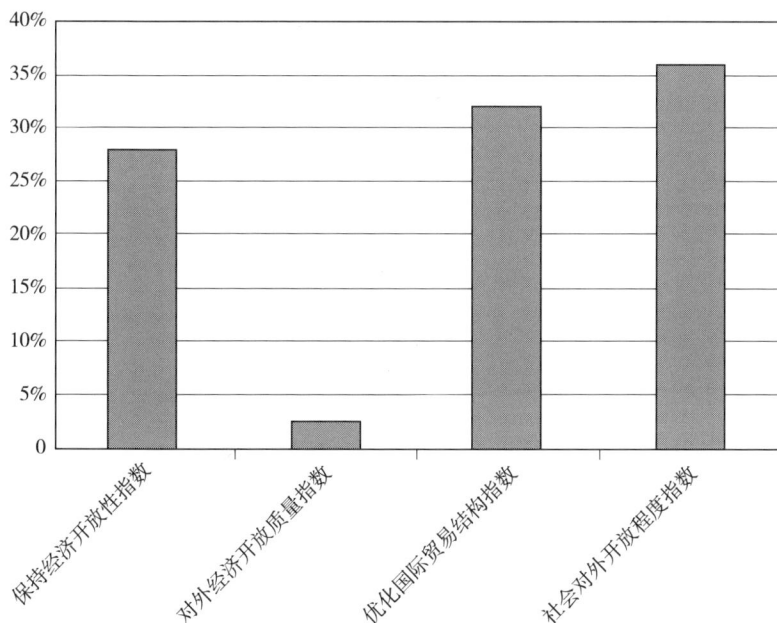

图 2.26 2003—2006 年 4 个基本目标指数相对贡献率比较图

§8 科学发展指标评价体系应用结论的初步分析

科学发展评价指标体系应用结论显示:1980—2006 年,科学发展指数从 0.31 提高到 0.61,增长幅度接近一倍;2003—2006年,科学发展指数从 0.54 提高到 0.61,呈现出加速上升的良好势头,经济社会科学发展取得重大进展。应该说,数字背后有着深刻的发展战略背景。由历史条件所决定,我国的发展模式本质上是一个追赶模式。在不同时期,我国选择和实行了不同的追赶战略,包括发展目标和发展观的不同、工业化道路的不同、经济与社会关系的不同、发展手段选择的不同、发展与自然环境关系的不同等方面。

20 世纪 70 年代末,我国确立了改革开放的基本国策,正式进入经济社会转型期。以物为中心的发展战略,将经济高增长作为最重要、最优先的目标;"加快发展"与"让一部分地区、一部分人先富裕起来"的先富论成为时代主题。但是,我国经济高增长是以资本高投入、资源高消耗、污染高排放为代价的,经济发展的同时也出现了城乡收入差距扩大、地区间发展差距扩大和居民收入分配不平等程度攀升等突出问题。1980—2003 年,科学发展指数的年均增幅仅为 0.01;统筹城乡发展、统筹区域发展、统筹经济与社会发展、统筹人与自然和谐发展、统筹国内发展与对外开放指数的年均增幅分别为 0.0122、−0.0004、0.0074、0.0135、0.0165。

进入 21 世纪,针对我国经济社会发展的阶段性特征,党中央继往开来、与时俱进,明确提出以人为本,全面、协调、可持续的科学发展观。在科学发展观的统领下,我国的发展战略发生实质性转变:一是针对城乡差距不断扩大的矛盾,实行城乡协调发展;二是针对存在地区发展差距的问题,进行西部大开发、推进中部崛起与振兴东北等老工业基地;三是解决经济发展与社会发展失调的问题,实行"双轮驱动";四是改善生态环境,实行绿色发展;五是实行就业优先战略,选择"以就业为中心"的增长模式。

2003 年以来,全国各地区保持经济快速增长的同时,切实转变发展模式,贯彻落实科学发展观,取得了不同程度的成效。在科学发展指标评价体系的计算结果中有直观体现:2003—2006 年,科学发展指数年均增幅达到 0.023;统筹城乡发展、统筹区域发展、统筹经济与社会发展、统筹人与自然和谐发展、统筹国内发展与对外开放指数的年均增幅分别为 0.017、0.01、0.013、0.01、

0.063。在此期间,城乡差距扩大的趋势开始遏制,地区差距开始有所缩小,经济社会发展的协调性明显提高,可持续发展取得重要进展,对外开放呈加快发展态势。毋庸讳言,贯彻落实科学发展观的初步成效已经显现。

1980—2006 年,科学发展指数增长接近一倍;5 个统筹发展指数也不同程度提高,其中统筹城乡发展、统筹人与自然和谐发展、统筹国内发展与对外开放指数增长幅度超过一倍。但是,全面来看,我国经济社会的科学发展水平还较低,经济社会全局的科学发展程度与发达国家还存在较大的差距,贯彻落实科学发展观是一项长期任务。当前,科学发展仍然面临严峻挑战。

一是城乡、区域差距扩大的趋势尚未根本扭转。保守估计,2006 年城乡居民家庭收入差距为 3.21 倍,支出差距达 6 倍;同时,教育、卫生、妇幼健康等方面的公共服务也是差距悬殊。我国地区差距的形象描述是"一个中国,四个世界",既有占总人口 2.17%的上海、北京等世界高收入地区,也有占全国人口 50.57%的中西部低收入地区。1980—1991 年、1992—2002 年、2003—2006 年三个时段上,统筹城乡发展指数的年均增幅分别为 0.0133、0.01 和 0.0125,未能实现加速增长;1980—2006 年,统筹区域发展指数一直在 0.60 左右徘徊,在 5 个统筹发展指数中对科学发展指数的相对贡献率最小。虽然近几年来地区差距有缩小的趋势,但是地区差距仍然较大。

二是经济与社会协调发展、人与自然和谐发展不平衡的矛盾还将长期存在。经过近 30 年的改革开放,我国基尼系数从 20 世纪 80 年代初的 0.20 迅速上升到 2006 年的 0.46,从世界上最公平的国家变成世界上贫富差距较为严重的国家。社会发展严重滞后于经济发展,高增长低就业,失业形势严峻;民事、刑事案件快速增长,社会冲突加剧;突发性、群体性事件明显增多;等等。同时,资源供需矛盾突出,土地、水、森林、能源、矿藏缺口很大;生态环境脆弱,水土流失加剧,荒漠化不断扩大,污染严重,资源环境对经济的约束性日益增强。截至 2006 年,统筹经济与社会发展指数(0.49)处于 5 个统筹发展指数的最低水平;2003—2006 年,5 个统筹发展指数中,只有统筹人与自然和谐发展指数的年均增幅(0.01)低于其 1980—2003 年的水平(0.0135)。

三是经济全球化提速对我国政府统筹国内发展和对外开放提出了更高的要求。当前,我国贸易顺差规模过大、增长过快,在很大程度上影响着宏观经济的稳定;美国次贷危机也给我国国民经济增长带来了许多不确定因素。1980 年以来,5 个统筹发展指数中,统筹国内发展与对外开放指数对科学发展指数的相对贡献最大(2003—2006 年超过 50%),今后时期,统筹国内发展与对外开放的水平将在很大程度上影响科学发展的进展。

总之,科学发展指标评价体系的设立,尤其是付诸改革开放以来的发展实践的检验测定,说明建立这套评价体系不仅具有客观必要性,而且富有较高的实践价值,对贯彻落实科学发展观无疑会起到一定的促进作用。

第三章 我国探索科学发展取得的
成就及面临的问题①

本章摘要:改革开放以来,我国社会主义现代化建设事业取得了举世瞩目的成就,测评科学发展的指标数据较充分地描述了这一事实。这些成就源自于作为执政党的中国共产党能够准确把握国情与世情,做到与时俱进,及时发现矛盾、问题并及时提出相应的对策措施,在一次又一次的自我突破、自我超越过程中,不断丰富执政思路、提高执政能力。以胡锦涛同志为总书记的党中央领导集体,在党的十六届三中全会上提出了以"坚持以人为本,树立全面、协调、可持续的发展观,促进经济社会和人的全面发展"为主要内容的科学发展观,深刻体现了人类社会发展的普世价值与共同诉求,为我国未来发展进一步明确了方向,为加强我国发展的科学性与实践进程提供了全新的系统的理论指导。本章将在回顾我国探索科学发展取得历史成就的基础上,全面分析我国当前发展进程面临的突出问题。

---

① 除另有注解外,本章其他数据均来源于《中国统计年鉴》和《中国财政年鉴》相关各年,并以之为依据进行相应的计算。

§1 经济社会发展成就

§1.1 国民经济持续较快发展

1. 经济实力明显增强

改革开放以来,我国国内生产总值(GDP)一直保持了快速增长的势头,年均增长 10%,2010 年达到了 39.8 万亿元,成为仅次于美国的第二大经济体。尽管 2008 年下半年开始,中国经济受到了国际金融危机的巨大冲击,面对全球化的经济现实,我国政府及时应对,果断决策,实施了一揽子经济刺激计划。国民经济在 2009 年第二季度迅速企稳回升,并在全球率先实现了复苏。2009 年实现了 9.2% 的经济增长,全年 GDP 达到了 34 万亿元。进入 2010 年,增长达到 10.3%,总规模已经超过日本,表现出较强的应对与修复能力。与此同时,国家财政收入显著增加,从 1991 年的 3000 多亿元增至 2010 年的 8.3 万亿元,年均增长近 20%。与此同时,我国的外汇储备迅猛增长,2006 年突破万亿美元大关,并在 2008 年超过日本成为世界上外汇储备最多的国家。根据国家外汇管理局公布的数字,截至 2010 年末,我国外汇储备总额达到了 2.8 万亿美元。

2. 三次产业结构调整取得一定进展

在经济规模加速扩大、经济实力快速增强的过程中,我国的三次产业结构优化取得稳步进展。农业占国内生产总值的比重呈逐年下降趋势,由 1991 年的 24.5% 下降到 2010 年的 10.2%。我国第三产业国内生产总值占比总体呈不断上升的趋势,从 1991 年的 33.7% 上升到 2010 年的 43%。第三产业的快速发展逐渐成为我国经济高速增长的重要推动力量。不仅如此,第三产业也成为我国扩大就业的重要渠道之一。2009年,第三产业吸纳就业人数占到我国总就业人口的34.1%,尤其是在受到全球金融危机冲击的国际背景下,第三产业提升经济发展水平和扩大就业的功能越发突出。第三产业产值比重和吸纳就业人口比重的持续提升,证明我国经济结构正朝着工业化、信息化和现代化发展目标加速调整。

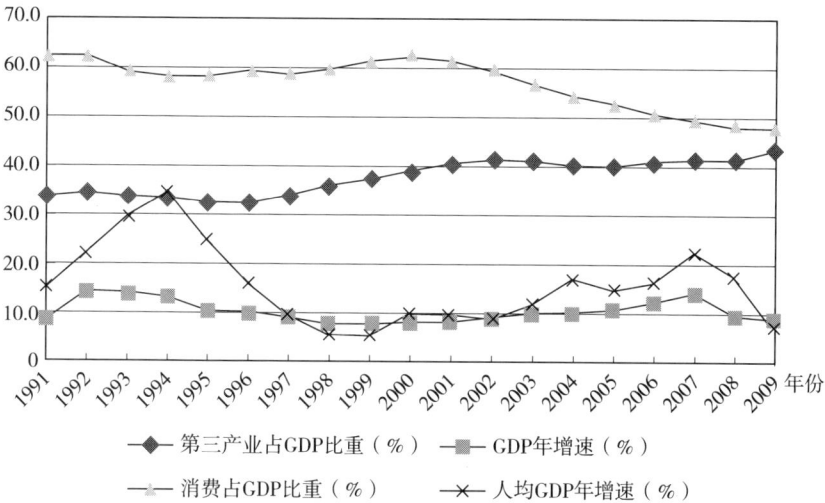

图3.1　经济发展主要指标走势图

3. 人民生活总体水平不断提高

国民经济的持续、快速发展为我国人民生活水平的提高打下了坚实的物质基础,1991年至2010年,我国人均国内生产总值保持了9%以上的年均增速。伴随着经济的快速增长,我国居民收入也在不断提高。与1991年相比,2010年我国城镇居民人均可支配收入增长了10.24倍,达到19109元,农村人均纯收入增长了7.35倍,达到5919元。全国城乡居民人均储蓄(定期加活期)存款额从 1991 年的 630 元增加到 2009 年的近 2 万元,人民生活总体大为改善。

§1.2　社会事业稳步推进

伴随国民经济的快速增长,我国各项社会事业稳步推进,社会保障体系日益完善,人民群众所关心的教育、医疗、住房等重大民生问题均得到一定程度的解决,社会文明程度提高,社会发展整体上和谐、稳定。

第一,社会保障覆盖范围不断扩大。一方面,社会保障覆盖面从就业人员扩大到非就业人员,就业、再就业工程从主要面向国有企业下岗失业人员,逐步扩大到面向符合条件的全体劳动者。另一方面,社会保障从城市扩展到农村,农村社会保障体系建设取得进展。2002 年我国开始大力推进新型农村合作医疗、农村医疗救助、城市医疗救助、城镇居民基本医疗保险、农村低保、计划生育家庭奖励扶助、农村五保供养等制度建设,近两年开展了新型农村社会养老保险试点等工作。根据《国务院关于农村社会保障体系建设情况报告》,截至 2010 年,参加新型农村合作医疗的农民达到了8.35 亿人,农村低保对象至 2010 年 11 月总数达到 5179 万人,农村五保供养人数 553 万人。2003 年以来,各级财政社会保障投入不断增加,用于支持新型农村合作医疗、农村低保、城镇居民基本医疗保险、城乡医疗救助制度建设的资金规模明显扩大。从 2003年到 2009 年,中央财政共安排新型农村合作医疗补助资金 690.6亿元,安排城乡医疗救助补助资金 191.2 亿元,安排就业补助资金1308.9 亿元,安排城乡低保补助资金 1535.8 亿元。另外,新型农村社会养老保险于 2009 年正式启动,财政对基础养老金给予全额补助,每人每月不低于55元。

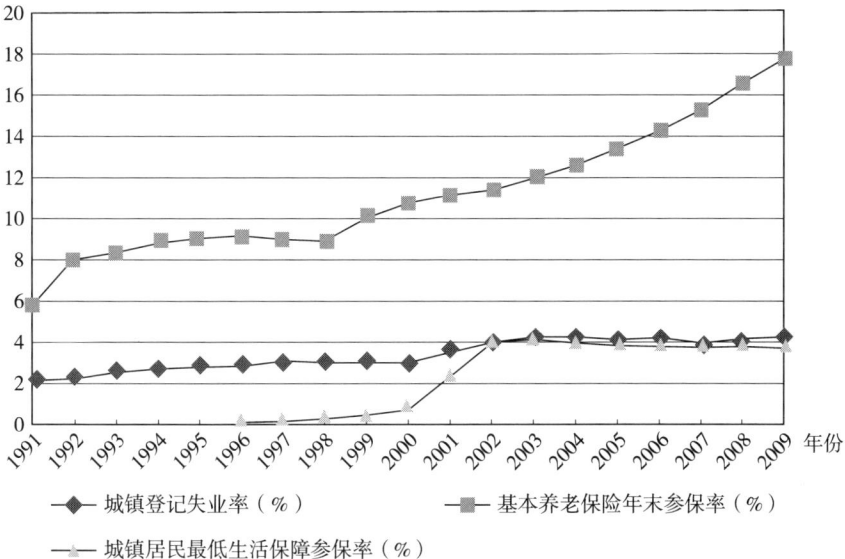

图3.2 社会保障主要指标走势图

第二,各级各类教育事业快速发展。伴随着国家财政投入的逐年增加,我国的教育事业发展较快,尤其是农村免费义务教育得到全面落实。以2009年为例,全国九年义务教育人口覆盖率达到99.7%,比2002年提高了8.7个百分点。2009年全国小学净入学率达99.4%,初中毛入学率达到99%,分别比2002年提高了0.8个和9个百分点。2009年全国小学毕业生升学率达到99.1%,比2002年提高了2.1个百分点;初中毕业生升学率达到85.6%,比2002年提高了27.3个百分点。① 与此同时,科技人员队伍不断壮大,全国科研人员近4000万人,在全球首届一指。科研经费支出

① 引自《教育统计年鉴》2009年版。

连年增加,科技成果不断增加,2009 年技术市场成交额比 2003 年翻了一番,达到 3039 亿元。

第三,文化事业建设取得明显进展,人民群众的文化生活更加丰富多彩。新闻出版、广播影视、文学艺术事业发展较快,农村、偏远地区、进城务工人员的精神文化生活得到改善。群众喜闻乐见的精神文化产品,更贴近实际、贴近生活、贴近群众。对外文化交流迅速发展,吸收各国优秀文明成果,增强中华文化国际影响力,同时,也加强了传统文化的宣传。扩大对各民族文化的挖掘和保护,既保持了民族性,也体现了时代性。文艺演出方面,2009 年全年文艺团体演出共计 120.1 万场,与 20 世纪 90 年代中期相比增加了一倍多;其中文艺团体赴农村地区的演出场数从 1995 年的 25.89 万场,增加到 2009 年的 74.1 万场,丰富了农民文化生活。公共知识传播方面,我国公共图书馆藏书量 10 年间增加了近 3 亿册。从 1990 年到 2007 年,图书种类增长了三倍,期刊总印数增加 10 亿册,报纸总印数翻了一番;同时,各类博物馆不断增加,2009 年达到 2252 个,比 1990 年新建了 1239 个,增长 1 倍多。广播电视方面,随着居民可支配收入的增加,广播和电视在我国的所有城市和大部分乡村地区得到普及,对于信号难以覆盖的一些偏远山村,中央、各省市均不同程度地加大投入,大力推进广播电视"村村通"工程。广播电视节目制作的数量连年增加,广播节目制作数量从 1995 年的 233 万小时增加到 2009 年的 672 万小时,增长近三倍。电视节目制作数量从 1995 年的 38 万小时增加到 2009 年的 265 万小时,增长近 7 倍。广播电视节目中,新闻类、专题类和科教类节目比例增加,日益受到人民群众的欢迎,广播电视的制作水平和专业水平持续提高,使得广播电视已经成为城乡居民日常文化和休闲的主要活动。

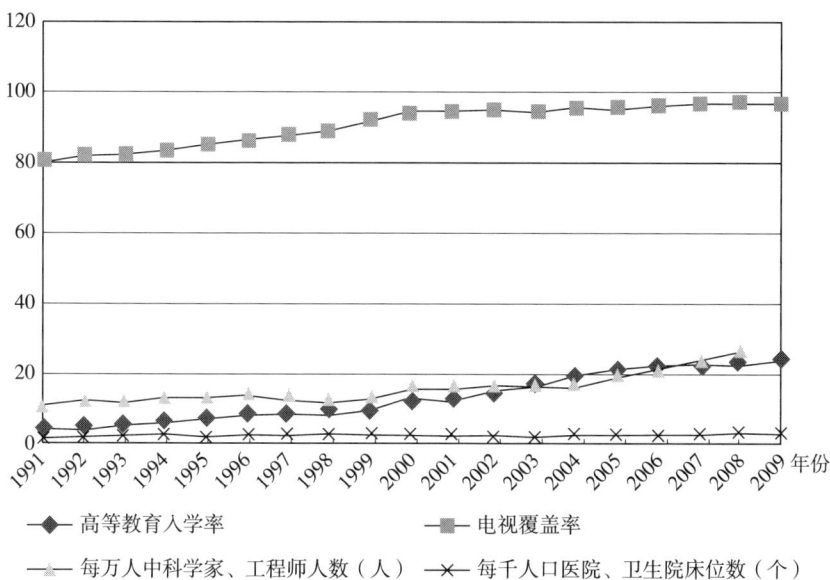

图 3.3 科教卫生事业主要指标走势图

图例:
- ◆ 高等教育入学率
- ■ 电视覆盖率
- ▲ 每万人中科学家、工程师人数（人）
- ✕ 每千人口医院、卫生院床位数（个）

§1.3 改革开放取得重大进展

1978 年以来,我国进入了一个新的历史阶段,改革开放进程逐步加快,不断有新的进展和突破。

1. 社会主义市场经济体制初步确立

针对高度集中计划经济体制暴露出的弊端,我国开始了市场化导向的经济体制改革。党的十二大提出"计划经济为主,市场调节为辅"的运行模式,明确除了指令性计划之外,对许多产品和企业要实行主要运用价格、税收、信贷等经济杠杆以保证其实现的指导性计划,目的是打破计划经济体制对企业的直接控制。党的十二届三中全会进一步提出建立有计划的商品经济,推进计划体制改革。特别是 1992 年,邓小平同志南方谈话,阐述了建立社会主义市场经济理论的基本原则,从理论上深刻地回答了社会主义与市场经济的关系问题,标志着我国改革开放进入了一个新的时期。党的十四大明确提出,我国经济体制改革的目标是建立社会主义市场经济体制。随后的 1994 年,财政、税收和金融体制等宏观层面改革,向建立社会主义市场经济体制迈进了重要一步,市场机制在资源配置中的基础性作用不断增强。经过不断改革和完善,我国目前已初步确立了社会主义市场经济体制框架。

多种所有制经济实现共同发展。以公有制为主体、多种经济成分共同发展的基本经济制度已经确立。50% 以上的国有重点企业实行了规范的公司制改革,绝大部分国有中小企业进行了多种形式的改制,国有经济竞争力不断提高。与改革初期相比,国有及国有控股企业户数减少 40% ,营业总收入、净资产总额和利润总额增加数倍甚至十几倍。2010 年国有企业实现利润 1.99 万亿元,再创历史新高,同比增长 37.9% 。我国国有企业改革已经实现了阶段性目标。在国有企业三年脱困的目标基本实现的基础上,我国国有企业正全面向着建立现代企业制度的目标前进。截至 2010 年,中央企业控股的境内上市公司有 248 家,境外上市有 88 家;中央企业 80% 的资产集中在上市公司;石油、冶金、煤炭、电信、银行等行业的中央企业实现了主体资产的整体上市。个体、私营和外资经济较快发展,非公有制企业的数量和规模迅速扩大,约 40% 的 GDP 和 80% 的新增就业岗位是非公有制经济提供的。

市场机制作用逐步扩大。市场机制对资源配置的基础性作用显著增强。多层次、多门类、多形式的商品市场格局已经形成。截至目前,全社会 95% 的商品已经实现了市场发现并形成价格,同时国家放开大部分生产要素的定价权,基本实现了以价格调节机制为基础的市场运行和资源配置机制。2007 年 3 月,十届全国人大第五次会议通过了《中华人民共和国物权法》,以法律形式明确规定了所有权制度、用益物权制度和担保物权制度等社会主义市场经济的基本法律概念。《物权法》的制定和实施,对于激发全社会的创造活力,全面建设小康社会,构建社会主义和谐社会,具有重大的现实意义和深远的历史意义。

宏观经济制度改革得到深化。以分税制财政体制为中心的宏观体制改革取得突破性进展,财政收入稳定增长机制已经形成。利率、存款准备金率等货币政策工具的作用进一步加强。国有商业银行股份制改革迈出重大的实质性步伐,金融机构多元化以及金融服务现代化水平不断提高。金融开放迈出实质性步伐。投资项目审批有所简化,企业和地方政府的投资决策权限有所扩大,外资和社会投资的准入限制不断放宽。

2. 对外开放不断向纵深发展

经过 30 多年的对外开放,我国全方位、宽领域、多层次的对外开放格局已基本形成。一方面,进出口对我国经济发展的影响越来越大。我国进出口总额占国内生产总值的比重由 1990 年的 33% 上升到 2010 年的 70% 多。另一方面,出口商品的结构也发生了巨大变化。初级产品的出口比重大幅下降,目前已经低于 8%,工业制成品出口比重大幅度上升,达到 92% 以上,高技术产品出口快速增加,基本实现了由封闭型经济向开放型经济的转变。此外,加入世贸组织促进了我国对外开放事业与世界市场接轨,进一步深化了我国对外开放。

外向型经济快速发展。我国经济开放程度的提高还体现在利用外资和经贸合作的规模与质量不断提升。2010 年我国实际利用外资额达到 1057 亿美元,是 1991 年的 10 倍。通过引进外资,进而也引入了外国先进技术和管理经验,促进了我国的产业升级。与此同时,我国对外经济贸易合作发展迅速,1990 年我国对外经济合同数量为 5175 件,2009 年达到了 162081 件,为 1990 年的 32 倍;合同金额达到 1336 亿美元,是 1990 年 22.12 亿美元的 60 倍;2009 年我国对外经济合作完成额比 1991 年增长了 36 倍。

在对外开放快速推进的同时,特别注重对外经济的风险控制,我国经济的外部风险始终保持在可控范围之内。外债负债率在进入新世纪以来逐步下降,2009 年为 8.73%,远低于国际上通常认为的 20% 的警戒线水平;外汇储备规模多年持续、快速增长,目前已稳居世界第一,为国际经济发展与合作奠定了良好的基础。

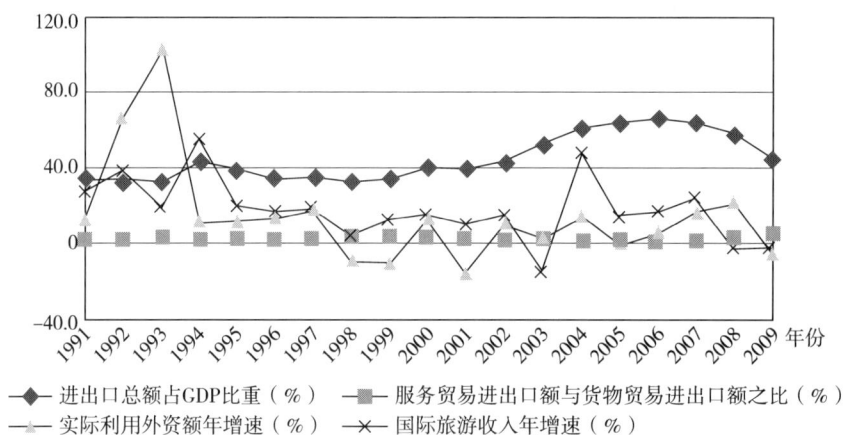

图 3.4　对外开放主要指标走势图

§1.4　实施可持续发展战略取得初步成效

西方国家工业化过程中的"先污染、后治理"发展模式曾引起后工业化国家的广泛关注。对于我国这样一个人口大国而言,人口、资源与环境的和谐发展直接关系到我国改革发展的质量和可持续性,关系到我国现代化目标的前途命运。这是科学发展的基本问题,也是前置性问题。

1. 人口规模适度增长

伴随着"计划生育"基本国策的严格实施,进入 20 世纪 90 年代以后,我国的人口出生率呈逐年下降趋势,由 1990 年的 2.16% 下降到 2009 年的 1.213%;人口自然增长率由 1.439% 下降到 0.505%。我国人口预计在 2030 年达到 16 亿的峰值,此后逐渐回落并保持相对稳定,"计划生育"基本国策的效果充分显现。可以说,"计划生育"政策的实施以及经济发展所带来的居民收入增长,使我国已经摆脱了以"高出生率、高死亡率、高人口增长率"为特点的人口增长模式,并向"低出生率、低死亡率、低增长率"的人口增长模式靠近。适当和稳定的人口增长对一国经济、社会发展至关重要。发展经济学中的索罗模型、拉姆齐—卡斯—库普曼斯等经典模型,均从理论上得出了人口规模及增长是经济增长重要源泉之一的结论。

近年来,在我国人口自然增长率下降趋势明显的背景下,"人口老龄化"问题开始在我国初露端倪。针对这一现实,我国适度调整了严格执行了多年的计划生育政策,对夫妻双方均为独生子女的家庭和一些农村地区家庭适当放松了生育限制,在可接受的范围内提高我国的人口生育率。可以说,我国"计划生育"政策的严格实施和依据现实情况变化进行的政策微调,提供了我国经济和社会未来较长时期内保持可持续发展的政策保障。

2. 资源开发多元化和资源利用效率有所提高

总体上看,我国自 1990 年开始,资源、能源的使用效率呈逐渐提高的态势。从 1990 年到 2008 年,我国的能源转换效率从

66.48%上升到71.55%。考虑到能源利用效率的基础较差,可以说当前我国能源转换效率提升的成绩是令人欣喜的。单位GDP能耗作为衡量经济增长能源成本的一个重要指标,从1991年的每亿元GDP消耗4.76万吨标准煤大幅下降到2009年的0.9万吨标准煤。尤其是近几年,国家相继出台了可持续能源试点城市、金太阳工程、风电示范工程、新能源汽车等系列政策,极大地推动了我国新能源发展和多元化进程。我国清洁能源、新能源(如太阳能、水能、风能、核能等)占能源总产量的比重提高了4.2个百分点,以新能源开发、利用为主要内容的产业正在大规模兴起,并在国家政策的大力支持下迅速发展。

进入新世纪后,我国的资源开发利用和能源安全问题被提升到了新的战略高度。2005年6月,国务院总理温家宝主持全国电视电话会议,对构建"节约型社会"具体落实工作进行全面部署,第一次提出了建设"节约型社会"的概念。2005年以来,国内生产总值的单位能耗成为衡量我国经济发展质量的一个重要指标,进入了我国各级政府的政策考核目标。构建节约型社会,提高资源利用效率,成为全社会的共识。根据国家发改委公布的数据,截至2009年上半年,全国单位GDP能耗累计下降3.35%,为"十一五"期间同期最大降幅。

近年来,鉴于复杂多变的国际形势和我国能源需求的快速增长,我国能源安全问题日渐凸显。为此,一方面,我国改革了原有的能源管理体制,积极引入竞争因素,同时大力加强国内能源战略储备;另一方面,加快推进能源开发"走出去"的战略,稳定原有能源进口渠道,同时着力加强能源陆路进口合作,并积极利用国际并购及合作的方式积极建设海外能源储备,形成了多元化的能源保障机制。

3. 环境整治力度不断提升,环保理念日益深入人心

大规模工业化必然带来环境污染,关键在于以什么样的制度进行约束和规范,实现达标排放是前提。不幸的是,我国工业化、城镇化的提速亦未能独善其身,出现了许多环境污染与生态恶化事件。为此,在 20 世纪 90 年代我国就提出把可持续发展作为一项基本国策。科学发展观的提出,更将保护环境、建设环境友好型社会作为一项重要内容。在党和政府的高度重视下,我国环境污染的势头基本得到一定程度的遏制,工业的环境准入制度日渐严格。植树造林、生态保护也得到了政府的高度重视。昔日肆虐我国北方大部分地区的沙尘暴已不多见,同时,我国工业废水排放达标量不断提升,占总排放量的比重从 1990 年的 50.16% 上升到 2009 年的 94.73%,工业固体废物综合利用量占产生总量的比重由 37.93% 上升到 67.75%;工业"三废"去除量占产生总量的比重由 3.42% 上升到 12.72%。近 20 年来,我国的森林覆盖率持续上升,从 1990 年的 13.4% 增加到 2009 年的 20.36%;植树造林面积626 万公顷,连续多年位居世界第一位。生活垃圾无害化处理能力明显提高,城市空气质量近年来明显好转,主要大中城市二级以上空气质量天数明显回升。环境保护整治力度不断增强,环保理念深入人心。

§1.5　协调城乡和区域发展取得初步成果

我国是一个传统的农业大国,百年积弱积贫和闭关锁国,使我们错过了世界工业化的历史机遇。新中国成立以来,城乡分治的历史格局,又使我们走上了独特的工业化、城市化道路。因此,城

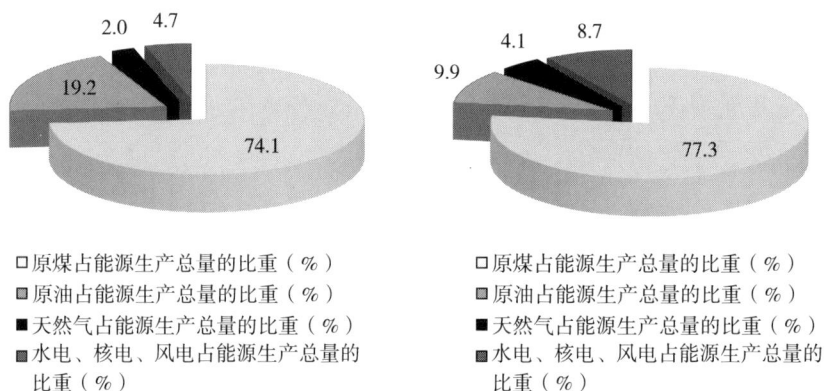

2.0 4.7
19.2
74.1

□ 原煤占能源生产总量的比重（%）
■ 原油占能源生产总量的比重（%）
■ 天然气占能源生产总量的比重（%）
■ 水电、核电、风电占能源生产总量的
  比重（%）

4.1 8.7
9.9
77.3

□ 原煤占能源生产总量的比重（%）
■ 原油占能源生产总量的比重（%）
■ 天然气占能源生产总量的比重（%）
■ 水电、核电、风电占能源生产总量的
  比重（%）

图 3.5 1991 年（左图）与 2009 年（右图）我国能源生产结构比较图

乡发展失调、失衡问题成为中国现代化进程的独特命题，也成为我国实现科学发展的最大难题。针对经济发展过程中不断拉大的地区和城乡差距，近年来我国连续出台了一系列的政策措施，努力协调城乡和区域发展，目前已经取得了初步成效。

1. 以解决"三农"问题为突破口，着力缩小城乡差距

由于我国工业化、城市化、现代化起步较晚，自然经济长期占统治地位，"城乡二元经济结构"①的问题尤为突出。针对这一问题，我国政府以"三农"问题为解决"城乡二元结构"的突破口，加快农业现代化步伐、加快农村基础设施建设、促进农民收入增长。

关注"三农"问题，加快解决"三农"问题，是新世纪以来党中央、国务院的重要政策取向，农村基础设施建设速度大幅提升，农村面貌焕然一新。农村地区的固定资产投资总额从 1995 年的 4375.6 亿元增加到 2009 年的 30678.4 亿元，增长了近 7 倍；其中

---

① 城乡二元经济结构一般是指以社会化大生产为主要特点的城市经济和以小生产为主要特点的农村经济并存的经济结构。

农户固定资产投资和建房投入达到 7434.5 亿元,是 1995 年的 3.6 倍;农村居民户均固定资产原值 2009 年每户平均 9970.57 元,是 1995 年的 4 倍多。与此同时,农村地区文化教育、社会保障和医疗事业蓬勃发展。每百户拥有彩色电视机数量在 2009 年达到 108.94 台,1990 年仅为 4.7 台;每百户电脑拥有量从 1990 年的空白增加到 2009 年的 7.46 台。

在农业发展方面,粮食连续 7 年获得丰收,总产量基本保持了稳定的小幅度增长,其年均增长率大于人口的自然增长率,国家的粮食安全基本有保障。肉类总产量 10 多年间增长了 50%,奶类总产量增长了 5 倍,水产品总产量增长了两倍多,棉花、肉类、奶制品、水产的人均占有量均逐年上升。农业种植结构优化,粮食单产提高,粮食播种面积比重有所下降,而具有较高附加值的药材和蔬菜、瓜果播种面积的比重稳步上升。

农村基础设施不断改善,各项惠农政策不断强化,我国农民收入显著提高。农村居民人均纯收入从 1990 年的 686 元,增加到 2010 年的 5919 元,增长了 8.6 倍。农民收入增加,带动了农村地区消费水平的提高,也促进了农村消费结构的转变。1991 年至 2009 年的 19 年间,农村家庭恩格尔系数从 58.8 降低到 41,降幅达到 30.3%。农民增收一方面来自于农业产量的上升,另一方面来自于农业劳动力转移。劳动力流动规模不断扩大,从事非农产业的农民工的数量已超过了传统上由城镇居民构成的产业工人。[①] 农村居民家庭每一劳动力负担人数由 1990 年的 1.64 人下降到 2007 年的 1.42 人,这客观上也促进了农民实际生

---

① 中宣部理论局:《理论热点面对面 2006》,学习出版社、人民出版社 2006 年版。

活水平的提高。

2. 以推出国家区域发展改革试验区为着力点，缩小区域差距

自 20 世纪 90 年代末开始，我国相继推出了多个区域发展改革试验区，对遏止区域差距拉大、整合区域资源、促进全国各区域协调发展具有重要作用。2002 年党的十六大明确提出"支持东北地区等老工业基地加快调整和改造，支持资源开采型城市发展接续产业"，振兴东北老工业基地由此拉开序幕。经过 7 年发展，东北地区经济活力明显增强。2009 年，东北地区实现地区生产总值30556. 8 亿元，同比增长 12. 6%，高于全国 3. 9 个百分点；规模以上工业实现增加值 13583. 8 亿元，同比增长 15. 5%，高于全国 4. 5个百分点；完成城镇固定资产投资 25363. 5 亿元，同比增长31. 5%，高于全国 1. 4 个百分点；实现社会消费品零售总额12171. 7 亿元，同比增长 18. 7%，高出全国 3. 2 个百分点；实际利用外商直接投资 214. 38 亿美元，同比增长 21. 3%，占全国的比重达到 23. 7%；辽宁、吉林和黑龙江城镇居民人均可支配收入分别为 15800 元、14006 元 和 12566 元，同比增长 9. 8%、9. 2% 和8. 5%；农民人均现金收入分别为 6000 元、5266 元和5207 元，同比增长 7. 6%、6. 8% 和 7. 2%。[①] 由此可见，我国实施的东北振兴战略取得了比较明显的成效，东北地区经济、社会发展速度等不仅高于战略实施前的水平，而且开始超越全国平均水平。

----

① 引自国家发展改革委东北振兴司：《东北地区 2009 年经济形势分析报告》，2010 年 2月 12 日。

§2　经济社会发展面临的主要问题

在全面分析科学发展的现实基础、充分肯定取得成效的同时，我们还要从现实出发，深入分析科学发展观面临的主要矛盾和问题，及时研究破解之道，以便为科学发展提供现实对策。

§2.1　城乡发展差距仍然较大

近20年来，我国城乡差距不断扩大的趋势尚未得到根本扭转，总体来看，突出表现在以下几个方面：

1. 城乡居民收入差距仍有扩大趋势

我国城乡居民家庭人均收入相对差距出现了"上升——下降——上升"的变化趋势。根据《中国统计年鉴》提供的数字计算，我国1991年城乡人均纯收入之比为2.40倍，1994年为2.86倍，1997年为2.46倍，2002年为3.11倍，2009年为3.33倍。城乡收入差距除1997年前后有所缩小外，一直处于扩大趋势。目前，世界上大多数国家的城乡人均收入比率都小于1.6，只有中国等三个国家超过了2.0。① 需要说明的是，上述城镇居民收入统计被大大低估，由于城镇生活消费获得的大量政府价格补贴，包括粮油价格补贴、肉食价格补贴、平抑物价和其他补贴等都未计算在内，一些公共政策、公共产品与服务的"城市化倾向"明显，因此，现实数据中城乡居民实际人均收入差距更大。

---

① 引自顾海兵、王亚红：《中国城乡居民收入差距适度之情景设定分析》，《山东社会科学》2009年第2期。

2. 城乡居民消费水平差距悬殊

与收入差距扩大相对应,城乡居民人均消费支出差距也在扩大。1991 年城镇居民人均消费额是农村居民的 3.1 倍,到 2009 年这一比值扩大到 3.5 倍。一般城镇居民的个人收入主要用于消费和储蓄,而农民的纯收入除此以外,还要有一部分用于扩大再生产的支出,如用于购买化肥、农药、地膜等,占总支出的 1/4 以上,如果扣除农民扩大再生产的支出,城乡收入差距会更大。根据中央财经领导小组办公室估计,如果把城镇居民的财政补贴(包括住房租金、教育补贴、医疗服务和养老金待遇等等)都折算过来,城乡居民的消费水平实际差距达到 6 倍。此外,从衡量消费结构的恩格尔系数来看,2009 年城乡分别为 36.5% 和 41%,二者相差4.5 个百分点,尽管近几年中央出台了"家电下乡"、"汽车摩托车下乡"补贴等刺激消费的政策,但整体判断,农民温饱型消费的特征依然突出。[①]

3. 城乡居民享用的公共服务严重失衡

受行政性城乡分治的影响,我国城乡居民享用的公共服务是严重失衡的,甚至是不平等的,这不仅表现在公共服务的种类上,也反映在各类公共服务的水平上。例如,城乡居民受教育程度差距悬殊,农村教育普及程度远低于城市。根据全国第五次人口普查资料,我国农村 15 岁及以上人口平均受教育年限为 6.85 年,城市平均 9.80 年,城乡居民受教育年限相差近 3 年;农村 15 岁及以上人口中小学及以下文化程度占 52.3%;高中及以上文化程度只

---

① 中国社会科学院社会学所:《2010 年中国社会形势分析与预测》,中国社会科学文献出版社 2009 年 12 月版。

占 7.7% ,低于城市 33 个百分点;而大专以上学历仅有 0.74% ,低于城市 12 个百分点。从三大产业从业人员人均受教育年限来看,农业从业人员也最低。另外,西部农村、少数民族地区和国家级贫困县还集中了全国 3/4 以上的文盲、半文盲。在全国城乡实行九年制义务教育的政策框架下,农村学生的辍学率、流失率远远高于城市。而且,同样是义务教育,国家财政拨款和教师工资城乡间也存在较大差别,一定程度上影响了优质教育资源的分配,乡镇优秀老师近十年大多进入城市已是不争的事实。

再如,城乡居民公共卫生资源配比悬殊。医院床位数无论是从总量、人均量还是从增长变化来看,城乡差距都非常悬殊。总量方面,1980 年农村床位数占全国总数约为 40% ,1995 年下降为 27.6% ,占全国人口 70% 的农民在公共卫生领域占有不足 30% 的床位资源;人均数量方面,农村每千人口床位数一直低于 0.9 张,而城市一直在 3.5 张左右。在增幅变化上,1980 年以来,乡村人口净增 7000 万人,而农村医院床位数仍维持在改革前不足 80 万张床位的水平。从医护人员角度比较,改革开放 30 年来,农村每千人口卫生技术人员在 1 人左右,城市在 5 人以上,城乡差距高达近 5 倍,这种状况至今没有根本性改变。

§2.2　地区发展差距仍然较大

目前,我国区域经济发展中面临的突出问题是地区间的二元经济结构及由此造成的较大地区发展差距。由于东部地区在制度创新和对外开放等诸多方面都处于优先发展地位,经济增长速度一直较快,也形成了较完备的市场经济体系;而中西部地区无论是发展模式还是发展速度都与东部地区产生了较大差距,两个区域间的经济联系越来越困难,已形成了新的二元经济结构。① 总体来看,目前我国区域发展程度的基本情况是:上海和北京等中心城市占全国总人口2.17%,发达程度大体相当于发达国家的水平;天津、福建、江苏、辽宁等省份占中国总人口的21.8%,发达程度相当于世界上中等收入国家水平;而中西部地区占全国人口的50.57%,还只相当于世界低收入国家水平。② 在工业发展方面,地处东部沿海地区的辽宁、河北、山东、江苏、浙江、福建、广东等7省和北京、天津、上海3市,集中了全国75%以上的工业总产值,而占全国总面积60%以上的少数民族地区则仅拥有3.8%的全国工业总产值。工业总产值最高的上海与最低的宁夏相比,两者差292倍。在人均收入水平方面,2009年东部地区人均GDP为40800元,中部地区为19802元,西部地区为18286元,东北地区为28566元,东部是中部的2.05倍,是西部的2.23倍,是东北地区的1.43倍。而2000年上述指标,东部是中部的2.24倍,是西部的2.69倍,是东北的1.34倍。可以看出,我国不同地区的差距在这几年中没有明显缩小,甚至一些地区间差距反而还继续拉大。

相关链接:经济结构三重失衡

结构失衡,结构矮化,"调整、失衡、再调整、再失衡"始终贯穿于中国经济发展全过程。目前,结构失衡问题集中体现在三次产

---

① 引自张颖春:《收入分配差距问题简析》,《光明日报》2008年1月29日。

② 根据UNDP(2002)计算,2000年中国的人类发展指标(HDI)为0.726,已经属于世界上中上等人类发展水平。从各地区看,1999年有5个西部地区人类发展指数介于0.650—0.500之间,属于下中等人类发展水平;有23个地区人类发展指数介于0.800—0.650之间,属于上中等人类发展水平;上海、北京、天津3个直辖市人类发展指数大于0.800,属于高人类发展水平。

业内部、三次产业之间、城乡及不同地区之间,产业结构三重失衡,经济发展明显失调。

1. 产业内部结构失衡,传统产业落后、粗放增长比重过高,科技支撑、高质量发展比重过低。"靠天吃饭"的传统农业仍占很大比重,现代农业基础薄弱、发展滞后;工业大而不强,制造业规模虽已位居世界第三,但企业极度缺乏自主知识产权与创新产品,低端产品过剩、高端新品缺乏;服务业服务效率和附加值不高,现代服务业发展缓慢,餐饮、交通运输等传统服务业占40%左右,而物流、科技、金融等高附加值的现代服务业还不足30%。

2. 三次产业之间结构失衡,第二产业比重过高,第三产业比重过低。新中国成立以来,我国实行的是重工业优先发展的战略,使得工业发展迅速并快速积累。2008年我国第二产业比重为48.6%,而同期美国第二产业比重为24.6%,德国为32.9%,发展中国家的印度为28.7%,俄罗斯为33.7%,因此,我国第二产业比重比世界平均水平大体高出10到20个百分点(见图3.6)。同时,我国第三产业比重为40.1%(见图3.7),不仅远低于发达国家美国74%的水平,与德国同期63.3%的比重相比,也明显偏低。

3. 区域结构失衡,城乡差距进一步扩大。尽管国民经济规模扩张总体很快,但发展空间结构失衡。一方面,我国长期存在的城乡分割的二元经济体制,加剧了城乡发展的不同步,导致城乡差距持续扩大。1978年,我国城乡收入差距为2.57∶1,2000年城乡收入差距只有2.79∶1,到2008年进一步扩大为3.31∶1(见图3.8)。如果综合考虑城乡居民在各种补贴、福利、社会保障和社会公共基础设施等方面的差距,城乡之间的差距更大。另一方面,城镇化发展总体滞后,中西部地区城市基础设施薄弱,综合承载能

（单位：%）

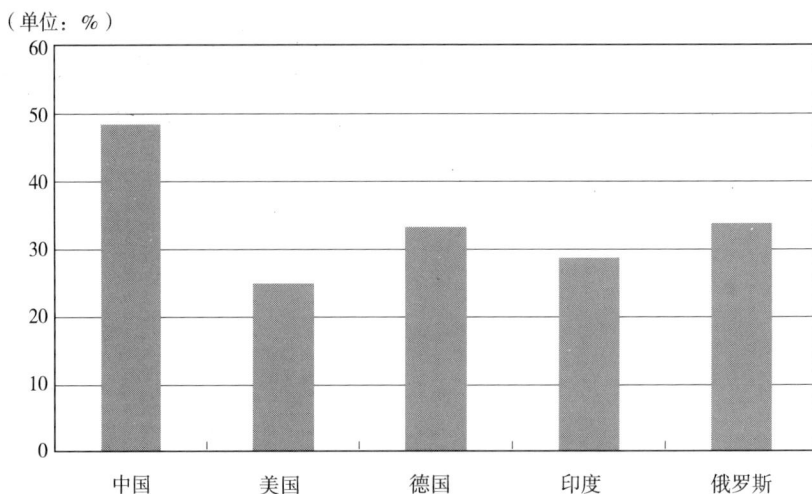

图 3.6 2008 年第二产业比重国际比较

（单位：%）

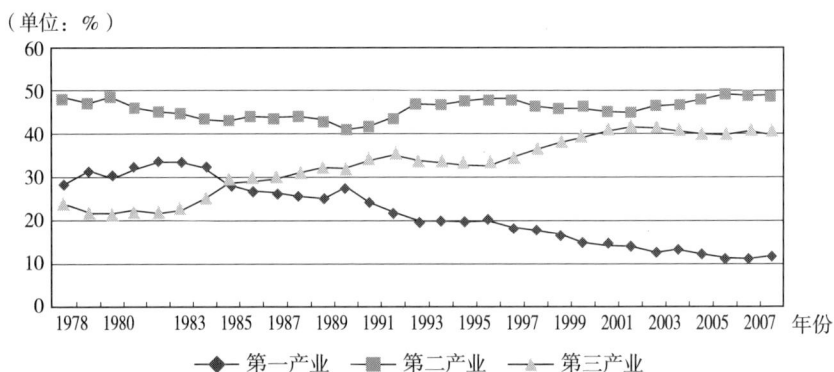

图 3.7 中国历年三次产业比重

力较弱；城市对农村辐射作用不强，"以城带乡"功能未能充分发挥，资源要素不能有效向农村配置，城乡联动机制尚未形成。同时，地区间经济发展不平衡。东部地区和中西部地区的经济总量差距由1980 年的 1.05：1 扩大到 2008 年的 1.69：1。城乡差距扩大，区域发展失衡，制约进一步扩大内需，影响发展空间的进一步拓展。

178

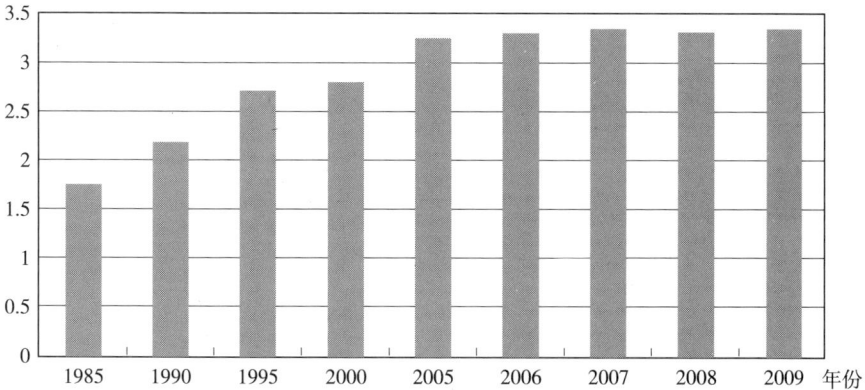

图 3.8 我国城乡收入差距比

§2.3 社会贫富差距扩大

在我国城乡和区域发展差距不断扩大的交织作用下,社会贫富差距不断扩大,并加快了整个社会贫富阶层的分化,由此带来的社会和谐负面因素不断显现。因此,重视解决社会贫富差距问题是当前解决发展不科学的重要问题。

1. 基尼系数①上升折射出更加严重的收入分配不公问题

长期以来,我国的基尼系数一直呈现出不断上升的趋势。1991 年,基尼系数约为 0.382,1999 年为 0.437,2008 年为 0.467,2010 年已经接近 0.50,明显超过了国际公认的警戒线 0.40,进入了收入差距悬殊期。从国际比较来看,我国在经济转轨初期的基尼系数与东欧和苏联经济转轨前相差无几,但目前已明显高于东欧国家,略低于独联体国家。中国基尼系数不仅高于发达国家或

---

① 基尼系数,是 20 世纪初意大利经济学家基尼,根据劳伦茨曲线所定义的判断收入分配公平程度的指标。其经济含义可以简单描述为:在全部居民收入中,用于进行不平均分配的那部分收入占总收入的百分比。

179

经济体,而且明显高于一些发展中国家。

2. 城乡居民内部也存在巨大收入差距

在城乡居民收入差距扩大的同时,城市和农村居民内部也出现了巨大差距。一方面,农村收入差距巨大。从历史数据看,2002年农村收入最高的20%家庭,其平均收入达到7567.22元,收入最低的20%家庭平均收入只有1551.79元,前者是后者的4.9倍。这种状况至今未有明显改善。另一方面,城镇居民家庭贫富悬殊更为惊人。城镇居民收入最高的10%与最低的10%家庭人均收入之比从1985年的2.9倍,扩大到1990年的3.1倍,1995年为3.8倍,2000年达到5.0倍,2002年扩大到8.0倍,2003年上升为11.8倍,2009年为8.6倍。城镇居民收入最高的10%的家庭,其财产总额占城镇居民全部财产的比重近一半;而收入最低的10%的家庭,其财产比重只占1%左右。城镇居民收入增速呈现出阶梯式格局,财富积累的"马太效应"正逐步显现,而这种穷人越穷、富人越富的状况加大了缩小贫富差距的难度。当前在中国城乡存在的贫富悬殊现象已经不是单纯的经济问题,而是一个严重的社会问题和政治问题。一是贫富悬殊现象大量存在和不断出现新贫困群体,是社会发展的一种障碍,并影响到社会发展的质量。二是贫富差距的存在,特别是由于体制性变革导致的贫富差距会使社会公平失衡,并影响政治稳定。三是两极分化会引致包括犯罪在内的许多社会问题,从而影响社会稳定。四是贫困人口被社会边缘化,不仅在物质生活上陷入贫困,精神和家庭生活也会承受巨大的压力,更容易酿造一系列社会问题。

3. 严峻的就业压力可能产生新的收入分配差距

中国是世界上人口大国,占世界人口总量的20.5%;中国也是世界上劳动力人口最多的国家,2004 年 15—64 岁人口为 9.37 亿人,相当于世界总量的近 1/4。中国经济发展所面临的最大难题就是为占世界 1/4 的各类劳动力提供就业岗位。20 世纪 90 年代后,中国经济增长模式从高就业增长转向低就业增长。目前,我国城镇失业人口数量增多,来源复杂,下岗失业人员、农民工失业人员和高校毕业失业人员汇成了三股洪流,形成了严峻的城镇失业形势。城镇失业人员规模庞大,城镇实际失业率居高不下,已超过 7% 的警戒线水平。第五次人口普查城镇失业率约为 8.3%,由于没有包括失业未登记的人员、下岗人员和来自农村的求职人员,所以一般认为中国的城镇失业率低于实际失业水平。下岗职工规模大,加之下岗失业人员的学历结构偏低,年龄结构偏高,在劳动力队伍中属于弱势群体,再就业往往遇到更大的困难和阻力。另外,农民工失业人员规模持续上升,大专以上毕业生失业问题日趋突出。

同时也要看到,经济增长对扩大就业的作用比较有限。分产业情况看,1990—1995 年期间,第一产业就业水平下降幅度最大,这符合一般工业化规律,即随着工业化发展,农业劳动力出现绝对数下降趋势。第二产业就业增长弹性值下降幅度较大,说明第二产业特别是工业的高速发展并没有带动相应的就业增长。在正常情况下,GDP 的增长与就业增长是同步的。由于经济体制和就业制度的转轨,经济增长对就业增长产生了三重影响:一是国企改革和现代企业制度建设在强化企业利润目标和促进经济增长的同时,也不断挤压"就业泡沫",导致失业和下岗人员增加;二是科技进步和装备水平的提高,排斥就业人口的增加;三是随着经济规模的扩张,就业方面表现为有效劳动需求的增长,但由于政府对失业和下岗规模的控制,经济增长对就业泡沫的"消化"又是以企业对冗员的重新利用为主要途径的。因此,由于制度性因素和政策性因素的影响,我国在健全社会主义市场经济体制中,经济增长与就业增长之间的变动关系表现出不同于西方成熟市场经济国家的特征——GDP增长、有效劳动需求增长、失业率上升、下岗人员增加同时出现。这种条件下,突出的失业问题无疑对不断扩大的收入分配差距产生严重制约,从而进一步影响和谐社会建设。

需要说明的是,我国经济体制改革的严重滞后,是影响就业增长的主要原因。与国际上产业增长与就业关系不同,我国许多产业领域尚未放开,即使一部分放开的行业也存在着或多或少的"玻璃门槛"。一方面是现代企业制度建设滞后,缺乏自主创新、产业升级的内在动力,影响企业效率和权益。另一方面是产业发育不全,中小企业发展环境恶劣,无论是产业准入、市场融资,还是自主创新,都缺乏必要的体制与制度保护。据有关部门测算,当前我国中小企业吸引新增就业岗位占92%左右,而国有大中型企业只占不到8%。我国长期存在的中小企业发展难、创业难,是影响就业的关键因素。

§2.4 经济增长与社会事业发展不相协调

1. 社会事业发展相对滞后于经济发展

在我国经济持续快速发展的过程中,社会事业的发展相对滞后,其对经济发展的负面作用亦日益明显。经济发展较快而社会事业发展相对滞后,已经直接影响到经济的健康、稳定、快速发展。如城镇化滞后于工业化,农村剩余劳动力不能适时地转化为二、三产业的职工和城市居民,由此造成农民的购买力不高,扩大内需受到明显制约,并影响到二、三产业的发展。经济社会发展不协调,广大人民群众对于教育、科技、文化、医疗的需要得不到满足,食品药品安全、医疗服务、教育收费、收入分配、社会治安、安全生产等方面还不同程度地存在人民群众不满意的问题,土地征收征用、房屋拆迁、企业改制、环境保护等方面损害群众利益的问题仍未得到根本解决,公共服务不能普遍惠及广大群众,就会滋长不满,引发社会的不稳定。一个现代化国家,经济繁荣和社会发展是相辅相成的两个最主要的方面,应该努力平衡协调发展。

2. 经济发展的社会成本急剧增加

尽管我国经济规模不断扩大,经济实力大大增强,但社会成本也愈来愈大,社会不安全感较过去也更为突出。一是社会各类案件上升快,涉案金额大。十几年来,刑事犯罪案件、社会治安案件持续增加。1988 年,全国刑事犯罪立案 82.7 万件、社会治安立案案件 102.5 万件;2004 年,分别猛增到 471.8 万件和 664.7 万件。1980 年至 2006 年间,每 10 万人犯罪案件数从 77 个上升到 354 个。到 2009 年,刑事犯罪立案 558 万件,社会治安立案案件 1175.2 万件,每 10 万人犯罪案件达到 418 件。从这些指标来看,社会治安形势日益严重。二是城镇转型贫困人口大幅度上升,失业率居高不下,下岗职工、失业人员等在内的低收入群体生活比较困难。教育、医疗费用的上升和住房价格的过快上涨,给低收入群体和部分困难群众的生活带来很大的压力。一些地区企业退休人员养老金水平过低,生活困难,其基本生活需要难以得到满足。同时,由于"收入的外部效应",即一个人对收入的满足感并不仅仅取决于绝对收入,同时也取决于他的相对收入,所以收入差距过大会导致社会各阶层矛盾不断加剧,进而影响整个社会的稳定。更重要的是,收入差距在一定程度上也是由于不合理制度与不合法因素造成的,这更加剧了人们的愤恨与不满,长此以往势必引发社会矛盾和冲突。

相关链接:经济与社会发展一长一短

改革开放30多年来,我国经济建设取得了巨大成就,GDP 年均增长速度达到9.8%,但社会事业发展明显滞后,经济社会发展"一条腿长、一条腿短"的问题比较突出(见图3.9)。教育、养老、医疗等社会事业发展与广大人民群众的要求存在较大差距,"上学难、看病难、看病贵"等问题依旧存在,住房问题日益成为社会矛盾集中的焦点。覆盖城乡的社会保障体系尚未建立。收入分配不合理问题凸显,居民收入在国民收入分配中的比重偏低、劳动报酬在初次分配中的比重偏低。城乡居民和不同社会群体之间的收入差距存在扩大趋势,我国基尼系数居高不下,超过0.4的警戒线

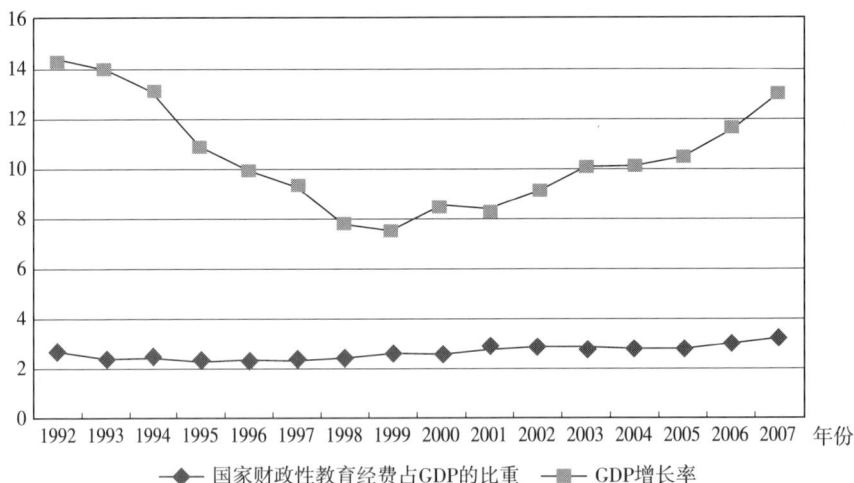

图3.9　我国历年 GDP 增长及教育经费占 GDP 比重比较

(见图3.10),中等收入者比重偏低的状况没有得到明显改变,由此引发大量社会矛盾。社会事业发展滞后,影响了全体国民福利水平的提高,不利于促进社会和谐稳定,一定程度上制约我国生产力发展空间,影响我国经济发展的速度和效益。

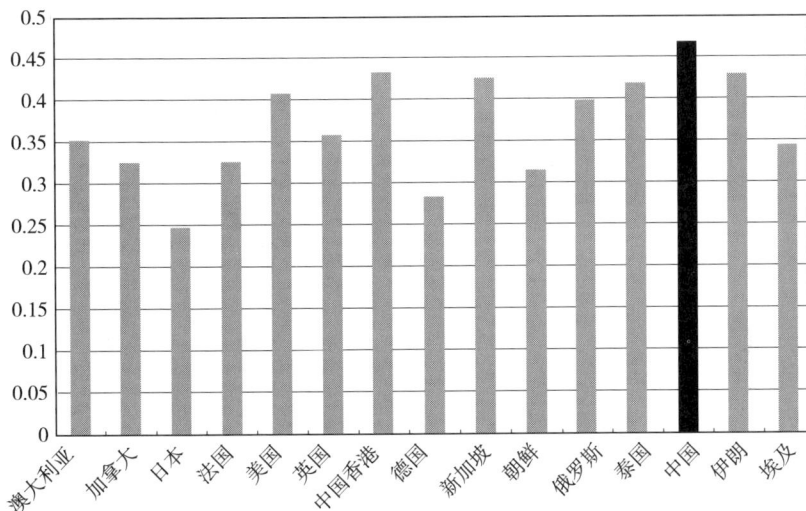

图3.10 2007/2008 年度各国(地区)基尼系数比较

§2.5 资源环境面临巨大压力

我国长期实行行政性资源配置方式,加上传统的国有国营企业模式,从而形成了数量型、粗放型增长方式。一方面是高投入、高消耗、高污染,另一方面是作为人均资源贫国的现实,从而带来我国发展中明显的资源环境瓶颈约束问题。20 世纪 80 年代中期,党的十三大提出了由粗放型发展方式向集约型发展方式转变的战略思路。但由于深层次的体制机制性原因,从资源节约与环境保护制度,到科技支撑,再到市场主体的内在动力三个层面,都未能有适时的政策突破,从而重走了西方工业化国家的路子。近几年来,我国正处在工业化、城市化、市场化提速的关键时期,对资源能源和环境需求无疑将呈加大趋势,但从目前的现状及发展看,前景不容乐观,可谓形势严峻,压力较大。

1. 资源供求缺口较大,能源对外依赖严重

我国资源总量大,种类齐全,但人均占有各类资源量少,资源相对紧缺,且资源产出效率不高。人均水资源量仅相当于世界平均水平的1/4,而且水资源的时空分布严重不均衡,南多北少的特征十分突出;在全国669个城市中,存在水资源短缺问题的城市大约占到60%,其中,114个城市正面临着严重的水资源短缺问题。① 同时,我国对主要矿产资源和石油的对外依存度不断提高,铁矿石进口量已由1995年的4145万吨增加到2009年的6.28亿吨,约占国内消费量的72%,同年原油消费量3.88亿吨,其中,净进口原油2.04亿吨,约占原油消费总量的52.6%。此外,资源产出效率偏低现象比较普遍。2008年,按年末汇率测算,中国GDP占世界的比重约为7.8%,但重要能源资源消耗所占比重大大超过经济总量比重,如能源消耗占世界的15%左右,水泥消耗占54%。

2. 能源使用效率总体明显偏低

目前,我国能源消费大约占新兴东亚地区(不包括日本)能源消耗总量的53%,是第二大能源相关的二氧化碳气体排放国家,仅次于美国。中国能源需求75%以上依赖煤炭,2005年,我国每万元GDP消耗1.2吨煤炭,大约是美国煤炭消耗量的3倍,日本

① 引自劳伦斯·格林伍德:《中国的环境保护:挑战和对策》,www.cdrf.org.cn/data/view.php? aid=937。

煤炭消耗量的 10 倍。在能源消费快速增长的同时,能源消费效率低下的问题并没有根本改变。在交通运输部门,低效能源使用量占全国石油消耗量的 1/3,机动车能源效率目前比世界标准低 30%。[1]

3. 环境形势依然严峻

根据 2006 年 9 月公布的《中国绿色国民经济核算研究报告 2004》,2004 年我国因环境污染造成的经济损失达 5118 亿元,占当年 GDP 的 3.05%。[2] 在众多污染问题中,水污染最为突出,大范围的水环境恶化已经成为中国当前最为突出的环境问题之一。2005 年全国七大水系 411 个重点监测断面中,27% 是没有任何用途的劣 V 类水质,黄河劣 V 类水为 25%,淮河、辽河劣 V 类水超过 32%,海河超过 50%。2007 年入夏以来太湖、滇池、巢湖的蓝藻接连爆发,流经城市的河流 100% 污染,标志着中国进入了水污染密集爆发阶段。作为我国最大的猪皮革生产基地,温州市水头镇近 600 家制革企业,虽然创造了产量、利润、税收,但制革废水致使鳌江被严重污染。同时,大气污染问题也不容乐观。由于城市化进程加快,全国 70% 的城市人口生活在空气质量很差的地区。在我国 530 个被监测的城市中,有 218 个城市有酸雨问题。[3] 第三,中国已经超过美国,成为世界上最大的城市固体废弃物生成地。[4]

① 转引自劳伦斯·格林伍德:《中国的环境保护:挑战和对策》,www. cdrf. org. cn/data/view. php? aid＝937。

② 郑小兰、李晓靖:《谈经济增长与生态环境保护的协调发展》,《商业时代》2007 年第 11 期。

③ 引自劳伦斯·格林伍德:《中国的环境保护:挑战和对策》,www. cdrf. org. cn/data/view. php? aid＝937。

④ 引自劳伦斯·格林伍德:《中国的环境保护:挑战和对策》,www. cdrf. org. cn/data/view. php? aid＝937。

在新上马项目中,有一些项目在土地征用、环境评估和审核程序上不同程度地存在违法违规现象,一些县级环保部门审批的建设项目中,开展环境影响评价的只有三四成。

4. 生态环境脆弱且退化现象加重

我国生态环境脆弱区占国土面积的60%以上,生态环境压力较大。一是水土流失比较严重。我国水土流失的面积超过全国土地面积的1/3,水土流失总的情况是:小片治理,大片加剧;上游流失,下游淤积;灾害加重,恶性循环。新中国成立初期,全国水土流失面积为116万平方公里,目前已达到367万平方公里,增加了2.16倍,约占国土面积的38%。[①] 二是荒漠化土地不断扩大。我国荒漠化面积已经占到国土面积的27%以上,而且每年还在扩大。[②] 我国森林面积和森林蓄积量不断增加,森林质量有所回升和提高,但森林资源仍存在总量不足、分布不均、质量不高、过度采伐等问题;受多种因素的影响,我国90%的天然草原都有不同程度的退化,而且每年还以200万公顷的速度在扩展,[③]退化、沙化草原已成为中国主要的沙尘源。三是天然湿地大面积萎缩、消亡、退化现象仍很严重,农业生产过程中化肥、农药、农膜等的大量使用,对农田的生产力和周围的自然生态系统造成了一定的负面影响,荒漠植被的过量利用和内陆河上游水资源的过度开发导致荒漠植被和荒漠区绿洲的生态退化。四是由于沿海地区人口快速增

---

① 熊焰:《中国流:改变中外企业博弈的格局》,清华大学出版社2009年7月版。

② 《近三成土地面积荒漠化每年还在扩大》,http://news. 163. com/09/0627/16/5CR1DMEH000120GU. html。

③ 包俊臣:《我国90%天然草原都有不同程度退化》,http://news. sohu. com/20090309/n262694820. shtml。

长,经济发展迅速,沿海滩涂、湿地生态破坏加剧,海域总体污染状况仍未好转。

相关链接:经济增长动力两强两弱、增长模式四高四低

我国传统发展模式呈现出较为典型的政府驱动性特点,经济增长更多地依靠物质资源消耗,外延式扩张特征明显,经济增长内生性不足。经济增长的动力"二强二弱",经济增长内生动力不足,竞争力不强。

1.物质资源消耗强度过大,科技进步对经济增长贡献较弱。2007年我国研发投入不到GDP的1.5%,低于世界2%的平均水平,第一次经济普查的数据显示,我国93%的规模以上工业企业没有研发活动,按照"索洛余值法"计算,我国科技进步对经济增长贡献率只有40%左右(见表3.1),而美、日等国在80%左右。产业结构矮化情况突出,主要布局在国际产业链的中低端,企业普遍缺乏核心技术、缺乏自主知识产权,90%的出口商品是贴牌产品,高利润的研发、设计、标准制定及品牌、销售和服务等主要为国外企业所占据,经济增长缺乏竞争力。

表3.1　我国各时期科技进步、劳动、资本对经济增长贡献率

	1979—1998	2000—2005	2000—2015	"七五"	"八五"	"九五"
科技进步贡献	48	38	38	24	57	43
劳动贡献	22	20	21	37	16	10
资本贡献	30	42	41	39	28	47

2.投资对经济增长的拉动较强,消费拉动相对偏弱。我国资

本形成率由 20 世纪 80 年代初的 32% 左右上升到 2009 年的
46.8%,最终消费率则由同期的 67% 左右下降到 48.6%(见图
3.11)。2009 年受扩大内需政策拉动,全社会固定资产投资实际
增幅达到 33.3%,是有统计数据以来最高实际增幅。2009 年我国
GDP 增长 8.7%,其中投资需求贡献了 8 个点(见图 3.12)。我国
处于经济腾飞阶段,保持较高的投资率有一定合理性,但经济增长

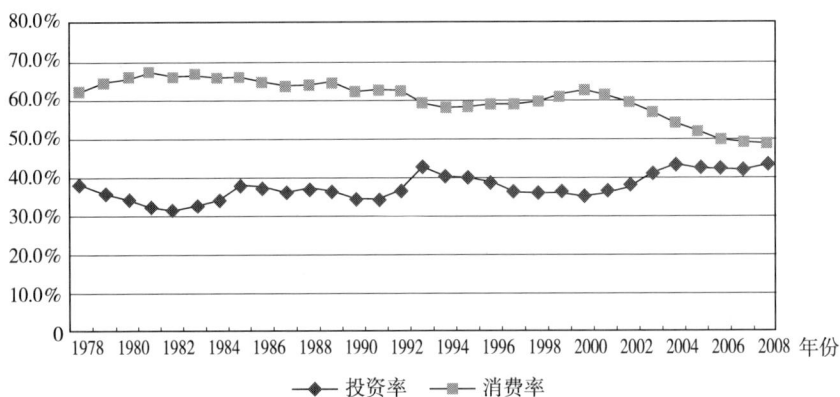

图 3.11　中国历年投资率、消费率

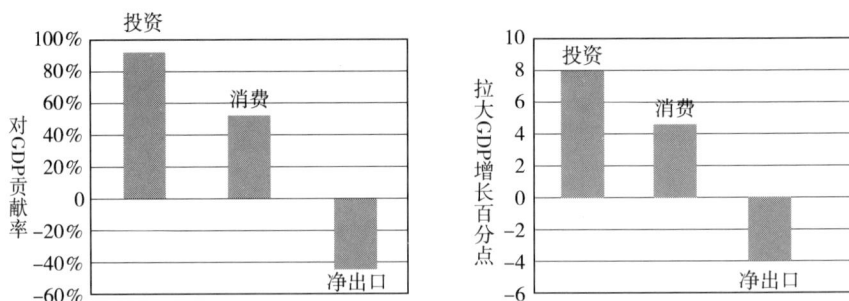

图 3.12　2009 年投资、消费、净出口对 GDP 拉动作用

过度依靠投资,由于投资增长的周期性波动,直接加大经济运行的

风险。而且,投资、消费比例严重失衡,造成产能过剩、投资低效等问题,目前我国生产能力已接近人均 GDP 4000 美元中等发达国家的产出水平,但人均购买能力只能吸纳人均 500 美元阶段的产出水平。高投资形成的巨大产能难以在国内消化,也直接导致我国产品对国际市场的依赖程度过高。2008 年我国外贸依存度已高达 70% ,而美国、日本、印度等国家 1980—2001 年之间只有14%—20% ,此次国际金融危机对我国造成重大影响,充分体现经济发展过于依靠外需所固有的不稳定性与脆弱性。

3. 生产模式"四高四低",资源环境矛盾日益突出,粗放型发展模式难以为继。长期形成的粗放式、数量扩张型的发展模式呈现出典型的"四高四低"特点,即高投入、高消耗、高污染、高速度和低产出、低科技、低效率、低效益。我国经济高速增长与企业营利能力增长相背离,2004—2008 年 GDP 保持 10% 左右的高速增长,但企业利润增长速度却从 43% 下降到 2008 年的 12.55%(见图 3.13)。1995—2009 年,我国 GDP 总量由 6 万亿元增加到 33 万亿元,增长了近 5 倍,但单位 GDP 能耗仅从 2.08 万吨标准煤/亿元,下降到 0.92 万吨标准煤/亿元,减少仅一半左右。国际比较,我国单位 GDP 耗能明显高于发达国家水平和世界平均水平(见图3.14)。2009 年我国能源消费总量达到 31 亿吨标准煤,原油对外依存度超过 50% ,50% 以上的铁矿石和氧化铝、70% 的铜矿石、77% 的钾盐、90% 的铬铁矿石都依靠进口。

在大量消耗资源能源同时,我国已经成为主要污染物排放最大的国家之一,是未来环境压力最大的国家,也必然是实际上的环境污染的最大受害国。据测算,环境污染和生态环境损失大约占当年 GDP 的 7%—8%;我国化学耗氧量 COD 排放量居世界第一,

（单位：%）

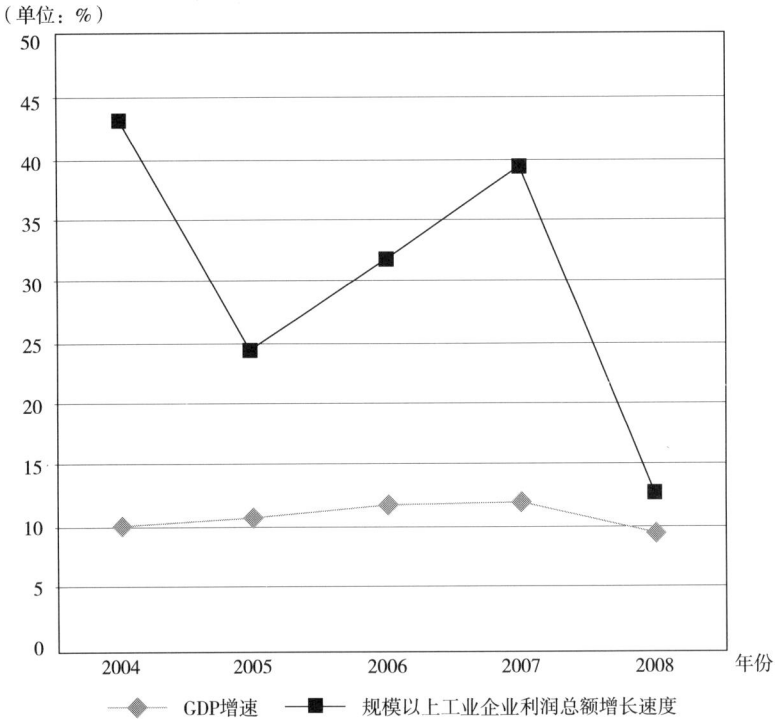

图 3.13   2004—2008 年 GDP 增速与工业企业利润增速比较

二氧化硫排放量是美国的 2 倍;我国已成为全球最大的碳排放国家之一。我国东部地区城市细颗粒物污染严重,平均浓度超过发达国家 4—5 倍;东部地区年平均能见度下降 10 公里,西部地区下降 5 公里;我国七大水系 50% 受到污染,流经城市的河段 90% 左右受到严重污染,酸雨面积超过国土面积 1/3,20 世纪 70 年代富营养化湖泊为 5%,80 年代为 35% 左右,90 年代东部地区湖泊几乎全部富营养化。土壤污染问题也逐渐暴露,据报道,全国受重金属污染耕地已达 3 亿亩,污水污染耕地 3250 万亩。

环境污染成为影响人体健康的重要危险因素之一,城市儿童哮喘病率十年间上升了 60%,抽样儿童的血铅均值为 59 微克/升,是

单位GDP能耗
（吨标准煤/万美元）

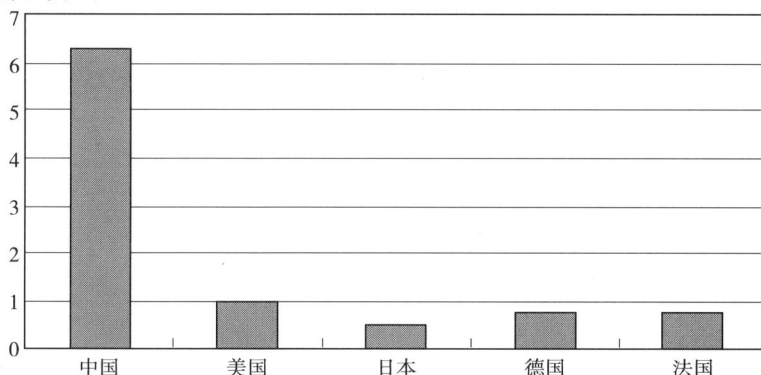

图 3.14　单位 GDP 能耗国际比较

美国的 1.65 倍、加拿大的 3.79 倍。有的地区癌症疾病、呼吸系统疾病、新生儿出生缺陷等与当地水、大气污染等有一定关系。环境公害事件屡有发生。目前,我国有 1.9 亿人的饮用水有害物质含量超标,约 3 亿农村人口饮用水不安全,约 1/3 的城市人口暴露在超标的空气环境中。

§3　影响科学发展的原因剖析

我国经济增长的"四高四低"特征,以及由此带来的一系列发展问题,一个不容忽视的起始性原因,就是在长期推行不均衡发展战略同时,缺乏一个适时调整的有效机制。从重工业优先,到"以钢为纲",到沿海战略、西部开发、振兴东北等老工业基地、中部崛起,这些战略的实施应该说是符合中国实际的,也取得了重大成效。但长期缺乏适时适度调整、完善措施,缺乏市场机制内在链接互动,就会带来发展的失调,尤其是行政性政策过多出台,影响不同地区的发展感受与积极性。但最根本的原因,是市场经济体制建设滞后,资源配置行政性过多,市场主体塑造滞后,以及长期计划经济时期形成的科技、教育资源配置方式,都直接影响了我国发展方式优化与结构升级,影响我国资源高效应用与环境硬约束。

§3.1 经济发展战略调适机制缺失

新中国成立60多年来,我国在经济发展战略上,总体上是以追赶战略为特征的。从新中国成立初期的"以粮为纲、以钢为纲",到"区域发展、重点推进",极大地促进了我国经济发展。但是发展战略忽视了不同发展条件和不同发展阶段的要求,实施规划缺乏与时俱进的调适机制,这又成为我国经济发展失衡、可持续发展压力越来越大的前置性原因。

1. 长期实施"赶超战略",经济发展重速度、轻质量。为了缩短与发达国家差距,我国长期实行"赶超战略":在发展观念上,重投资、轻消费,重总量、轻结构,重增长、轻质量;在发展手段上,压低生产要素价格,实行低工资、低利率和低资源成本制度,并通过高储蓄、高积累、高投资,为工业化提供原始积累。"赶超战略"的确立和实施,对我国的经济发展在相应阶段发挥了积极作用,但是"赶超战略"长期固化,发展理念、政策设计没有适时调整,一方面,使我国投资导向型的经济增长方式根深蒂固,投资与消费的差距不断拉大;另一方面,由于长期偏向追求经济增长速度,对提升经济增长质量的制度安排明显不足,也使我国粗放型经济发展方式转变迟缓。

2. 非均衡发展战略长期化,导致区域和结构失衡。在高度集中的计划经济体制下,资源配置行政化,人为造成了农、轻、重三次产业的长期非均衡发展。改革开放以后,各地区为实现 GDP 的快速增长,进一步优先发展工业,第三产业发展相对滞后,产业结构问题进一步凸显。让一部分地方优先发展,长期的区域非均衡发展战略,使区域差距不断拉大。区域结构、产业结构同时失衡。由于非均衡发展战略长期固化,政策分散,缺乏适时适度的统筹协调,造成地区间发展能力差异较大,区域间结构失衡状况难以根本扭转。

3. 出口导向型发展战略调整滞后,经济发展内生动力不足。为了充分利用两个市场,通过国际市场拉动国内生产,我国采取了出口导向型的发展战略,财税、外贸、土地、资源等各项政策均向出口行业倾斜。这虽有利于我国对外贸易迅速发展,但过度激励出口导致内需不足,相关政策调整缓慢,扩大国内消费的政策体系建设滞后,不利于内需、外需对经济发展的协同拉动。

§3.2 市场经济体制还不完善

经济学基本原理表明,市场机制是优化资源配置、提升经济效率、促进集约发展的根本保障。追求质量和效益、追求利润最大化的合格市场主体,以及市场主体间公平竞争的市场环境是实现经济集约发展的基础条件。尽管经过多年的不懈努力,我国已经初步建立了社会主义市场经济体制,但同时也要看到,市场机制建设和运行还存在不少"瓶颈"。市场"自组织"与"试错"功能难以正常发挥作用,供需均衡缺乏有效的宏观体制保障,其促进经济集约发展的内在功能被抑制,从而使经济发展不可避免地带有粗放增长的特征,造成了在我国经济发展中独有的一系列问题。

1. 行政性配置资源的体制惯性依然强劲,市场基础性调节作用弱化。经济发展的实践证明,建立完善的市场机制,发挥市场配置资源的基础性调节作用,是优化资源配置、实现经济协调发展的基础和前提。但是改革开放 30 多年,我国政府部门主导的投资决策体制没有发生根本性变化。资源配置的行政性特征明显,投资、土地、金融等大量资源被行政配置的比重较大。而且,长期行政性计划经济的惯性作用较强,项目行政审批至今普遍存在。"中央部门替地方决策、行政审批扭曲市场"的"路径依赖"惯性作用明显,违背了资源配置、项目投资决策最基本的权责关系,导致大量低效甚至无效投资,直接影响了供需的深度耦合。

2. 现代企业制度建设滞后,合格的市场主体缺失。一是国有企业在一些领域仍处于垄断地位。我国国有企业所占比重偏大,行政垄断与行业垄断结合,无法对企业投融资行为形成有效约束,国有企业较多地依靠行政垄断地位获取超额利润,获取行业红利、资源红利和政策红利。因此,在外部缺乏竞争压力、内部缺乏创新动力的环境中,结构优化与自主创新的微观基础实际存在缺失,低水平产能过剩、结构失调不可避免。二是国有企业产权制度不完善。经过长期的努力,我国国有资产管理体制和国有企业的改革不断深入,并取得了重大进展。但与建立现代企业制度的要求相比还有一定的差距,国有企业的法人治理结构不够规范,企业经营机制转换还没有完全到位,国有资产管理体制的改革也有待进一步深化。这些都制约着国有企业市场主体地位的真正确立,限制市场机制作用的有效发挥,影响国有企业贯彻落实科学发展观的自主性和积极性。三是民营企业成长发展仍缺乏公平公正的市场环境。不少行业准入门槛过高,在交通、电信、石化、金融、城市公用事业等诸多领域,民营经济难以进入;不少政策安排与制度设计对民营企业不公平,民营企业很难得到与国有企业同等的国民待遇,担保难、贷款难等融资难题多年难以解决,企业扩展空间受到一定程度挤压。非公平竞争现象,不仅影响经济稳定发展,而且扩大了行政寻租空间,影响产业发育升级与技术进步,最终损害消费者利益。

3. 要素价格的市场形成机制不完善,市场信号扭曲。市场机制的核心是发挥价格在配置资源中的引导和标识作用,生产要素能够自由流动,价格信号充分反映市场供求关系。要素价格是否反映市场供求状况,决定了资源能否有效配置与合理利用,进而决定了一个国家的经济能否充满活力和竞争力。当前我国大部分商品价格已由市场决定,但仍有一部分重要商品与要素价格受政府部门审批控制,市场机制的试错功能和配置资源的基础性作用难以有效发挥出来。特别是资源能源、劳动力、资本、土地等生产要素市场价格形成机制不完善,行政审批等方式确定的价格不能真正反映真实价值、市场供求与资源稀缺程度,资源能源与劳动力价格长期被人为压低,价格信号扭曲,导致企业过度依靠扩大资源能源与劳动力投入,助长整体国民经济呈现外延式扩张。

必须说明的是,经济学意义上的价格,是市场经济活动的标识、市场主体决策与政府调控经济运行的参数,而目前我们更多的是把价格变成了行政权力的运用,违背了市场经济的基本原则。不仅对经济社会发展带来了严重的灾难,影响资源的优化配置与有效利用,而且还带来了国际上对我国市场经济国家身份的否认。由于各级政府及各相关政府部门仍然是资本、土地、劳动力等生产要素价格的主要掌控者,这种对要素配置的条块分割和部门控制格局,使市场的内在统一性被割断,资源价格难以反映资源的稀缺程度,不利于社会资源的流动、重组和优化配置,降低了宏观经济效益。

以土地价格体系为例分析,按照 1998 年修订后的《土地管理法》规定,征用耕地的补偿费包括土地补偿费、安置补助费以及地上附着物和青苗补偿费,土地补偿费不超过被征用土地前三年平均年产值的十倍,安置补助费最高不得超过被征用土地前三年平均年产值的十五倍。商业性土地出让难以反映农民的意愿和农村集体的意愿,也不符合市场经济等价交换原则。由于价格形成机制不合理,缺乏有效的机制博弈,农村出让土地价格偏低,农村土地出让向城市流转过程中,价格剪刀差形成的巨大经济利益为城市政府、商业性用地者和部分城市居民所分享,农民和农村集体利益难以充分保证。城市土地管理权主要在政府国土资源部门,在行政主导及信息公开不充分、程序设置不科学的情况下,土地供应很容易产生寻租行为,造成土地价格扭曲。尤其是在当前地方政府间横向竞争压力下,地方政府间的“引资竞争”越来越激烈,优惠地价成为地方政府招商引资的最有力工具,同时也是对要素价格机制的破坏,相当于政府将本应归土地所有者的一部分土地收益补贴给了资本所有者。由此,不仅国家每年损失大量的土地出让金收入,同时也致使土地市场割裂,扭曲了经济系统中的土地价格,亦造成土地增值收益的不公平分配。

再如利率形成机制,作为市场经济体制的基本标识之一,利率发现与形成的市场化,是市场经济体制也是经济发展的基本要求。但是改革开放 30 多年来,我国一直实行行政色彩极其浓厚的管制性价格,利率很难反映资金的需求与供求状况,在一定程度上影响经济运行的效益取向。尤其是 2008 年金融危机后,我国利率市场化改革进程愈加趋缓。根据经济发展的一般经验,利率的行政性管制一般会产生三个方面的直接后果:一是银行保持固定的利差收入,获得超额的垄断利润,扭曲居民、企业和银行间的合理分配关系;二是影响银行业的创新和竞争能力的提升,从而埋下系统性金融风险,我国近一轮银行业改革中清理出来的巨额不良资产,已是明显例证;三是扭曲居民、企业及政府的投资行为,长期以来扣除物价上涨等因素后我国实际存款利率水平为负,这无疑加剧了居民和企业的投资冲动,而政府的投资行为由于很难受到资金市场供求规律的内在约束,更难以实现理性抉择,这也是我国经济发展效率及效益缺失的体制性内生因素之一。

4. 市场体系不健全,商品和要素的自由流动不畅。加快形成统一开放的全国大市场,促进商品、要素实现跨地区自由流动,是进一步完善社会主义市场经济体制、增强市场机制资源配置功能和提高经济运行效率的内在要求。尽管我国的市场体系建设取得了明显成效,但与建立完善的社会主义市场经济体制和参与国际竞争的要求相比,仍然存在很大差距。一是市场不够统一,地区封锁、行业垄断和部门分割的现象仍然不同程度地存在。二是市场发育不够成熟,生产要素市场发展相对滞后,以市场为基础的要素价格形成机制尚未完全形成。三是相关的市场法律法规不健全,生产、建设、流通、财税、金融等领域仍然存在经济秩序混乱的问题,市场主体之间还存在着不公平竞争。2010 年以来的农副产品价格的急剧上涨,在很大程度上反映出我国市场机制不健全的现实,同时也造成了明显的通货膨胀压力,对经济发展产生了不利影响。四是社会信用体系还不完善,市场中介组织不健全,严重影响了市场经济效率。

§3.3　政府职能转变相对迟缓

转变政府职能是党中央、国务院一直强调的改革内容和治理取向,但转变过程还比较缓慢。一方面,政府通过行政审批等手段对微观经济活动干预过多的问题还没有完全解决。进入新世纪以来,市场机制配置资源的基础性作用在逐步增强。但总的来看,政府职能越位问题仍未解决好。而另一方面,政府在市场监督、社会管理、公共服务等方面的职能则还没有真正到位。政府职能转变较为迟缓,越位与缺位并存,这些现象与科学发展观的要求存在较大差距。

1. 公共服务职能不到位。公共服务是社会运转的基本条件,也是全体社会成员分享改革发展成果的基本载体。进入改革发展的新阶段,义务教育、就业与再就业、公共卫生与基本医疗、社会保障、药品食品安全、环境治理等公共服务的社会需求越来越强烈。公共服务需求的全面快速增长与公共服务不到位,已经成为我国经济社会发展中迫切需要解决的突出矛盾,公共服务体制改革的深化成为迫切的现实要求。

2. 政府角色定位不明晰。随着社会主义市场经济体制的初步建立,政府要从市场领域退出来转变为市场的监管者,角色发生根本变化,政府自身亦成了改革的对象,客观上要求我们必须加快建设服务型政府、法治政府、廉洁政府。但是,在由计划经济体制向社会主义市场经济体制转变过程中,已出现利益主体多元化格局,政府部门本身亦存在着明显的部门利益,各级政府有各级政府的施政目标与利益取向,如果政府部门和地方的利益问题得不到有效的制约和妥善解决,行政体制改革将很难推进。在权力关系和权力调整及重新分配的后面,隐藏的是利益关系和利益的重新调整和分配。在主体多元、利益多元的状态下,部门及地方目标不仅会相互冲突,而且会扭曲整体目标。因此,根据我国国情切实推进政府职能转变,清晰界定政府职能与市场边界,已势在必行。

3. 政府权力部门化倾向凸显。近年来,权力部门化、部门利益化、利益法定化已到了较为严重的程度。每次行政管理体制改革都未能实现整体推进,原因就在于权力部门化作怪。事关全局的改革方案由某个部门牵头和负责,难免带有部门利益倾向,也难以协调各个部门。即使机构改革,也始终摆脱不了"精简—膨胀—再精简—再膨胀"的怪圈。政府部门职能相互交叉,责任边界不清晰、协调难。遇到有权利的事务,相互争;而遇到有责任的事务,则相互推诿,以致最终找不到责任人,问责失效致使许多该政府承担的事务无人管,政府效率提高十分困难。部门主导的政府行政管理体制改革,会导致行政管理体制改革目标扭曲、过程变异,改革本应代表公众利益的价值取向由此大打折扣,最终可能导致部门利益凌驾于公众利益、国家利益之上,从而出现政府法制和政令不统一,部门主义和地方保护主义现象严重,难以形成统一规范的市场经济秩序。

4. 权力监督主体过于分散。我国权力监督主体不仅有行政机构自身,还有党的权力机关、司法机关、社会团体、公民及社会舆论。监督主体多,机构多,渠道多,但监督力量过于分散,监督的协调性、配套性比较差。因此,尽管近年来不断加大反腐败的力度,如制定党内监督条例、制定党内纪律处分条例、对中央部委的纪检监察实行垂直管理、中央对地方实行巡视制度等,但各种腐败现象依然频发,滥用职权、权钱交易、官商勾结现象不少,形式主义、官僚主义、弄虚作假、奢侈浪费问题未能根本扭转。这些问题都与政府转型滞后有密切关系。

5. 中央与地方政府职能事权划分模糊。中央与地方在基本公共服务上还没有规范的职能分工,且职责权限不明,错位、缺位、越位并存。在纵向上,公共服务机构"上下一般粗"、职能趋同化严重,在横向上,公共服务管理事务分工过细,部门过多,叠床架屋、职能交叉、相互扯皮;公共服务机构不健全,地方政府的公共服务责任与财力仍不匹配,公共服务的提供难以持续;与此同时,我国仍保留着城乡分治的体制,农村的公共服务与公共产品严重短缺,进一步拉大了城乡差距。

§3.4 相关政策设计和制度建设明显滞后

实现科学发展需要一套较为符合经济社会发展规律的、相对完整的政策体系与制度安排。而当前相关政策与规章制度建设尚不能适经济社会全面协调可持续发展的要求。

1. 统筹城乡发展的政策体系尚不健全。新中国成立初期,集中有限资源优先支持发展工业和城市经济,符合当时我国经济社会发展的实际,符合国家整体利益。但长期实行行政性的城乡分治,造成了城乡经济社会发展的二元结构和不平等待遇。近年来,随着统筹城乡发展的决策理念日益清晰,我国加大了对"三农"领域的公共投入,但统筹城乡发展的政策体系尚未健全,我国独有的城乡"行政性"分割的二元结构尚未发生根本性变化。一方面,城市基础设施和工业快速推进,城市居民收入和消费能力快速增加;另一方面,广大农村地区的生产方式落后,农民收入低而消费能力弱,从某种意义上讲,城乡二元结构是我国当前经济发展特征的基本表现,也在一定程度上分割了我国生产力发展空间,影响国民经济发展的整体效率。

2. 环境资源制度建设滞后。资源能源环境具有很强的外部性,庇古在《福利经济学》中曾提出以"庇古税"解决环境污染问题,在市场经济国家得到较普遍的运用。目前,我国已颁布了一系列有关环境保护与自然资源管理的法律法规,但由于环境资源制度建设刚刚起步,相关政策、法规及标准还不完善,主要表现在:浪费资源、破坏环境的外部成本得不到补偿,如矿产资源成本没有包含完整的矿业权价款及生态修复成本等,环境成本没有包含合理的治污成本;节能降耗、保护环境的外部收益无法实现,如可再生能源等新能源价值没有能够很好体现;缺乏地区间的生态保护利益调节机制,生态补偿机制尚未有效运行;能耗统计、审计、能效标识等制度建设严重滞后,保障力度不够等等。环境资源制度建设滞后,缺乏必要的利益调节机制与激励约束机制是当前经济低成本、高消耗扩张,投资与消费比例失调等问题的一个重要原因。

3. 科技体制改革有待深化。目前,我国科研人力资源总量居世界第一,科研人员总数相当于一个大国人口。近年财政科技投入不断增加,但科技创新能力过低,据有关部门测算,我国科技创新对经济增长贡献率只有20%左右,远远低于发达国家70%的比率。其重要的原因在于现行科技体制行政色彩浓厚,行政化的科研管理体制没有发生根本变革,经济和科研"两层皮",产学研分离。科研项目立项等资源配置行政化,科研方向和科研成果与市场脱节,科研项目的研究、评奖、结项等在行政部门和教育、科研机构自我循环,与市场体系脱节。科研经费主要由上级主管部门行政决策与分配,科研机构主体地位无法确立,科研资金使用效果缺乏机制保障。以行政手段办科研,缺乏必要的激励约束机制,使科研单位失去必要的压力与动力,直接影响了我国自主创新与产业结构优化升级。落后的科技管理体制,制约了科学发展的内在动力,我国自主创新能力长期弱化矮化,是现有的科技管理体制发展落后的必然结果。

4. 社会保障制度仍不完善。30 多年来,我国现代社会保障体系从无到有,从小到大,对于保障群众基本生活、推动体制改革、促进经济发展、维护社会稳定发挥了重要作用。整体而言,我国社保制度尚不完善,还存在较长的改革过渡期,社保制度本身也存在制度转型和理顺体制等诸多问题。无论是与中央提出的构建和谐社会的要求相比,还是用科学发展、以人为本来衡量,都还不相匹配。这主要表现在:社保账户未做实,社保基金难以维持;社保基金管理不规范,漏洞较多;农村地区的社会保障体系处于试点阶段,尚未完全建立;机关事业单位与企业养老金差异很大,社会矛盾突出。另外,现行社会保障制度运行成本也比较大,削弱了经济的竞争力和制度的可持续发展能力。目前,我国社会保障制度改革主要是立足于通过增加企业和个人缴费来维持新制度的运行。无论是在缴费率,还是替代率等方面,均缺乏统筹协调机制,社会统筹的缴费率偏高,作为补充的企业年金发展缓慢。目前 5 项社会保险的综合费率已高达工资总额的 40.8%,其中由企业负担29.8%,个人负担 11%。[①] 同时,各项社会保险由彼此独立的养老、医疗等单项险种的机构经办,既增加了政府的管理成本,也增加了企业和个人负担。一个不容忽视的现实,是增大了企业和整个经济的运行成本,一定程度上削弱了经济的活力,也影响了社会

---

① 董克用、郭开军:《中国社会保障制度改革 30 年》,《中国信息报》2008 年 12 月 25日。

保障制度的可持续发展。

　　5. 收入分配制度不完善。改革开放以来,我国所推行的"效率优先、兼顾公平"收入分配政策,极大地促进了生产力发展,但负面效应同时产生,收入差距持续扩大,影响了经济社会协调发展。总体来看,不仅初次分配存在明显制度性缺陷,而且再分配也存在着不同程度的僵化问题。一方面,初次分配领域缺乏有效干预,一般劳动者尤其是农民工处于弱势地位,工资长期处于低水平。另一方面,政府再分配调节力度偏弱。尽管近年公共财政大幅度增加了对教育、养老、医疗等社会事业的投入,但与我国现阶段经济实力相比仍处于偏低的水平,与人民群众对公共服务的需求相比显得不相适应。我国现行以流转税为主的税收制度,调节收入差距的能力较弱,导致税收调节收入分配的功能难以充分发挥。

第四章　贯彻落实科学发展观的
体制保障与政策选择

本章摘要:科学发展观的根本方法是统筹兼顾,"五个统筹",即统筹城乡发展、统筹区域发展、统筹经济社会发展、统筹人与自然和谐发展、统筹国内发展和对外开放,是落实科学发展观的基本要求和现实选择。为此,要切实转变观念,创新体制机制,提纲挈领,制定一整套科学合理、路径清晰、具有针对性和可操作性的政策体系,力求将科学发展观贯穿于经济社会发展的全过程和各环节,并确保取得实效。本章以"五个统筹"为核心,以创新体制机制为保障,探索了新时期贯彻落实科学发展观的实施路径和政策取向,并提出了具体的对策建议。

科学发展观总结了新中国成立后,特别是改革开放以来现代化建设的历史经验,吸取了人类社会发展的文明成果,揭示了我国经济社会的未来发展趋势,反映了中央领导集体对发展问题的新认识、新实践,是对马克思主义发展理论的创新和发展。以科学发展观统领经济社会发展全局,是解决我国当前经济社会发展中诸多矛盾和问题的迫切需要,是实现全面建设小康社会宏伟目标的理论保障和基本方针。"十二五"和今后一个时期,是把我国发展纳入科学轨道的关键时期。这需要从我国实际出发,积极探索科学发展的路径,将科学发展观贯穿于经济社会发展的全过程,落实到经济社会发展的各环节。

作为科学发展观理论体系的重要组成部分,"五个统筹",即统筹城乡发展、统筹区域发展、统筹经济社会发展、统筹人与自然和谐发展、统筹国内发展和对外开放,是我国现阶段实现科学发展的根本方法和基本标志。

§1　转变观念,为贯彻落实科学发展观排除思想障碍

贯彻落实科学发展观,需要一场深刻的观念变革。当然,观念变革并不是一蹴而就的,一个突出的现实是传统思维与体制惯性作用仍然强势,转变观念是一个渐进过程,需要通过深化改革、加快制度创新才能实现。从目前来看,科学发展观虽然已经成为我们党的施政纲领,但在现实生活中,重 GDP 增长而轻视环境保护、重效率而忽视社会公平、重城市发展忽略乡村建设、重财富创造而忽略财富共享等观念,仍在不同地方不同程度地影响着经济社会的健康发展,有的部门和地方领导依然把"发展是硬道理"简单地理解为"增长是硬道理",依旧把"以经济建设为中心"执行为"以速度为中心"。这些传统观念与习惯做法的存在足以警示我们,贯彻落实科学发展观首先要转变观念,走出对科学发展观误解、曲解的误区,真正以科学的观念来引导发展方式转变。

§1.1 转变发展观念,正确把握发展的"全部蕴涵"

改革开放 30 多年的实践,"发展是硬道理"已深入人心,发展是我们党执政兴国的第一要务,是实现人民群众根本利益的有效手段,也是协调一切利益关系、化解一切矛盾问题的根本途径。现在的问题在于,我们在追求发展速度的同时,必须突出以人为本的核心理念,把满足全体人民的物质文化需求、促进人的全面发展作为推动发展的根本出发点和最终归宿,摆脱单一物质形态和纯粹数据评价的发展观。同时,还应当看到,发展绝不仅是一个经济增长的过程,而是一个包括经济、政治、文化、社会各个领域全面进步的过程。经过 20 世纪末以来的经济高速发展,一方面,人们已认识到发展是解决一切问题的"硬道理",另一方面,也深刻体会到,发展绝不是单纯在经济与科技层面做文章。贯彻落实科学发展观,就必须按照全面协调可持续的基本要求,统筹兼顾、协调推进社会主义经济、政治、文化、社会和政党建设各项工作,着力于全方位解决发展过程中出现的不全面、不协调、不均衡问题,不断促进经济社会的全面进步和人的全面发展。这是贯彻落实科学发展观必须解决的思想前提。

§1.2 转变政绩观念,尽快形成发展的"人本政绩观"

在我国实际存在着的政府主导型市场经济条件下,发展观与政绩观紧密相连。环顾当今发展现实,就会发现有什么样的"政绩观",就有什么样的"发展观"。过去受传统发展观的影响,一些领导干部把"以经济建设为中心"片面地理解为以 GDP 为中心,专注于搞开发、上项目,习惯于抓产值、要数字,热衷于追求"短、平、快"的轰动发展效应,重硬件建设,好形象工程,以至于"宽马路"、

"大广场"、"高楼房"等"显性"、"硬性"成果,一度成为评判发展成效和干部政绩的主要标尺。当然,这在一定意义上和特定历史阶段是必要的,在重启经济建设为中心的时期,突出经济增长主题,有利于从十年动乱的危局中尽快走出困境,有利于激励广大领导干部发展的积极性。因此,如果以现时的标准去苛求当时,甚至指责,也不是历史唯物主义者应有的态度。但是,在科学发展成为发展导向的新阶段,如果仍旧抱着这些片面的政绩观不放,继续见物不见人,重物化建设而轻权益关注和价值塑造,同样不是历史唯物主义者应有的认知态度,更不是共产党人应有的觉悟水平。贯彻落实科学发展观,势必要求各级干部能自觉克服发展上的"短视"、"弱视",克服工作中的急功近利,在重视提升"硬件"发展水平、追求"显性"发展绩效的同时,更加注重培育长远竞争力和增强可持续发展能力,把更多的财力、更多的精力投入到那些惠及长远、惠及群众、惠及子孙后代的"人本绩效"上来,努力追求经济社会更持久、更长远的发展。所以,党中央决策层多次强调,各级决策者和管理者应"常怀爱民之心、善谋为民之策、多办利民之事",高度重视、认真解决人民群众最关心、最直接、最现实的教育、医疗、就业、环境保护、安全生产、社会治安等利益问题,尽最大努力帮助困难群众解决生产生活困难,使改革发展的成果更多、更好地惠及广大人民群众。这是贯彻落实科学发展观理应具备的思想境界。

§1.3　转变生产消费观念,努力实现发展的"节能降耗"

经济学的基本原理和基本作用就是以尽可能少的资源投入,产出尽可能大的经济效益。我国在长期高度集中的计划经济体制下,一方面是资源配置方式落后,另一方面是市场主体缺乏内在"节能降耗"的动力和压力,致使我们一直行走在高耗低效的路子上。即使在改革开放30多年后的今天,在资源配置方式和市场主体塑造取得重大改进的条件下,我们在生产消费方面的观念,仍然不适应科学发展的要求,不适合我国的国情。无论在生产领域,还是在消费领域,人们的生产消费观念和行为主要取决于对资源的认识。一般来说,对于稀缺的资源人们往往会倍加珍惜;而对于丰裕的资源,人们则会忽视节约,甚至可能过度消耗,造成浪费。过去,我们在思想观念上有一种"根深蒂固"的认识,那就是中国地大物博、物产丰富,这直接导致人们形成了一种错误的观念,即我国是世界上最富饶的国家之一,资源富集,取之不尽,用之不竭。受上述错误认识的影响,人们在生产生活中一直将资源作为最廉价的要素,忽视资源的节约,甚至依靠资源消耗换取产出增加和GDP增长,从而导致长期资源巨大消耗和利用效率的低下。

事实上,从资源总量看,我国是一个资源大国,品种丰富,一些重要资源拥有量位居世界前列。但从人均资源占有量看,我国又是一个"资源小国",许多资源远远低于世界平均水平。从水资源来看,我国虽然是一个水资源大国,水资源总量位居世界第6位,但人均淡水资源量只有2200立方米,是世界人均占有量的1/4。目前有16个省、自治区、直辖市的人均水资源拥有量低于国际公认的1700立方米用水紧张线,其中有10个低于500立方米严重缺水线。从能源资源来看,我国化石能源资源探明储量中,90%以上是煤炭,人均储量仅为世界平均水平的1/2。我国人均石油储量仅为世界平均水平的11%;天然气仅为4.5%。石油、天然气是不可再生资源,随着开采量的不断扩大,人均储量只会越来越少。

从主要矿产资源来看,我国矿产资源品种多、总量大,已发现171种矿产资源,查明资源储量的有159种;已查明的矿产资源总量约占世界的12%,仅次于美国和俄罗斯,居世界第3位。但人均占有量仅为世界平均水平的58%,居世界第53位。从耕地资源来看,我国人口多,人均耕地少。至2003年年底,耕地资源总量18.51亿亩,居世界第4位,但人均耕地面积仅1.43亩,不到世界平均水平的40%。在2000多个县(市)中,目前有600多个县(市)人均耕地面积在世界公认的人均耕地警戒线0.8亩以下。①随着城市化的推进,耕地资源总量在进一步减少,已经威胁到我国的粮食安全。

面对如此严峻的资源形势,我们切实需要引起高度重视,彻底转变生产消费观念,按照科学发展观的要求,加快转变经济发展方式,彻底改变过去高投入、高消耗、高污染、低产出、低效益、低效率的状况,尽快实现低投入、低消耗、高产出的良性循环,建立资源节约型、环境友好型社会,促进全面、协调、可持续发展。

相关链接:科学发展重在转变观念

要落实科学发展观,首先要转变观念,改变单纯以GDP论成败的政绩观,切实树立全面发展、协调发展、可持续发展的理念。

过去25年,深圳贡献了具有鲜明时代特色的发展模式——"深圳速度"。但今天,深圳不再陶醉于速度,而是要构建"效益深圳"。用深圳原市委书记李鸿忠的话来说,"效益深圳"的本质就是要用科学发展观来决定发展速度、发展模式和发展方向,不再看

---

① 中央政府门户网站(www.gov.cn),2005年12月29日。

重单纯的 GDP 排名，而是更加看重发展的效益指标。这就像一场马拉松比赛，前面跑得快，后面跑不动或跌倒，只能是前功尽弃。不顾效益片面地追求速度，如同靠吃兴奋剂争冠军，得不偿失。

一路高歌猛进带来了"增长的烦恼"，转变发展观念和发展方式势在必行。目前，一些地方和部门的干部政绩评价标准正悄然发生改变，"唯 GDP 论"在一些地方不再受到追捧，深圳、宁波、绍兴、湖州等地，在考核政绩时开始更多地关注社会指标、人文指标、资源指标和环境指标。长三角、珠三角、环渤海，在这几片"得风气之先"的东部沃土上，科学发展观正更新着广大干部的观念。而在幅员辽阔、经济社会发展相对落后的西部地区，广大干部的思想观念也发生了变化。"饭都吃不上了，奢谈生态岂不等于自杀？"几年前，西北某省一位地方官员曾这样抱怨。而今天却听到了这样的话语："西部大开发绝不能以牺牲环境为代价，绝不能搞成西部大开挖！"

"如果只开挖不保护，这个宝库迟早会变成包袱。"陕北高原蕴藏着一个世界级的能源宝库，石油、天然气、煤炭储量相当可观。但只要是向地下取宝，必然会破坏地表环境。自西部大开发战略实施以来，陕北的煤矿越建越多，公路越修越长，项目占地面积越来越大，但由于采取种草植树、退耕还林等措施，生态一直在持续好转。

观念的转变使西部人开始走出开发困境。在新疆，一度河床朝天的塔里木河水面重现，而且越流越远。在甘肃，清澈的黑河水重新流进胡杨遍地的额济纳绿洲。尝尽生态恶劣之苦的西北人转变观念，开始编织山川秀美的梦想。

党政干部的思想观念在变，企业领导干部的思想观念也在变。

目前,东北企业的领导人盛行一种观念:东北的企业再也不能躺在历史的功劳簿上等、靠、要,要解决好自身存在的各种问题,积极内部挖潜,提高自身素质,这样国家的政策和投入才能产生真正的效益。正像沈阳机床集团公司一位负责人所说:"机床集团经营一度处于低谷,但我们3万人的企业,'等、靠、要'是没有出路的,只有积极转变观念、大力创新才能求生存。目前,企业有了生机,还进入了世界前列。"

科学发展之风,如今已吹进了广袤的牧区。毕力贡是东乌珠穆沁旗乌里雅斯太镇达布希拉图嘎查的牧民,他最多时曾养过1400多只羊,如今草场上只养了400多只羊和60多头西门塔尔牛。毕力贡说:"多养牲畜不行,超载后草场退化等于自绝生路。"今天的内蒙古大草原正在实施禁牧、休牧和划区轮牧,"新三牧"极大地转变了农牧民的经营观念。

要金山银山,更要绿水青山;不苛求"人定胜天",要追求"科学治理"。这些来自基层干部群众的话,体现了长远利益与眼前利益的辩证关系,表达了人们走科学发展道路的坚定意愿。

§2 统筹城乡发展,从根本上解决"三农"问题

城乡统筹是"五统筹"的核心。以"五统筹"框架论,无论是教育、卫生等社保发展指标,还是区域间的经济发展指标,我国东、中、西部之间的差距并不十分明显,差距大的就是城乡之间的各项指标。我国城乡二元结构与刘易斯的"二元经济论"有本质不同。前述已论证了与国际上产业性质、居住空间形成的二元结构的不同。我国的城乡分治是行政性的,即以户口管制为特征的行政性

二元结构,由此导致公共产品与公共服务的行政性分治,分割了城乡生产力的发展空间,使中国经济社会发展面临日益严重的"二元失衡"问题。统筹城乡发展,就是要通过城市化和加强农村、农业建设,逐步缩小城乡差距,实现城乡共同繁荣、人民共享富裕的良好局面。从内容来看,既包括统筹城乡经济发展,也包括统筹城乡社会发展。

从建设社会主义现代化的国家目标看,我国过去提出的"四个现代化"具有一定的阶段性特征和局限性。从一国现代化的本质看,实际存在着的规律是只要有了工业、农业现代化即不可否认为现代化国家。工业化是一个标准的国际概念,只要工业生产在全球市场上立足并发展,自然就是一个现代化的过程与标志。而国防现代化与科技现代化,都是与工业现代化与生俱来或相互依托的过程,不存在单独的科技现代化与国防现代化。如果没有工业现代化,科技现代化是无源之水,仅仅是概念而已,我们不能为科技而科技,科技现代化的动力、成效、标志只能是通过工业、农业现代化予以体现;而国防现代化除了购买之外只能是工业现代化的表现形式之一,所以,不存在脱离工业现代化的真正的国防现代化。那么,既然工业现代化是一个全球化工业立足与进步的产物或过程,对当代中国的现代化而言,真的要解决或实现的就是农业的现代化。从战略意义上考察,农业农村现代化确实已成为当代科学发展的重中之重。

统筹城乡发展体现了全面建设小康社会的内在要求,全面建设小康社会的重点在农村,难点也在农村,农村建设落后,国民经济发展就受阻;农民收入上不去,拉动农村内需就受阻;农业缺失规模化、产业化,农业现代化就只能是空中楼阁。统筹城乡发展也是实现城乡经济良性循环的必然要求。在我国经济发展的现阶段,如果不能统筹城乡经济社会发展、不从根本上改变城乡分治的二元结构,不仅制约扩大内需、繁荣市场和国民经济健康发展,而且也不利于社会的稳定和国家的长治久安。统筹城乡经济社会发展,是现阶段处理好城乡关系必须遵循的基本方法。

按照科学发展观的要求,当前和今后一个时期,统筹城乡发展要重点从以下两个方面着力:一方面,要积极推进社会主义新农村建设。按照目前的城市化速度,2020 年还会有 5 亿以上的农村人口,2030 年农村人口仍有 4 亿左右。中国的特殊国情决定了农村、农业和农民在未来相当长时期内都将是中国经济和社会发展中的重中之重,农村的建设和改革始终不能松懈。时下的重点是:始终坚持工业反哺农业、城市支持农村和多予少取放活的方针,进一步加大强农惠农力度,努力提高农业现代化水平和农民生活水平。另一方面,积极稳妥地推进城镇化,合理引导农业劳动力转移。2009 年,全国城市化率为 46.3%。按照目前城市化率每年提高 1 个百分点的进度,2020 年我国城市化水平可达到 55% 左右,农业劳动力在全部就业人口中的比重降至 1/3。届时,农村人多地少的局面有望根本扭转,土地规模经营、农业和整个农村经济的现代化以及从二元经济到工业化和实现全面现代化的社会转型有望变成现实。

§2.1　加快建设社会主义新农村,促进农业发展和农民增收

"三农"问题始终是制约我国发展的基础性问题。没有农业的稳定,就没有国民经济的稳定;没有农村的发展,就没有国家的真正发展;没有农民的富足,就没有国家的持久繁荣。只有近 8 亿

农民都加入到现代化的进程中,才能盘活国民经济的全局,实现长期持续的发展;只有广大农村明显改变落后面貌,才能实现更大范围、更高水平的小康。统筹城乡发展,关键是要加快社会主义新农村建设,从根本上破解"三农"问题。

1. 实现农村规模化、规范化建设目标。建设社会主义新农村,因地制宜加快"撤村并乡",只有在此基础上才能统筹规划,实现规模化、规范化新农村建设,提高农民公共服务与公共产品的有效性。因此,必须加快农村基础设施建设,缩小城乡基础设施差距,为加快农业和农村发展创造条件。在农田水利基本建设方面,要加大土地开发整理与复垦力度,搞好中低产田改造,提高耕地质量,建设一批高标准农田;加快完成大中型和重点小型病险水库除险加固任务,同时搞好灌区改造和小型农田水利建设,大力发展节水灌溉。在"水、气、路、电"等基础设施方面,加强农村饮水、道路、电网、通信、文化等相关及配套设施建设,支持农产品储存、保鲜等市场设施的建设。具体措施主要包括:提高农村地区安全饮用水使用率,降低农村地区不卫生厕所使用率,保障农村居民的基本卫生条件;大力发展农村公共交通,改善农村人居环境,提高农村行政村通公路比例和通电话比例,使农村能够更便捷地获取外部资源和外部技术;加大对贫困地区教育、卫生、通讯与信息基础设施的投入,从根本上改善他们的生活条件,提高自我发展能力。

2. 拓宽农民增收渠道。加快小城镇建设,充分发挥小城镇就近吸收农村剩余劳动力的优势,积极调整乡镇企业布局,把小城镇建设与乡镇企业发展结合起来,引导乡镇企业向小城镇集中,实现园区化、规模化,引导农村剩余劳动力向小城镇转移。在这一过程中,农村地区应充分利用自身的比较优势,一是加快发展农产品加工工业,支持农业产业化经营和龙头企业发展,充分发挥农村地区的农产品资源优势;二是围绕农民生产和生活的需要,加强农村现代市场流通体系建设,壮大和提升农村第三产业;三是加强农村职业教育和技能培训,搞好农村中介服务工作,为农民提供多种多样的市场信息,提高农民转移就业能力。

3. 加快农业的规模化、产业化步伐。我国有 2 亿多农户,也就是 2 亿多个农业生产单位。"人均一亩地,一家一小条",农业生产过度分散,小规模、低效益的传统农业生产方式至今没有发生根本性变化。这种过度分散的小规模农业生产方式,反过来又限制了技术、资本、人才在农业方面的投入,制约着现代农业的发展。发展规模化、产业化的现代农业,关键是加快农村的"非农化"。结合各地实际情况,推进"撤村并乡"与城镇化,是促进"非农化"的根本。只有加快"非农化"步伐,才能逐步实现农业生产经营的规模化、产业化、现代化。

4. 加大对农业的财政投入和政策支持力度。调整耕地占用税使用方向,改革城市建设维护税使用办法,增加农村财政投入。在农业直接补贴和生产资料补贴方面,增加粮食直补、农资综合直补,扩大良种补贴规模和范围;增加农机具购置补贴种类,提高补贴标准,将农机具购置补贴覆盖到所有农业县。在保障国家粮食安全方面,继续探索和完善重点粮食品种的最低收购价制度,加强对农业生产价格的调控,适时提高粮食最低收购价,保持粮价的合理水平,提高农民种粮的积极性,保护种粮农民的利益,提高粮食生产能力。

5. 建立农村有效融资机制。我国农村人口 9 亿多,但长期以来,却没有一个有效的融资渠道。农业银行进城,农村信用社长期无力正常经营,农村邮政储蓄机构吸储后转向非农比例高达80%。因此农村发展没有融资机制,长期缺乏活力,严重影响了农村发展。从目前现有条件出发,一是抓紧推进农村信用社改革,真正回归农村、服务农民;二是完善农业银行服务职能,强化惠农本色;三是制定灵活利率政策,扩大利率弹性,适应农村信贷规模小、信息不对称和风险大的实际。

6. 改进土地征用制度。从目前来看,现行征地制度存在诸多问题,既不利于保护耕地和工业集约用地,也不利于维护农民的合法权益。其根源主要在于:集体土地的产权制度不完善,农民不能充分享有对土地的使用权、处置权和收益权;土地征用主体不平等,农民处于被支配的弱势地位;土地补偿不对称,国家按补偿价值征用土地,按交换价值出让土地;失地农民安置不合理。据有关资料,从改革开放到 2010 年,土地补偿少支付约 5 万亿元(按当年价格计算)。土地补偿不合理是造成土地资源浪费和导致农民上访的重要原因。改革土地征用制度,需要长期稳定并不断完善以家庭承包经营为基础、统分结合的双层经营体制,依法保障农民对土地承包经营的各项权利。具体包括在承包期内依法、自愿、有偿流转土地承包经营权,同时对现行土地征用制度管理不严、程序不明、补偿过低和侵害农民利益等问题进行改革。这样才能既保证农民的土地权益,又有利于形成节约用地的机制。

7. 全面推进农村改革。积极采取有效措施,切实加快农村综合改革步伐。进一步加大财政转移支付力度,积极稳妥地化解乡镇债务,解决乡镇政权机构运行中发生的资金缺口问题,以保证其正常运转。完善农村义务教育投入机制,优化乡镇学校布局,改善教学设施,提高师资水平。深化乡镇机构改革,在精简机构的同时,改进县乡行政管理体制,进一步增强乡镇政府社会管理和公共服务职能。

8. 完善农村社会保障和医疗卫生体系。一方面,加快建立覆盖城乡的最低生活保障制度和农村困难群体的救助体系,把保障最低生活水平作为农村社会保障工作的基本点,扩大农村社会保障覆盖面。坚持家庭养老保障与社会养老保险相结合的制度,逐步提高社会化养老的程度,特别是要解决农村孤寡老人的养老问题。另一方面,大幅改善农村地区医疗卫生条件,全面推行新型农村合作医疗制度,并逐步提高参合农民补助标准。从具体措施上看,在中西部地区农村实施住院分娩补助政策;健全农村三级卫生服务网络;加大乡村医生培养力度,补充更换必需医疗设备,加快农村乡镇卫生院的改扩建及新建工作。

§2.2 积极稳妥地推进城镇化,建立有利于"非农化"的体制和机制

单从农业生产水平看,无论是单产、总量还是农业资源的利用,我国都是名列前茅,差距就在于农业生产经营的规模化和产业化,而要实现富农的产业化与规模化就必须加快"非农化"。

加快城镇化进程,促进剩余劳动力向非农产业转移,是拓宽农民增收渠道的重要手段。从目前来看,为了有序推动农村富余劳动力向城市转移,一方面,要尽快解决农民进城难的问题,降低进城务工门槛,其中最为关键的是全面清理和取消各种限制农民进城务工的政策规定和待遇歧视,让劳动力市场来引导农村剩余劳动力的有序转移;另一方面,要进一步完善城市建设和管理,妥善安置进城务工农民,为其创造良好的务工和生活环境,加强城市对

农村劳动力的吸纳能力,加快农民融入城市的步伐。

1. 改革户籍制度,放宽户籍限制。我国现行户籍制度建立于1958年,最初的目的主要是限制农村人口过度向城市迁徙,缓解城市商品供给压力。以商品粮户口与农村户口进行政性区分,加之国家财政长期困难,造成长期实行"城市财政"制度,大部分农村公共产品提供被排除在外,这符合当时的时代背景和经济形势需要。随着经济社会的发展,粮食供给差异已不复存在,公共财政建设日新月异,公共产品与服务供给能力明显提高。城乡人口自由迁移变得越来越普遍而必要,但现行户籍制度明显不合时宜,它不仅不利于人口的自由流动,更不利于全国统一劳动力市场的形成。另外,无论农村人口在城市里生活或工作的时间长短,只要持有农村户口,便不能享受城市居民的社会保障,也不能平等享受诸如教育、医疗、住房和就业等公共服务。适应城乡统筹发展的要求,目前切实需要加快推进城乡户籍体制和相应的公共福利制度改革,使户口只具有标志居住地的意义,在户口不再体现特殊福利含义的条件下,逐步实现城乡人口的平等权利,特别是平等就业和平等社会保障的权利。

2. 妥善解决农民工住房问题。要将农民工住房纳入城市建设规划统筹考虑,把改善农民工居住条件作为解决城市低收入家庭住房困难问题的一项重要内容。一方面,要将农民工纳入城市保障性住房供给体系,从廉租房、公租房供给中,逐步加大对城市就业农民工的供给力度;另一方面,用工单位可以采取无偿提供、廉价租赁等方式向农民工提供居住场所,农民工自行安排居住场所的,用工单位应给予一定的住房租金补助。有条件的地方,应比照经济适用住房建设的相关优惠政策,起步时期可以建设造价较低、符合农民工特点和基本安全卫生标准的简易廉租房,以农民工可承受的合理租金向农民工出租,从而使进城务工农民有安身之所,解决其基本生活问题。

3. 切实加强农民工就业培训。按社会兴办、政府资助、按需培训的原则,在农村、乡镇、县城和城市建立健全就业指导机构,鼓励和支持技术培训,可以采取发放"培训券"办法,自主择学,培训就业实用技术,提高就业能力和城市生活能力。

4. 规范农民工子女教育。这是城市化提速时期一个不可忽视的问题。城市教育主管部门要积极采取措施,将非正规的农民工子弟学校纳入规范化管理体系之中,保证农民工子女享受平等的教育机会。农民工输入地政府要承担起农民工同住子女义务教育的责任,将农民工子女义务教育纳入当地教育发展规划,列入教育经费预算,以全日制公办中小学为主接收农民工子女入学。同时,城市公办学校对农民工子女接受义务教育,要与当地学生在收费、管理等方面同等对待,不能违反国家规定搞变通政策,向农民工加收借读费或其他任何费用。

相关链接:统筹城乡发展,率先走出二元结构

统筹城乡经济社会发展,必须建立健全包括财政、金融、投资、产业、就业、土地、户籍等方面政策在内的配套完善的政策支撑体系,加快推进城乡发展规划、资源要素配置、产业布局、基础设施、公共服务、劳动就业和社会管理一体化,推动形成城乡良性互动、协调共进的良好局面。近年来,苏州积极探索,大胆实践,在破除城乡二元结构、建立新型城乡关系方面充分发挥了"带头、先导、示范"的作用。

苏州农村过去30多年的变化是中国发达地区农村的一个缩影。改革开放以来,苏州农村经济体制改革的成果可以概括为"三大突破",即20世纪80年代初全面实行家庭承包制、90年代中期以后全面实施乡镇企业产权制度改革、进入新世纪以后全面推进农村"三大合作"改革;苏州农村经济社会发展的成就可以概括为"三次历史性的跨越",即20世纪80年代乡镇企业异军突起,加快了农村工业化进程;90年代开发区和开放型经济蓬勃发展,加速了农村城镇化步伐;进入新世纪新农村建设整体推进,加快了城乡一体化步伐。

党的十六大以来,是苏州农业现代化推进力度最大的时期,是苏州农村变化最快的时期,是苏州农民得实惠最多的时期。苏州坚持城乡统筹协调发展,既注重解决当前的现实问题,进一步改善农村基础设施和居住环境等,更注重构建长效机制,建立起城乡一体制度框架,加快促进基础设施向农村延伸,公共服务向农村拓展,社会保障向农村覆盖,现代城市文明向农村辐射,正在逐步形成"以城带乡、以乡促城、城乡互动、城乡平等"的发展新格局。

苏州统筹城乡发展、整体推进新农村建设经验可以概括为以下六个方面:

一是建立三次产业协调发展机制,加强农业深度开发,强化农业的基础地位。苏州在加快推进工业化、城镇化过程中,始终把农业放在重要位置,注重发展现代农业与保护生态环境、注重加强农村人力资本开发和新型农民培养,全面提高农民素质,把促进农业增效、农民增收紧密结合起来,加快了传统农业向现代农业转变的进程。

二是建立城乡统筹就业机制,把鼓励农民创业作为富民的根本途径,推动城乡就业服务体系和劳动力市场一体化。昆山市实施的"人人有技能、个个有工作、家家有物业"的"三有工程",就是一个成功的实践。

三是建立覆盖城乡的公共财政体制,实现农村"三大保障"全覆盖,推动城乡基本公共服务均等化。苏州市不断加大公共财政对新农村建设的支持力度,逐步扩大公共财政覆盖农村范围,建立了农村最低生活保障、农村合作医疗保险和农村基本养老保险制度三大保障体系,对各种农村公共服务的支持力度也逐步加大。苏州农村社会保障体系一个可喜的变化是正在推进农村与城市社会保障的逐步接轨。吴中区将失地失业农民纳入城镇职工养老保险体系。昆山将农村新型合作医疗改为农村基本医疗保险,推动城乡一体基本医疗保险制度改革。常熟市逐步将农村各类企业及其职工、民办非企业单位及其职工、个体工商户及雇工和灵活就业人员纳入城镇企业职工基本养老保险覆盖范围。苏州正在加快农村基本养老保险与城镇职工基本养老保险并轨运行步伐。这些探索在全国都处在领先地位。

四是建立城乡改革协同推进机制,推进农村制度创新,赋予"苏南模式"新的内涵。苏州在稳定和完善农村基本经营制度基础上,不断深化农村改革,培育现代农业经营主体,农村"三大合作"形成气候,农民组织化程度显著提高。苏州注重培育适应"三农"需要的各类新型金融组织,积极探索政策性保险金融对农业发展的支持力度,加强财税政策与农村金融政策的有效衔接,引导更多信贷资金投向了"三农",农村金融改革走在了全国前列。

五是建立县域经济、小城镇和新农村协调发展机制,实现了城镇化与新农村建设的"双轮驱动"。苏州市在推进城镇化过程中,注重发展壮大县级城市,积极培育中心镇。实践证明,县级统筹已成为苏州城乡统筹的主要形式和主体力量。在全市地方财政收入总额中,镇级财政占有半壁江山,对农村的带动作用和统筹功能也日益增大。

六是建立城乡规划统筹机制。纵观一些发达国家和地区,他们是一代人造房几代人住,而我们往往是一代人造几次房。这既有经济发展水平的问题,又有建设理念的问题,还有规划与建设相脱节的问题。苏州市委、市政府把城市和农村作为一个整体来规划,把城市各项专业规划向农村延伸,形成全方位、多层次、开放式的城乡空间网络结构,使全市呈现出以城市群为主体、新农村为基础的城乡新格局。

§3 统筹区域发展,形成合理的区域开发格局

统筹区域协调发展,旨在发挥地区比较优势,激发内在发展动力,逐步扭转地区差距扩大的趋势,实现共同发展、共同进步。我国幅员辽阔,区域间差别较大,东部与西部、南方与北方在资源禀赋、自然条件、文化传统、经济水平等各方面都存在较大的差异。而地区间非均衡发展、差距过分悬殊和两极分化,会导致发达地区与欠发达地区之间的利益矛盾加大和经济摩擦加剧,最终导致社会和政治的不稳定,影响国家的长治久安。促进区域经济协调发展,逐步缩小区域发展差距,是实现科学发展的重点和难点,是我国现代化进程中必须长期花大力气解决的重大问题,事关大局。

我国区域发展失调的一个重要原因,在于经济发展战略缺乏与时俱进的调整与激励机制。改革开放以来我国相继采取沿海优

先发展、西部大开发、振兴东北老工业基地、中部崛起等非均衡发展战略,历史地分析,这些发展战略有利于突出重点带动全局,有力地促进了我国经济发展。但是,由于我国经济社会发展缺乏产业演进与区域优势转化的市场化链接,再加上公共服务均等化等配套政策难以及时跟进或跟进力度不够,造成地区间发展能力差距过大,引发区域结构性矛盾加剧。

统筹区域协调发展,应坚持以下三个原则。首先,以科学发展观为指导思想,适时适度调整发展战略。以市场配置资源为基础,将结构优化与均衡发展放在更加突出的位置。加强和改善国家的宏观规划,研究提出符合实际情况的区域协调发展政策措施,统筹安排,有计划有步骤地进行开发,防止区域发展中的盲目及无序。其次,充分发挥市场机制配置资源的基础性作用,尊重经济发展规律,按主体功能区的规划,发挥地区比较优势,形成合理的区域分工。国际经验表明,产业集群基本集中在沿海200公里以内,高度工业化国家很难见到"烟囱林立"的景象。这并非是区域工业增长速度比较与工业化刻度,虽然国体不同,但其工业化本身的规律性及演进路径,应为我国所借鉴。因此我们应坚持实现产业集群和工业园区化,实施集约发展、整体规划、集中排放与治理,不能再走"乡乡点火、镇镇冒烟"的老路子。第三,扶持欠发达地区发展,既要允许和鼓励一部分有条件的地区率先发展起来,又要防止地区差距过分悬殊,让先发展起来的地区在资金、技术、人才等方面带动和支持欠发达地区的发展。

我国地区发展失衡,实际上是城乡发展失衡的一个侧面。环顾全球经济发展历程,无论发达国家还是发展中国家,核心经济区基本集中在沿海200公里以内,这是人口等生产要素自然流动的结果。由于公共政策及公共产品的提供基本均等,区域发展差异问题也就被忽略了。因此,如果解决了行政性的城乡分治,按经济社会发展的规律设计发展战略和政策体系,允许人口、资源等要素自由流动,经过一个时期的调适,结合公共服务均等化的财政体制设计与调整,区域协调发展的问题应该不难解决。当前和今后一个时期,促进区域协调发展的努力方向和工作重点应当是继续实施区域发展总体战略和主体功能区战略,构筑区域经济优势互补、主体功能定位清晰、国土空间高效利用、人与自然和谐相处的区域发展格局,逐步实现不同区域基本公共服务均等化,为各地区比较优势的发挥奠定基础。

§3.1 提高国土资源开发的空间配置效率

统筹区域发展,必须坚持优化国土开发格局,按照全国经济合理布局的要求,规范开发秩序,控制开发强度,努力形成高效、协调、可持续的国土空间开发格局。一是要切实加强国土资源规划,搞好国土利用的顶层设计,统筹协调可利用土地规划与城镇化建设规划,坚决避免乱用乱占、随机规划、城乡脱节等现实存在的问题;二是要搞好功能区规划落实。按照主体功能区的要求,完善区域政策,科学制定功能区规划,调整经济布局,增强国家区域政策整合能力,合理发挥政府在生产力空间布局中的引导作用。同时,政府在投资项目、税收政策和财政转移支付等方面加大对落后地区的支持力度,逐步建立起长期稳定的开发资金来源渠道,并且加强区域间协调和经济交流与合作,逐步实现不同区域基本公共服务均等化。三是要加快建设全国统一市场,强化市场机制在资源空间配置方面的基础性作用,遵循市场经济规律,突破行政区划界限,形成若干带动力强、联系紧密的经济圈和经济带。众所周知,市场调节具有较强的"扩散效应"和"回波效应",必须消除区域间的市场壁垒,建立全国统一的大市场,实现全国范围内商品和人才、资金、技术等要素的自由流通,以提高资源配置效率和经济效益,促进区域经济协调发展。

§3.2　继续实施区域发展总体协调战略

近年来,为了缩小东西部差距,促进区域协调发展,我国研究制定了一系列区域发展战略规划和政策措施,当前和今后一个时期关键是抓好落实,并在实践中不断发展、完善和深化。

1. 继续深入推进西部大开发战略。坚持把深入实施西部大开发战略放在区域发展总体战略的优先位置,给予特殊政策支持,保持西部大开发的持续性,建立有利于保持西部可持续发展的制度和长效机制。在西部大开发过程中,需要特别注意的是要进一步抓好西部地区生态环境建设,防范生态脆弱地区环境进一步恶化;大力加强基础设施建设,改善西部农村地区生产生活条件;大力发展西部地区优势特色产业,因地制宜,将西部资源优势转化为经济优势;大力加强科技、教育、卫生、文化等社会事业,通过强化公共服务功能,促进经济和社会全面发展。

2. 全面振兴东北地区等老工业基地。严格意义上讲,工业生产没有"老"与"新"的区别,传统工业一样有市场、有优势,而新型工业一样会落后、会破产。因此,振兴老工业基地,关键是突出体制创新和机制创新,用新思路、新体制、新机制、新方式,走出加快老工业基地调整、改造和振兴的新路子。具体措施主要包括:加快东北地区国有经济战略性调整,完善国有资本"有进有退、合理流动"的机制,推动国有资本向关系国民经济命脉的重要行业、关键领域和优势产业集中,其他行业和领域的国有企业,让其在市场竞争中优胜劣汰;继续深化国有企业改革,按照建立现代企业制度的要求,完善法人治理结构,大力推进国有大中型企业公司制改革,推进企业转换经营机制,深化劳动用工、人事和收入分配制度改革,积极探索公有制实现形式的多样化;进一步扩大开放领域,积极吸收外资参与东北老工业基地的调整及改造,承接国际产业转移;按照走新型工业化道路的要求,加大结构调整力度,在充分挖掘和发挥现有产业优势的基础上,提高企业自主创新能力和技术装备水平,促进产业结构优化升级。在老工业基地振兴过程中,应重点关注以下两个问题:一是资源型城市经济转型问题;二是就业与社会保障体系建设问题。资源型城市实现经济增长方式的转型是老工业基地调整改造的重要内容,也是其中的重点和难点。应未雨绸缪,通过分类指导,帮助资源枯竭地区尽快改变单一的产业结构,扶持共伴生资源综合开发,加快矿区环境修复和污染治理,实现经济转型。此外,在国有企业深化改革过程中产生的下岗职工问题,需要加快推进国有企业下岗职工基本生活保障向失业保险并轨,做好"三条保障线"衔接,并千方百计扩大就业和再就业。

3. 大力促进中部地区崛起。我国中部地区经济凹陷,既有发展战略调整滞后的影响,也有产业结构的影响。中部地区是我国粮仓,在长期"统购统销"体制下,中部作为我国粮食生产集中地区,通过"剪刀差"贡献较大,自身经济发展无疑受到严重影响。在"十二五"规划和今后一个时期,首先,进一步加大结构调整力度,推进经济多元化协调发展;全面提高对外开放水平,在更大范围、更广领域和更高层次上参与国际经济合作与分工。其次,继续发挥农业区位优势,加强现代农业和重要商品粮基地建设,大力发展农产品加工工业,提高精深加工水平,增加其附加值。再者,加快工业化和城市化进程,按照大中小城市协调发展的思路,解决中部地区农村人口比重大的问题。加快改革政府管理体制,实现行政命令型政府向服务型政府的转变,通过规范行政行为,提高服务质量和办事效率,努力营造出高效廉洁的政务环境、公正公平的法制环境、平等有序的市场环境、鼓励创新的人文环境。

4. 积极支持东部地区率先发展。加快实现工业化,大力推进信息化,努力提升城市化,有条件的地方要率先基本实现现代化。具体措施主要包括:加快产业结构调整升级,形成更为完整的产业链和产业配套体系,建成重要的先进制造业基地,同时促进电子信息、生物制药和新材料等高技术产业和信息、保险、金融和中介等现代服务业的发展;积极主动参与国际分工,提高利用外资水平,提高承接国际产业转移的能力,加大引进技术的消化吸收和再创新;进一步增强自主创新能力,提高产业技术水平,培育自主品牌,更好发挥经济特区、上海浦东新区、天津滨海新区在改革开放和自主创新中的辐射带动作用;鼓励东部地区带动和帮助中西部地区发展,充分利用市场机制,以经济利益为纽带,以互惠互利为原则,推进东部与中西部地区经济技术协作,实现优势互补和联动发展。

除了上述四个区域性发展战略外,当前需要给予特别关注的是特别贫困地区、生存环境特别恶劣地区,以及发展严重超过资源和环境承载能力的地区,支持和加快这些地区的发展对于统筹区域发展至关重要。因此,在实施上述区域发展战略的同时,进一步加大对革命老区、民族地区、边疆地区、贫困地区发展的扶持力度,是当前和今后一个时期统筹区域发展亟待解决的问题。另外,尽快建立健全区域间互动协作机制是实现区域协调发展的重要途径。区域发展的总体布局是从空间上作出的战略部署,互动机制则是为落实这一战略作出的制度性安排。建立健全区域间互助合作与扶持机制,打破行政区划的局限,促进生产要素在区域间自由流动,以市场机制为基础,以政策导向为纽带,引导产业转移,鼓励和支持各地区开展多种形式的经济、技术与人才的合作,形成以东带中以中连带西、东中西协调发展的格局。发达地区要通过对口支援、社会捐助等方式帮助扶持欠发达地区,中央政府需要通过财政体制的调整完善,加大对欠发达地区的投入力度,强力助推公共服务水平的提高,加快经济和社会事业的协调发展。

§3.3 积极推进主体功能区战略实施

实施主体功能区战略,是基于我国国情和经济发展基本规律认识升华的历史性选择,是贯彻落实科学发展观的重大战略举措,对统筹区域发展有着重大的战略意义。在主体功能区战略实施过程中,要根据不同区域资源环境的承载能力和发展潜力,在东中西和东北地区这四大区域划分的基础上,按照优化开发、重点开发、限制开发和禁止开发这四类主体功能区进行主体功能区划分,加快主体功能区的定位,研究制定相应的政策措施,逐步形成主体功能清晰、发展导向明确、开发秩序规范和经济发展与人口、资源环境相协调的区域开发格局。

1. 运用财税政策引导资源和要素向目标功能区合理流动,引导市场主体和居民节约资源,重视环境保护,实现财力在国土空间和功能区之间的重新分配。增加对限制开发区域、禁止开发区域用于公共服务和生态环境补偿的财政转移支付,逐步使当地居民享有均等化的基本公共服务,不断缩小各地居民在公共产品供给方面的差距。

2. 运用投资政策调控各主体功能区的投资规模、结构和效率,进而实现资源和要素配置的最优化,实现各主体功能区区域内的可持续增长以及区域间的均衡发展。按照"保护优先、适度开发"的原则,支持限制开发区域、禁止开发区域内公共服务设施建设和生态环境保护。支持重点开发区域内的基础设施建设,增强其吸纳资金、技术、产业和人口集聚的能力,加快工业化和城市化步伐,提升区域辐射功能。

3. 通过产业政策引导开发区域转移区内占地多、高能耗、高污染的加工业和劳动密集型产业,提升产业结构层次。引导重点开发区域加强产业配套能力建设,提高产业水平,提升参与全球竞争的层次。引导限制开发区域因地制宜地发展本地可承载的特色产业,限制不符合主体功能定位的产业扩张。

4. 对优化开发区域实行更严格的建设用地增量控制。在保证基本农田不减少的前提下适当扩大重点开发区域建设用地供给,对限制开发区域和禁止开发区域实行严格的土地用途管制,依据法律法规规定实行强制性保护,严禁不符合功能定位的开发活动,特别是要禁止区域内生态用地改变用途。

5. 不同功能区实行不同的绩效评价指标和政绩考核办法。按照因地制宜的原则,不再简单地将 GDP、招商引资和投资项目作为各级政府的主要政绩考核指标,而是采取更为全面的考核方法,不仅要考察地区经济增长的总量水平,还要考察社会全面发展情况,以及经济增长过程中的生态环境和资源代价。

§3.4 加强区域政策与主体功能区政策的协调

区域政策安排和主体功能区政策选择都是区域协调发展战略的有机组成部分,两项政策的设计目标是一致的。区域政策重在通过区分不同情况,综合运用多种政策手段,促进区域经济互动协调发展,缩小区域经济差距。主体功能区政策更多的是从空间层面做好开发与保护,重点解决具有较强外部性、需要政府公共政策干预的问题,如环境、资源综合利用、重大基础设施布局等等。统筹区域发展,要在实施区域发展战略和主体功能区战略的过程中,做好区域政策与主体功能区政策的衔接,促进区域比较优势的发挥,促进两大战略的协调推进。

相关链接:中美两国的西部开发战略比较

从世界范围看,区域经济发展不平衡是一个普遍性的现象。历史上,国外对经济欠发达地区开发的先例很多,如美国的西部开发,其经验教训对于我国实施西部大开发有着重要的借鉴意义。

通常意义上讲的"美国西部"泛指从阿巴拉契亚山地到太平洋沿岸之间广阔的地区。美国开发西部的过程在美国历史上被称作"西进运动",始于18世纪80年代,止于20世纪80年代前后。

在美国开发西部的过程中,有两个大规模集中开发的时期:第一个时期是1860—1890年。这一时期美国开发西部的主要动力来源于皮货贸易、土地投机以及奴隶主庄园的扩张,这30年间,美国人占据了4.3亿英亩土地,耕种了其中的2.25亿英亩,并且在西部土地上成立了10个新的州。第二个时期是1930—1970年。自罗斯福新政以来,美国政府陆续出台相关法规,加大对西部的财政补贴和资金投入,实行各种优惠政策,进行流域综合治理,大力发展军工企业、高新技术产业，极大地改变了西部的经济结构，使美国经济重心逐步西移，东西部经济发展趋于平衡。

美国开发西部的主要成效是：导致了美国领土的猛烈扩张；促成了农业现代化的实现；工业化进程迅速推进；形成了独特的精神文化。

需要指出的是，环境保护问题是美国西部开发中遇到的一个大问题。美国西部开发之初，由于开发是在一种自发的状态下进行，因此大规模的开发造成了自然环境的破坏。最初越过阿巴拉契亚山的移民定居于位于田纳西河流域的田纳西和肯塔基地区，他们在这里伐树拓荒、垦殖耕种，人为灾害与自然灾害使得田纳西河流域内7个州的人均收入到20世纪30年代初时还不足全国平均数的一半，成千上万的家庭年收入不到100美元。1933年5月，美国国会通过了《田纳西河流域管理办法》，设立了一个既有政府权力又有私人企业灵活性的公司——田纳西河流域管理局，统一指挥流域内的水电工程、洪水控制、土壤保护、植树造林、土地休耕、河流净化和通航，以及多种类小工业的建造等事宜，取得了较好的成绩。到1940年，流域内全部7个州的人均收入比1933年增加了73%（同期美国全国人均收入的增长率为56%）。

在西部大平原的开发中，也出现过同样的问题，由于过度的垦殖耕种，加之气候异常，1934年春季爆发了毁灭性尘暴，摧毁了中西部大平原上20多个州的庄稼，使全国小麦减产达3亿蒲式耳（1933年美国小麦总产8.6亿蒲式耳）。

我国西部地区包括重庆、四川、贵州、云南、西藏、陕西、甘肃、青海、宁夏、新疆、内蒙古、广西等12个省、自治区、直辖市，面积685万平方公里，占全国的71.4%；2008年末人口3.68亿，占全国的27.7%。我国西部地区自然资源品种繁多,地下蕴藏着丰富的石油、天然气,矿藏丰富,已探明的矿产资源就有120多种。此外,西部的土地资源、植物资源、旅游资源也很丰富,西南地区拥有丰富的水资源。

我国的西部大开发自新中国成立以来,就受到了中央政府的重视。20世纪50年代中期,毛泽东同志在《论十大关系》中强调,要处理好沿海工业和内地工业的关系;20世纪80年代,邓小平同志在他的"两个大局"战略中,又提出了内地的发展问题;江泽民同志提出,实施西部开发是全国发展的一个大战略;胡锦涛同志则明确要求:用科学发展观统领西部大开发的各项工作,坚定不移地把西部大开发继续推向前进。

第一个五年计划期间,国家重点建设的156个项目仅在陕西和甘肃就安排有40项之多,尤其是在三线建设时期,国家在西部地区投入了近2000亿元资金,建成了一大批新兴工业基地、国有大中型企业和科研单位,为西部奠定了工业基础。但改革开放以来,由于国家经济建设重心的东移,以及自然条件、历史文化和政策、体制等多方面原因,西部地区经济和社会发展与东部地区之间的差距出现急剧扩大的态势。到1998年年底,西部GDP总量只占全国的1/7,人均GDP仅相当于全国平均水平的60%左右,不到东部地区平均水平的40%,全面建设小康社会的重点和难点都在这里。

2000年1月,国务院成立了西部地区开发领导小组,西部大开发战略拉开了序幕。西部大开发战略,是确保现代化建设第三步战略目标胜利实现的重大部署,是促进各民族共同发展和富裕的重要举措,是保障边疆和巩固国家安全的必要措施。西部大开发,有利于培育全国统一市场,完善社会主义市场经济体制;有利于推动经济结构的战略性调整,促进地区经济协调发展;有利于扩大国内需求,为国民经济增长提供广阔的发展空间和持久的推动力量;有利于改善全国的生态状况,为中华民族的生存和发展创造更好的环境:有利于进一步扩大对外开放,用好国内外两个市场、两种资源,具有重大的经济、社会和政治意义。

实施西部大开发以来,国家通过规划指导、政策扶持、项目安排等加大了对西部地区的支持力度。2000—2007年,中央对西部地区的各类财政转移支付累计近15000亿元,国债、预算内建设资金和部门建设资金累计安排西部地区7300多亿元。西部地区生产总值从16655亿元增加到47455亿元,年均增长达11.6%,超过全国同期经济增长水平。同期,国家累计安排新开工西部大开发重点工程92项,总投资超过1.3万亿元,青藏铁路、西气东输、西电东送等工程相继建成并开始发挥效益。另外,国家还实施了油路到县、送电到乡、广播电视到村、沼气到户等一批改善农村生产生活条件的项目。

加强生态环境保护和建设是西部大开发的根本切入点。2000年以来,国家在西部相继启动了退耕还林、天然林保护、退牧还草、京津风沙源治理等一批重点生态建设工程。期间,中央财政不断加大对西部地区教育、卫生、文化等社会事业的支持力度。到2007年年底,西部地区410个攻坚县中,已经有368个实现了"两基"目标。国家还实施了"西新工程"、农村电影流动放映等文化工程,基本实现了县县有图书馆、文化馆的目标。

点评:

美国西部的开发,是在市场经济背景下,在大规模人口迁移的基础上进行的,就其性质来说,它是一种带有典型意义的区域经济开发模式,是一次资源利用的规范化转移,是地区空间的调整和转移,生态环境条件差异不算太大。但其经验教训对我国西部大开发仍有积极的借鉴意义。

我国西部大开发是一项跨世纪的伟大工程,对于拉动内需、增强民族团结、稳定边疆、保护生态等意义重大。在西部开发过程中,涉及政治、经济、文化、环境、社会等领域,会牵涉多方利益主体,阻力很大,困难很多,投入也巨大。因此,我们要规划好、设计好、协调好、组织好,要通盘考虑,既要坚持市场机制的作用,更要发挥好政府的主导作用。

我国西部区域广大,经济社会发展水平与资源环境差异较大,既有工业化程度较高、科技创新能力较强的地区,又有生态脆弱、自然条件恶劣的经济不发达地区。保护好生态环境是西部开发中的重要内容。西部大开发应坚持可持续发展战略,突出保护中华民族"水塔",坚持实施再造山川秀丽"西北"的战略取向。主要包括水资源的合理利用、保护以绿洲为中心的生态环境、减少环境污染、创造良好的人居环境等内容。只有这样,才能保证西部全面、协调可持续发展。

§4 统筹经济社会发展,着力保障和改善民生

经济增长是社会发展的基础,但经济增长并不必然带来社会全面进步。只有在经济增长的基础上,切实解决诸如失业、贫困、教育、医疗、公共卫生以及社会公正和反腐败等社会问题,使全体人民学有所教、劳有所得、病有所医、老有所养、住有所居,经济增

长的成果才能真正转化为社会和谐的动力。统筹经济社会发展，就是要促进经济与社会相互适应、良性互动、协调发展。

统筹经济社会发展，需要政府加强公共服务和社会管理的职能。要在大力推进经济发展的同时，更加注重社会发展，加快科技、教育、文化、卫生、体育等社会事业发展，不断满足人民群众在精神文化、健康安全等方面的需求，把加快经济发展与促进社会进步结合起来，不断把经济成果转化为社会福利，实现社会和谐发展。

§4.1　始终坚持优先发展教育

教育作为国家发展的基石，事关民族兴旺、人民福祉和国家未来，是百年大计、千秋工程。只有一流的教育，才有一流的人才，一流的国家实力，才能建设一流国家。坚持教育兴国、教育立国、教育强国，把教育摆在优先发展的战略地位，是我国现代化建设需要长期坚持的方针。

1. 全国城乡普遍实行义务教育免费。全面免除城市义务教育学杂费，同时增加农村义务教育公用经费，提高保障水平。重点加强农村地区、民族地区和农村贫困家庭子女的九年义务教育，降低辍学率、留级率，提高及格率和按时毕业率。适当提高农村家庭经济困难寄宿生生活费补助标准，认真落实保障经济困难家庭、进城务工人员子女平等接受义务教育的措施，从而使有限的教育资源能更多、更好地实现普及教育的目标。

2. 在进一步普及和巩固九年义务教育的基础上，大幅度提高高中阶段毛入学率，力争到2020年达到85%以上。

3. 大力发展职业教育和技能培训。加强职业教育基础能力建设,深化职业教育管理、办学、投入等体制改革。发展职业教育要面向市场,发挥政府主导作用,同时要充分发挥企业、行业和社会力量兴办职业教育的积极性。要进一步整合职业教育资源,优化职业教育布局,加强规划和协调管理。要积极办好公办职业院校,大力发展民办职业教育,形成公办民办共同发展的新格局。充分发挥社会各界兴办职业教育的积极性,逐步形成政府统筹管理、政府社会共同兴办、形式多样的职业教育和培训体系。

4. 推进教育体制改革,提高高等教育质量。当前我国高等学院发展迅速,招生规模急剧扩张。但大一统的办学模式改革滞后问题愈来愈明显。大学毕业生再"回炉"上中专技校的现象已在不少地方出现。一方面是每年数以百万计的毕业大学生就业困难,另一方面是高等技术工种严重缺乏人才。据有关部门统计,仅数控机床操作工岗位就空缺 600 多万个。优化学科专业结构、推进高水平大学和重点学科建设是当前教育改革的重点任务。深化以能力为核心的培养模式改革,加强实习实践环节,提高创新人才培养水平。支持研究型大学和高校科技创新平台的建设,引导高校参与国家创新体系建设。落实高等学校办学自主权,促进高等学校完善内部治理结构,建立面向社会自主办学、自我发展和自我约束的机制。邓小平同志在 20 世纪 80 年代就指出,教育要面向国际、面向现代化、面向未来。教育体制、教学内容改革迫在眉睫。

5. 加大教育事业投入。积极调整财政支出结构,将教育列为公共财政支出的重点领域,依法落实教育经费的"三个增长",提高财政支出中教育经费所占比例,确保教育财政拨款的增长幅度明显高于财政经常性收入的增长幅度,我国《国家中长期教育改革和发展规划纲要(2010—2020 年)》已明确要求 2012 年财政性教育经费支出占 GDP 比例达到4%的目标。加强教育资金管理与使用,切实提高教育资金使用的规范性、安全性、有效性。完善教育财务管理制度,加强教育经费使用全过程的监督、审计,增强教育资金分配和使用的透明度。其中要特别关注教师队伍特别是农村教师队伍建设,完善和落实教师工资、津贴补贴制度。

§4.2　积极扩大就业和创业

就业是民生之本,鼓励和促进就业是全世界各国政府的主要政策措施,一般市场经济国家政府有两大主体施政目标,一是就业,二是税收。这一共性政府职能目标,也是普世的政府理念。促进扩大就业,是当前我国经济社会发展科学的重要标志性指标,是实现科学发展、促进社会和谐的重要基础。统筹经济社会发展,保障和改善民生,要实施更加积极的就业政策,促进就业,构建和谐的劳动关系。

1. 坚持实行积极的就业政策,加强和完善政府就业服务体系建设。落实以创业带动就业的方针,鼓励个人创业的同时加强就业和创业培训,增加政府对就业培训、职业介绍等方面的资金投入。

2. 要在经济增长速度既定的条件下,制定有利于扩大就业的产业发展政策和经济政策。通过鼓励劳动密集型产业、有利于劳动者就业企业的发展以及鼓励个人自主创业和自主择业等方式,提高就业弹性系数。具体措施主要包括:积极扶持劳动密集型产业,发展社区服务业及劳动密集型的农村基础设施建设、农村工业和农村服务业;促进私营经济和个体经济发展,营造其与其他经济成分平等发展的环境和条件,进一步拓宽社会就业渠道;鼓励非正规部门就业,完善相关的法律资格、劳动就业、社会保障、税费优惠等法律、法规、制度、政策等。

3. 积极发展劳动力市场,促进劳动力的合理流动,提高劳动力资源的配置效率。深化劳动管理、户籍制度和社保体制改革,建立全国统一、开放、竞争、有序的劳动力市场,帮助农业劳动力向非农产业转移,加快建立城乡劳动者平等就业制度。

4. 加强高校毕业生就业指导和服务,深化退役军人安置制度改革,着力解决复转军人、大中专毕业生等特殊群体的就业问题。完善就业援助制度,落实促进残疾人就业政策,建立帮助零就业家庭解决就业困难的长效机制。

最后要强调的是,必须放开产业限制,破除一些实际存在"玻璃门槛"。充分的产业发育是扩大就业的根本途径,消除一些部门对创业的审批权限,是促进产业发育、增强经济发展动力,更是扩大就业的必然选择。

§4.3 加快推进医疗卫生改革和发展

加快建设覆盖城乡居民的基本医疗卫生制度,不断提高全民健康素质,是重大的民生问题,是落实科学发展观的必然要求,是维护社会公平正义的重要举措。

1. 加快建设覆盖城乡居民的医疗保障制度。扩大城镇职工基本医疗保险覆盖面,逐步涵盖全国所有城市;在全国农村全面推行新型农村合作医疗制度,提高筹资标准,中央和地方财政要加快提高对参合农民的补贴水平。

2. 完善公共卫生服务体系。抓好重大疾病防治,落实扩大国家传染病免疫规划范围的政策措施,加大对艾滋病、结核病、血吸虫病等疾病患者免费治疗力度。提高突发公共卫生事件的预警与应急处理能力,形成"统一指挥、分级负责、反应及时、措施果断"的工作运行机制。

3. 推进城乡医疗服务体系建设。加快城市社区医疗卫生服务体系建设,完善贴近群众的社区卫生服务网络,增加服务功能,提高服务水平。健全农村三级卫生服务网络,以县级医疗卫生机构为龙头、乡镇卫生院为主体、村卫生室为基础,加强三级卫生服务网之间的纵向合作,使其既有分工又有合作,让农民的基本公共卫生需求和医疗需求在县域内得到解决。

4. 建立国家基本药物制度和药品供应保障体系。以国家基本药物制度为基础,规范药品生产流通秩序,完善药品价格形成机制,加强政府监管,建设规范化、集约化的药品供应保障体系,不断完善执业药师制度,保证群众基本用药和用药安全,控制药品价格上涨。

§4.4 完善社会保障体系

近年来,我国社会保障进入快速发展时期,城镇职工基本养老和医疗保险参保人数不断增加,城市最低生活保障制度不断完善,城乡社会救助体系进一步健全。但从目前实际情况来看,社会保障体系建设依然存在着城乡发展不平衡、覆盖面窄、统筹层次较低、转移接续难、基金支付压力大等突出矛盾。因此,要按照"广覆盖、保基本、多层次、可持续"的原则,加快完善覆盖城乡居民的社会保障体系。

1. 在全国范围内实现养老资金统筹。遵循"全国统筹、税务征收、号码管理、一元管理"的原则,加快养老体系的建设。一方面,要通过深化改革、统筹安排、开源节流、盘活存量、扩大增量等多种筹资方法,建立可靠稳定的养老资金筹资机制;通过变现部分国有资产、上缴部分国有资本收益、研究征收社会保障税,以及加强社会保障基金征管等途径弥补养老金欠账。另一方面,要扩大覆盖范围,建立农村最低生活保障制度,对所有务工人员建立唯一、终身的社会保障号,改变养老体系建设的区域分割,实现低水平、广覆盖、有利于城乡各类人员参加的养老体系的建立。

2. 以省级政府为主导,建立城乡一体的医疗保险制度,使医疗保险的受益对象为城乡所有居民。完善财政补贴和单位、居民部分支付相结合的制度,建立省级统筹的医疗保险基金。

3. 完善失业保险制度。进一步健全政府、单位、个人三者缴纳失业保险金制度,逐步扩大政府承担比例。考虑农民工流动性较大的特点,应建立农民工管理省级统筹机制,将失业保险与就业服务合并管理,促进农民工就业与失业人员再就业。

§4.5　建立住房保障体系

我国正处于城镇化快速发展时期,面临着世界上最大规模的人口迁移,必须从全局和战略的高度重视解决保障性住房问题。要从人多地少的基本国情出发,建立科学合理的住房建设和消费模式。

1. 加快保障性住房建设。住房乃民生之要,加快保障性安居工程建设,切实解决中低收入居民住房困难问题,是贯彻落实科学发展观、构建社会主义和谐社会的必然要求。要统筹考虑经济发展水平、财力状况、真实需求和房地产市场状况等因素,以货币化为主,辅以实物住房的建、购、改、租方式,加快廉租房、公租房建设,加快各类棚户区改造,因地制宜实施保障性安居工程。首先,加快农村危房改造进程,要切实加强廉租住房的建设和管理。建立健全低收入家庭住房档案和信息管理系统,财政、民政、住房管理等部门要联网联动,提高基础能力保障水平,按照公开公平公正原则,完善廉租住房的申请、审核、公示、轮候制度,强化年度复审,切实将政府资源落实到最需要保障的家庭。其次,要多渠道多方式增加公租房供给,积极鼓励社会机构投资建设公租住房,引导社会各界捐赠公租和廉租住房。中央与地方政府要加大财政投入力度,逐步建立起规范而稳定的保障性住房资金渠道。

2. 完善信贷税收政策,调控房地产市场健康发展。完善实施严格的差别化住房信贷和税收政策,遏制投机、投资性购房。人民银行可以根据住房价格调控目标和政策要求,在国家统一信贷政策的基础上,提高第二套住房贷款的首付款比例和利率。调整完善个人转让住房的营业税及所得税政策,加强土地增值税的征管,稳妥推进房产税试点。通过信贷和税收等政策的调整,主动引导住房消费需求,促进房地产市场平稳发展。

3. 综合运用各种方式,完善住房公积金制度。扩大住房公积金制度的覆盖范围,进一步发挥其对职工基本住房需求的保障性作用,使城市新生社会群体特别是进城务工人员能够受益于住房公积金制度。在公积金使用上更多向中低收入居民倾斜,通过完善利率、税收、贴息、贷款、担保等政策,支持中低收入职工购买、建造和租赁住房。建立完善公积金的监管体系和风险防范体系,确保资金安全。

4. 加强市场监管,严格房地产企业市场准入和退出条件。依法查处闲置囤积土地、房源和炒地炒房行为,在增加住房有效供给的同时,抑制不合理需求,防止房价过快上涨。

5. 要逐步取消经济适用房和限价房政策。在社会主义市场经济条件下,政府职能功能具有明显有限性。完善保障性住房体系,目标是"居者有其屋"而非"居者购其房"。在很多国家和地区,凡要购房者都不属于"穷人","住"得起与"买"得起虽然一字之差,但含义是云泥之别。即使是全球最发达国家、最富裕的政府,保障性住房对象也仅仅是低收入或较低收入者。比如美国,购房者占60%左右,德国的购房者也仅占居民的20%左右。而当前我国购房者已达80%以上。在社会发展多元化的今天,人们的职业收入、家境都是明显的"变量",今天的低收入者,明天可能就是白领、金领;昨天的富翁,今天就可能在竞争中失败,变为一贫如洗的穷人。因此,政府不能将某一时间的静态收入水平或数字作为"一次性套利资格"。经济适用房和限价房有明显制度漏洞,混淆了使用与投资功能,将居住权与产权混为一谈,导致政策失效,形成腐败的空间。因此经济适用房和限价房不是政府应供应的"保障"范围。让低收入者买得起房确是一个伪命题,而租房才是贴近"保障"的纯消费行为。因此,为保证房地产市场健康发展,应尽快取缔经济适用房、限价房这一市场"怪胎",突出廉租公租房的保障功能,集中力量加大保障力度。

§4.6 切实加强公共安全管理

食品药品安全和安全生产是人民群众最关心、最直接、最现实的利益问题,是需要常抓不懈、不可有丝毫放松的重大民生问题。绝不能以损害人民健康来换取增长。要切实加强对研发、生产、流通、消费等各个环节的监管,整顿市场秩序,提高食品、药品质量,让人民群众吃得放心、用得放心。"安全责任重于山",各级领导干部要树立起"抓经济发展是政绩,抓安全生产也是政绩"的观念,切实贯彻安全第一、预防为主、综合治理的方针,坚持标本兼治、重在治本,使全国安全生产形势尽快出现根本好转。

相关链接:社会主义和谐社会

社会主义和谐社会是人类孜孜以求的一种美好社会,也是马克思主义政党不懈追求的一种社会理想。中外历史上均产生过许多有关社会和谐的思想。进入21世纪后,中共十六大和十六届三中、四中全会,从全面建设小康社会、开创中国特色社会主义事业新局面的全局出发,明确提出构建社会主义和谐社会的战略任务,并将其作为加强党的执政能力建设的重要内容。中共十六大报告第一次将"社会更加和谐"作为重要目标提出。中共十六届四中全会进一步提出构建社会主义和谐社会的任务。

构建社会主义和谐社会任务的提出,反映了中国共产党对中国特色社会主义事业发展规律的新认识,也反映了党对执政规律、执政能力、执政方略、执政方式的新认识,为实现社会主义现代化提供了新的重要思想指导。我们所要建设的社会主义和谐社会,应该是民主法治、公平正义、诚信友爱、充满活力、安定有序、人与自然和谐相处的社会。民主法治,就是社会主义民主得到充分发扬,依法治国基本方略得到切实落实,各方面积极因素得到广泛调动;公平正义,就是社会各方面的利益关系得到妥善协调,人民内部矛盾和其他社会矛盾得到正确处理,社会公平和正义得到切实维护和实现;诚信友爱,就是全社会互帮互助、诚实守信,全体人民平等友爱、融洽相处;充满活力,就是能够使一切有利于社会进步的创造愿望得到尊重、创造活动得到支持、创造才能得到发挥、创造成果得到肯定;安定有序,就是社会组织机制健全、社会管理完善、社会秩序良好、人民群众安居乐业、社会保持安定团结;人与自然和谐相处,就是生产发展、生活富裕、生态良好。以上这些基本特征是相互联系、相互作用的。

构建社会主义和谐社会,必须坚持以邓小平理论和"三个代表"重要思想为指导,坚持社会主义的基本制度,坚持走中国特色社会主义道路;树立和落实科学发展观,促进社会主义物质文明、政治文明、精神文明建设与和谐社会建设全面发展;以人为本,在经济发展的基础上不断满足人民群众日益增长的物质文化生活需要,促进人的全面发展;尊重人民群众的创造精神,通过深化改革、创新体制,调动一切积极因素,激发全社会的创造活力;注重社会公平,正确反映和兼顾不同方面群众的利益,正确处理人民内部矛盾和其他社会矛盾,妥善协调各方面的利益关系;正确处理改革、发展、稳定的关系,使它们相互协调、相互促进,确保社会政治稳定。构建社会主义和谐社会既是目标,又是过程,需要经过长期奋斗、不懈努力才能逐步实现。

§5 统筹人与自然和谐发展,增强可持续发展能力

统筹人与自然和谐发展,就是要充分考虑资源和环境的承受能力,统筹考虑当前发展和未来发展的需要,在经济社会发展的同时,处理好经济建设、人口增长与资源利用、生态环境保护的关系,通过建设资源节约型、环境友好型社会,实现自然生态系统和社会经济系统的良性循环,实现经济的持续稳定增长和人民生活的富

裕安康,增强可持续发展的能力,推动整个社会走上生产发展、生活富裕、生态良好的文明发展道路。

人口众多、资源相对不足、生态环境承载能力弱是我国的基本国情。前已述及,改革开放以来,我国经济发展取得了长足的进步,成就有目共睹,然而由此付出的代价也是巨大的。长期依赖传统单一的发展模式,尤其是传统粗放的工业化模式造成了资源、生态、环境的严重破坏,随着经济快速增长和人口不断增加,水、土地、能源、矿产等资源不足的矛盾越来越突出,使得人与自然之间的关系十分紧张。目前,我国面临着生态危机的严重挑战,生态建设和环境保护的形势十分严峻。因此,协调好经济建设、社会发展同资源节约、环境保护的关系,改善经济社会发展的整体形态,实现经济发展的战略转型和经济增长点的转移,走清洁、高效、可持续发展之路,是我国面临的重大历史性挑战,也是实现全面建设小康社会战略目标的唯一选择。人与自然和谐发展,是历史经验与现实压力下的必然选择,更是科学发展的必然要求。

当前和今后一个时期,统筹人与自然和谐发展,其一是按照调整经济结构和转变经济发展方式的要求,大力发展循环经济,加快推行清洁生产,加大治理污染的力度。其二是加强生态保护和建设,对限制开发区域,要区别情况,实行必要的生态移民,减缓环境压力。其三是大力推进科技进步与自主创新,靠科技提升生态建设强度与节能减排力度。其四是要继续做好人口发展战略研究,在稳定低生育水平的基础上着力提高人口素质,提高计划生育技术服务水平,综合治理出生人口性别比升高的问题。其五是按照建设节约型社会的要求,积极探索建立国土资源管理的新机制,全面提升土地管理法规层次,节约和集约使用土地,切实保护耕地特别是基本农田。其六是加强资源管理,以市场化、法制化手段提升资源利用效率,保护利用好我国优势矿产资源。

§5.1 加快转变经济发展方式

发展方式应是一国或地区经济社会发展速度与质量内在统一的表现形式。当前,我国经济社会发展进入新阶段,社会总供求格局发生了实质性变化,构成我国经济快速发展的诸多要素条件、内外环境、增长动力与机制也都发生了重要变化,需要相应推进发展方式的深刻变革。从国外的经验教训看,不少国家在迈入现代化进程后,最初的发展势头相当不错,但后来却出现停滞,甚至发生逆转,关键原因就是没有及时对发展方式作出调整。如20世纪七八十年代拉美经济起飞,但由于未能在收入分配等经济社会协调发展方面及时转型而掉入"拉美陷阱"。

转变经济发展方式涉及政府、市场主体与社会的深层次利益调整,是一场深刻的变革。新中国的成立确立了社会制度的转型,改革开放确立了经济体制的转型,发展方式的转变将决定新时期我国发展的路径与质量,将成为中国历史上第三次国家整体战略的转型,奠定未来中国全面协调可持续发展的格局。加快转变经济发展方式是我国深入贯彻落实科学发展观的重要内容、战略举措和重要载体,关键是要按照科学发展观的要求,与时俱进地调整发展战略,加快"赶超战略"向要素禀赋优势发展战略转型,促进非均衡发展战略向和谐发展战略转变,实现出口导向、投资导向型发展战略向消费主导型发展战略的调整。同时,抓紧深化关键领域和重点环节改革,加快建立健全促进经济发展方式转变的体制机制,这是实现科学发展、优化发展方式的根本保证。

从某种意义上讲,发展方式的优化与转变就是经济体制的转型,因为,凡市场经济发育比较成熟的国家或经济体,都不存在增长或发展方式转变问题。依市场的"自组织"和"试错"功能,自然能够实现结构的优化、技术的进步和供求的大体平衡。只有在计划经济体制下,才会出现不计成本、不计资源环境代价的数量扩张。因此,转变发展的根本出路,是建立适应经济发展规律、符合市场经济基本规则的体制、制度与运行机制。

1. 推动资源配置方式改革,构设促进转变发展方式的前提条件。一是加快转变政府职能,充分发挥市场的基础性调节作用。要明确政府与市场的分工和边界,凡是属于市场能解决的问题,政府应退出管理和审批,将政府工作重点转向社会发展和市场环境打造方面,真正实现由经济增长引擎向公共服务提供者的转变。二是深化投资体制改革,进一步明确政府投资的公共性质,严格约束政府投资直接介入市场微观领域;规范核准制,防止核准制演变为变相的审批制,大幅度缩减政府核准范围,真正落实市场主体的投资自主权。三是要尽可能减少政府对金融资源等的直接配置和控制,加快商业银行股份制改造,使其真正成为企业化运作的商业银行,减少政府干预,强化和明晰银行配置资源的责任。四是要深化行政管理体制改革,政府立足解决经济负外部性问题,大幅度减少行政审批、降低行政管理费用,提高行政效率,扩展市场主体自由度空间。这样从资源配置的起始,就为结构的优化与责任主体的明晰提供了基础性的保障。

2. 深化国有企业改革,塑造转变发展方式的载体。建立公平、公正的市场竞争环境,强化竞争机制对企业经营的约束作用。一是加强对自然垄断国有企业的监管,打破行政性垄断,限制利用垄断地位获取超额利润的行为,并明确行政性垄断企业的经营范围,防止行政性垄断企业广泛进入竞争行业。二是认真贯彻国务院关于发展非公有经济精神,对民营企业实行全方位开放政策,改善民营经济生存环境。三是继续深化国有企业改革,推进国有企业战略重组,加快建立现代企业制度,激发市场主体科技进步、产品创新、节能减排的内在动力,真正成为转变发展方式的主体,重塑转变发展方式的微观主体。

3. 深化价格形成机制改革,建立促进转变发展方式的要素投入优化机制。充分发挥价格优化要素投入的杠杆引导作用。加快煤炭、燃油等资源产品价格改革,将生态环境修复成本、安全生产成本等纳入资源性产品价格;坚持市场化改革方向,理顺重要资源性产品价格关系,使产品价格真正反映产品价值与资源稀缺程度;改革利率、汇率价格形成机制,真实反映资金价值与货币供求关系;逐步放松政府对土地资源的管制和垄断,深化土地流转制度改革,真正体现土地价值等。加强和改善国家对价格的宏观调控,完善对垄断性、公益性价格的调控,注重运用物资储备和金融期货等经济手段引导价格。通过价格形成机制改革,抑制对资源能源等生产要素的过度消耗,从成本利益上促进转变经济发展方式,凸显我国市场经济的基本特征与标识。

4. 深化科技体制改革,打造促进转变经济发展方式的增长动力机制。把科技进步作为经济增长的主要推动力,努力提高科技进步对经济增长的贡献率。一是大力促进产学研一体化,确立企业技术创新的主体地位。以市场机制为纽带,改进科技资源配置方式。彻底打破各自为政、重复建设购置的行政性体制。要充分吸收国际成功经验与失败教训。比如,美国"硅谷",没有政府直接投入,只是引导建立了风险投资机制,靠市场手段,催生了全球IT行业发展的火车头;而日本的"筑波城",由于是政府部门直接投资,各自为政、互不配合,虽然花了大量政府资金,而效果寥寥。这些事例无不充分说明,只有符合市场机制,体现科技发展规律的体制、机制,才能推动科技进步与创新发展。二是技术开发类院所要坚决推行企业化转制改革,加快一般和实用型科研机构市场化进程,应用性科研院所,应把人员新老划断,"老人"重新组合,按项目招标作用,没有能力的保障基本待遇后提前退岗;而新进人员一律参照国际惯例,实行合同制管理,建立市场化激励机制,解决传统的"养老、养懒、养笨"的体制弊端。科研要真正面向市场、面向国际、面向现代化,建立和完善符合科研工作基本规律的现代科研院所制度。三是完善科技成果转化机制,扩大创业风险投资,建立促进自主创新的风险投资激励机制;加强知识产权保护,实施知识产权战略,加强品牌和标准建设;加速科技成果的市场化和产业化。

5. 深化收入分配制度改革,健全促进转变发展方式的利益调节机制。努力提高居民收入在国民收入分配中的比重,促进经济社会协调发展。按照"初次分配和再分配都要处理好效率和公平的关系,再分配更加注重公平"的原则,健全劳动、资本、技术、管理等生产要素按贡献参与分配的制度,加快调整国民收入分配格局。一是逐步提高劳动报酬在初次分配中的比重,健全最低工资制度,并完善工资正常增长机制。二是深化垄断行业收入分配制度改革,完善对垄断行业工资总额和工资水平双重调控政策,严格规范国有企业、金融机构经营管理人员特别是高管的收入,完善监管办法。三是建立国有资本金预算制度,建立对垄断行业如烟草、电网、电信等企业利润的国有资本收益或特别收益金制度,并主要用于解决社保等重大民生问题,凸显举办国有企业的公共利益特征。

6. 加快环境资源制度改革,建立促进转变发展方式的生态协调机制。通过深化改革,促进生态文明建设,促进经济社会发展与资源环境相协调,增强经济社会发展的可持续性。一是加快资源有偿使用改革与生态环境补偿机制建设。二是建立节能减排长效机制,完善财政激励机制,从法规制度上促进资源节约和环境保护。三是强化指标约束控制,并定期公布指标数据,发挥公众、媒体等多方监督效应。

7. 深化财税体制改革,建立促进转变发展方式的社会协调机制。一是健全中央和地方财力与事权相匹配的财政体制,中央通过转移支付,实现地方财力与事权相匹配;全面推进省直管县管理方式改革,建立县级财力保障机制,增强基层政府提供公共服务能力。二是健全地方税体系,积极推进税制改革,完善地方税制度,强化税收的收入调节功能。三是要通过进一步强化基层财政公共服务能力建设,促进地方政府转变重工业、重速度的发展观念。鼓励地方政府通过改善生态环境、优化发展基础条件增加地方财产税等收入。

§5.2 利用经济杠杆,促进资源的合理开发和利用

生态环境往往与经济发展相伴相生。因此,运用经济手段保护生态环境符合"对症原则",是一条直接有效的途径。要坚持"谁污染,谁付费"的原则,对污染者依据其破坏程度、长期内可能造成的后果的严重程度强制收费,必要时处以罚款;废止燃料补

贴、用水补助等变相助长浪费和污染的做法,以改变使用资源扭曲的价格;对环境污染、废物综合利用和自然保护等社会公益性项目,给予必要的税收、补贴、信贷等方面的优惠。特别是要通过深化市场取向的改革,充分发挥市场对资源配置和资源价格形成的基础性作用,使资源性产品和最终产品之间形成合理的比价关系,促进企业降低成本,不断改进技术,减少资源消耗,增强竞争力。

1. 改革生产要素和稀缺资源的价格形成机制。切实改变资源依赖型发展模式,是转变发展方式、实现科学发展的重要内容。市场不仅在资源配置中起基础性作用,而且可以在调整人与自然关系中发挥积极作用。充分利用价格杠杆和税费手段,影响各种资源的价格,并使之充分反映生态、环境和资源的真实成本,让资源开发和使用者、污染者承担环境和生态破坏的损失、资源耗竭的成本。改革价格形成机制,具体措施主要包括:加快垄断行业改革步伐,建立包括水、电、天然气、石油、成品油、矿产等重要资源符合市场经济的价格形成机制,实行差别电价和阶梯水价;加快培育和建设生产要素市场,逐步放开对资本、土地等生产要素和能源、成品油等稀缺资源价格的实际控制,建立健全能够反映市场供求关系、资源稀缺程度和环境损害成本的价格形成机制;健全资源有偿使用制度,完善排污收费制度,逐步推广排污交易制度,建立生态环境补偿制度,更好地发挥价格杠杆引导资源配置的作用;加快环境成本内部化进程,使资源环境压力成为迫使发展方式转变、企业发展模式转型的强大经济驱动力;要进一步完善"走出去"战略措施,充分利用国际市场,拓展利用全球资源的空间。

2. 发展环保产业,以市场为导向引导消费者和企业节约资源、保护环境。当前,我国优先发展的环保产业重点领域主要包括环保技术与装备、环保材料和环保药剂,资源综合利用,环境服务等。因此,国家应进一步明确方向,强化产业政策、税收政策和政府采购等力度,大力支持污水、废水处理技术和装备制造、除尘技术和装备制造、电厂脱硫技术和装备制造、机动车消声和尾气净化产品制造、垃圾处理装备制造、噪声污染控制材料与装备制造、环境监测仪器仪表制造,以及城乡绿化、防治沙漠化和水土流失等环境保护产业的发展。

发展环保产业,要坚持以市场为导向、以科技为先导、以效益为中心、以企业为主体的原则,强化政策引导,依靠技术进步,培育规范市场。要加强监督管理,加大环境执法力度,逐步建立与社会主义市场经济体制相适应的环保产业宏观管理体系以及统一开放、竞争有序的环保产业市场运行机制,促进环保产业健康发展,为环境保护提供技术保障和物质基础,以适应日益严格的环保要求对环保产业的需求,同时,要采取措施,将其打造成为新的经济增长点。

3. 发展循环经济,加大节能减排和环境保护力度。一是通过产业政策和治理行动提高产业集中度和技术水平,鼓励资源消耗低、附加值高的高新技术产业发展,限制能耗高、物耗高的产业和产品的发展与出口,特别是要限制国外低效落后技术和产品的盲目引进。二是建立落后产能退出机制,依法淘汰落后生产能力,从源头减少资源能耗和污染物的产生。具体措施,主要包括:利用财政转移支付推动落后产能淘汰;帮助企业技术改造、转产或资产重组;建立合理的淘汰落后产能善后补偿机制,在等量替换产能中建立淘汰落后产能基金,对依法淘汰企业经济损失进行必要的补偿,被淘汰的企业在同类新建项目中有优先建设权;被淘汰企业转产其他行业的,可享受土地、税收等政策优惠;政府提供必要的财政支持,建立被淘汰企业职工培训再就业、最低生活保障制度等。三是在工业、交通、建筑等重点领域和钢铁、有色、化工、建材等重点行业推进节能工作,实施工业锅炉改造、区域热电联产、机动车节油、绿色照明等重点节能工程。完善和严格执行建筑标准,大力推进墙体材料革新和建筑节能。抓紧制定和完善节能产品能效和重点行业取水定额标准,制定并发布节能、节水技术政策大纲。以降低能源消耗特别是石油消耗为重点,抓好重点行业节能节水技术改造,提高资源利用效率,加大资源节约力度。四是减少污染废弃物排放量,努力实现废弃物的资源化、减量化、无害化。提高高污染行业市场准入的技术门槛,同时对新建企业提出更为严格的能源、原材料消耗和污染排放要求,创建一批清洁生产先进企业。制定和实施生产者责任延伸制度,提高排污费、污水处理费和垃圾处理费标准。五是开发和推广节约、替代、循环利用资源和治理污染的先进适用技术,实施节能减排重大技术和示范工程。大力发展绿色制造和清洁生产技术,发展节材、节能、节水、节地、环境友好的高新技术,发展洁净煤、可再生能源和新的替代能源技术,发展水环境安全、空气环境质量安全、有毒有害工业废弃物处理等关键技术。六是健全项目、规划和决策环境影响评价制度,建立能源、资源消耗审核制度,完善能耗、物耗、污染物排放等市场准入条件。通过环境影响评价制度、污染物排放许可证制度和水资源消耗评价制度等,对企业准入和新建工程进行全面评价,加速淘汰落后生产工艺和设备,促进产业结构优化升级。

相关链接:大力发展循环经济,统筹人与自然和谐发展

良好的生态环境既是可持续发展的重要标志,也是全面建设小康社会的重要内容。在传统工业文明向现代生态文明演进的今天,在区域竞争日趋激烈的新形势下,良好的生态环境又是不可多得的资源和不可替代的竞争力。近年来,为了避免重蹈"先污染后治理"的覆辙,山东省日照市提出了建设"美丽富强、文明开放的新日照"的总体目标和"港口立市、工业强市、科教兴市、生态建市"的发展战略,加强国家可持续发展实验区、全国生态示范区建设试点市和全省循环经济试点市建设,强化生态环境建设与环境保护,在工业快速发展的同时,保持了"蓝天、碧海、金沙滩"的环境优势,城市空气质量始终保持优良水平,近岸海域水质稳定在国家一类标准,城市生活饮用水达标率保持在100%。

一、抓"小循环",建设生态企业。把培育生态企业作为基础工程来抓,积极引导企业实施清洁生产和污染治理再提高工程,鼓励企业进行ISO14000环境管理体系认证,帮助引进先进技术,改进生产工艺,使污染防治逐步由末端治理为主向生产全过程控制转变。积极推广山东海通丝绸有限公司生产用水全部循环利用、实现废水零排放、年增加直接经济效益上百万元的经验,发展一批生态循环型企业。同时,科学确定产业发展方向,结合培育临港工业,着力引进一批技术含量高的生态循环型项目,并在招商引资工作中实行严格的环境影响评价和"三同时"制度,坚决把那些高消耗、高污染项目拒之门外,为发展循环经济营造微观基础。

二、抓"中循环",建设生态工业园。遵循生态经济、循环经济的原则对工业园区进行建设和改造,以骨干项目为中心,将清洁生产和废物利用融为一体,配套建设产品食物链与废物食物链,将经

济流程由传统的"资源—产品—废物"开环式转变为现代的"资源—产品—再生资源"闭环式,实现废物减量化、无害化和资源化。以日照开发区生态园规划项目列入中欧环境管理合作计划为契机,密切了与欧盟的合作,着力把日照开发区打造成国内外有影响的生态工业园。

三、抓"大循环",建设城市循环经济和生态经济体系。按照《日照市循环经济发展规划》,在建设生态企业和生态工业园区基础上,依靠技术创新和制度创新,将循环经济模式扩展到三次产业、社会消费等经济生活各领域,加快产业生态转型,大力发展生态循环型工业、农业、服务业和再生资源回收利用业,积极倡导绿色消费,努力构筑城市和区域循环经济体系,建立生态循环型社会。目前,传统产业基本实现生态转型,初步建立起了循环经济和生态型主导产业框架。从建设生态城市的需要出发,对城市总体规划进行战略调整,使城市功能区划分更加科学合理、发展目标更加可行。在此基础上,严格遵循城市总体规划、生态市建设规划,大力发展城市生态经济。一方面,以建设绿色工业体系为目标,广泛采用先进技术,促进临港工业的优化升级,并着力培育旅游、体育、房地产、会展等环境友好型产业,促进城市产业向轻重结合、资本与技术密集型转换。另一方面,加大城乡绿化建设力度,以"大绿量、花园式、开放型、生态化"为城市特色,以"城中有园、城在林中、三季有花、四季常青"为绿化格局,广泛开展"绿化美化家园,建设生态城市"活动,逐步使城市建成区绿化覆盖率由2003年的39.70%提高到现在的50%以上,人均占有公共绿地面积由15平方米提高到25平方米以上,达到了国际标准,在更高层次上打造了循环经济与生态环境建设于一体的生态经济体系。

§5.3 充分发挥财政职能作用,支持和促进人与自然和谐发展

人与自然和谐发展是实现可持续发展的基本前提,也是人类社会自然演进过程的客观要求,具有很强的外部性。但随着工业化的深度发展,在利用自然的同时,出现了掠夺式、毁灭式的开发利用现象。经济行为的"负外部性",对人类生存的环境带来极大的损害,也影响人类社会的可持续发展。在市场经济条件下,政府的重要职能之一,就是解决好经济的"负外部性"。

1. 按照"弥补市场"的原则,明确界定财政支持领域。财政支持人与自然和谐发展,要立足于市场机制和企业的主体地位。在此基础上,以弥补市场缺陷为导向,明确界定社会主义市场经济在推动人与自然和谐发展上的市场作用范围以及阶段性特征,有针对性地制定相关财政政策,合理选择相应的财政工具及手段,在尽量不影响市场正常竞争的前提下,主要针对影响人与自然和谐发展的领域,将财政政策重点放在前瞻性产业、边缘性产业和弱势产业及企业组织等方面。在具体实施过程中,不仅要确保财政资金及时足额到位,而且要加强资金监管和绩效考评工作,确保各项财政政策与财政资金的有效性。

2. 调整和优化财政支出结构,不断加大对统筹人与自然和谐发展的支持力度。首先,尽快优化政府投资方向。在财政资金的使用上,生态环境保护、资源节约、可再生能源产业发展等方面的重点项目建设应该得到优先支持,给予必要的倾斜;逐步从应急性、以解决短期问题为主要目的、较为单一的目标选择中淡出,逐步转向以健全经济内生增长长效机制为主兼顾解决短期和中长期发展的政策方向,着力点应该进一步集中在经济和社会发展的重

大问题上。

首先,以战略眼光处理能源开发与利用问题。继续加大节能环保等方面的投入,支持节能减排重点工程、节能减排技术创新和研发、高效节能产品和节能新机制的推广、节能管理能力及污染减排监管体系建设,促进再生能源的市场化生产。完善鼓励节能减排和新能源、可再生能源发展的财税政策,建立健全矿产资源有偿使用机制和资源开发生态补偿机制。

其次,对科技含量较高的生态产业项目和有利于改善生态环境的适用技术予以重点扶持,重点发展太阳能、风能、水电、生物质能、地热、核能等可再生能源产业,尤其是要抓紧推进"风光储、输"一体化试点,充分运用科技进步成果,提升新能源、可再生能源的质量,加快替代化石能源进度,要加大财政对生态工程重点建设项目,如城镇环境基础设施建设、环境质量监控、生态示范村镇建设、农业示范区建设、农业面源污染治理、河道水环境治理等的递增式投入,采取强有力措施加以引导和管理,使其切实见到成效。积极推进可再生能源的建筑应用工程,大力支持风电规模化发展,在做好风能资源评价和规划的基础上,启动大型风电基地的开发建设,建立比较完善的风电产业体系。

再次,加大对农村地区可再生能源产业发展的投入。在大规模水电发展技术不允许、电力匮乏的农村边远山区,要通过财政补贴或者直接投入等方式,推动小水电、光伏发电等的发展。在风力资源丰富的农村地区,要支持探索风力发电的运用模式。加大提高偏远地区供电能力和解决无电人口用电问题的光伏、风光互补、水光互补发电示范项目的投入力度,即使在偏远地区,可再生能源的配合运用、互补运用应是下一步发展的方向。

最后,多渠道筹集资金,重点保障农业生态建设和环境保护等公共服务领域的支出。加大对生态建设和环境保护的投入力度,支持重点生态工程建设,进一步完善退耕还林政策,落实补贴政策,改善退耕农户的生产生活条件,逐步建立起促进生态改善、农民增收和经济发展的长效机制。要进一步加大对中西部地区的转移支付力度,增强中西部地区财政保障能力,帮助中西部地区加强基础设施建设和生态建设。

3. 建立健全生态补偿机制,促进人与自然和谐发展。生态补偿,是指对由于人类的社会经济活动对生态系统造成污染破坏的恢复性治理等一系列补偿活动的总称。生态补偿,一方面,是对因保护环境而丧失发展机会的地区、厂商及公民,以资金、技术、实物以及优惠政策的经济回馈;另一方面,是用规划、立法、市场等手段解决下游地区对上游地区、开发地区对保护地区、受益地区对受损地区、受益阶层对受损阶层的利益补偿。

生态补偿机制是为了控制环境破坏而建立的约束制度,其性质是经济行为的外部成本内部化,是对生态环境价值的反映。生态补偿机制主要包括生态补偿类型、生态补偿方式、生态补偿责任、生态补偿法规、制度、生态补偿政策等。建立生态补偿机制,是解决环境成本外部化问题、构建环境友好型社会的重要途径,是完善政府公共财政体系的客观需要,是落实科学发展观、统筹人与自然和谐发展的具体实践。前期可在流经省城较少的河流,如新安江,试点补偿机制,进而在全国推进,以进一步明确责任,实施激励与惩罚并重的生态保护制度。

建立生态补偿机制要遵循经济原则,按照公平、公正的原则,以谁污染谁赔偿、谁受益谁补偿的规则,在现行生态补偿收费制度的基础上,进一步完善排污收费制度,逐步扩大排污收费的范围,将各种污染源纳入收费范围内,并逐步提高排污收费标准,加快建立生态补偿机制。要建立健全生态补偿机制的激励政策。鼓励社会、民间资本投入生态环境保护与治理领域,降低门槛,打破行业垄断,放开环保基础设施的市场准入;培育环境要素市场,尽快建立区域内污染物排放指标有偿分配机制,逐步推行政府管制下的排污权交易。要建立健全环境保护优惠信贷和捐款机制,充分调动社会各方面的积极性,包括利用商业银行贷款和社会捐款。吸引社会资金投资生态环境,积极利用国债资金、开发性贷款,以及国际组织和外国政府贷款或赠款,形成多元化的融资体制。

逐步建立健全生态补偿指标考核体系,包括补偿依据、补偿要素、补偿范围、补偿标准、补偿支付模式等。尽快制定自然资源和生态环境价值的量化评价方法,研究资源耗减、环境损失的估价方法和单位产值的能源消耗、资源消耗、"三废"排放总量等统计指标,使生态补偿机制的经济性进一步得到显现。

4. 完善政府绿色采购制度,促进节能减排政策的落实。保护环境的法规落实情况与多种因素有关,但在公众意识尤其是法人意识不强的情况下,还需要采取必要的手段促使他们执行国家的环境法规和政策,政府采购就是必要手段之一。在符合 WTO 规则框架下,要充分发挥政府采购的导向作用。政府绿色采购,就是通过政府庞大的采购力量,优先购买对环境影响较小的绿色产品,加大对节能产品、资源节约和再利用产品的采购。

2006 年 11 月,国家环保总局和财政部联合发布了《环境标志产品政府采购实施意见》和首批《环境标志产品政府采购清单》,对政府绿色采购的范围、绿色采购产品清单、工作程序以及具体管理办法和时间表提出了明确要求,为中国在实践中大力推行政府绿色采购提供了重要的制度和政策保障,标志着我国政府绿色采购制度的正式实施。以2008年为例,全国节能、节水产品政府采购金额131.9亿元,比2007年增长21.9%,占同类产品采购金额的64%;环保产品采购金额171.2亿元,占同类产品采购金额的69%,绿色采购的实施取得了明显成效。但从目前来看,我国政府绿色采购在政府采购总额中所占的比重仍然较小,存在巨大的发展空间。

第一,完善政府绿色采购的相关法律法规,重点是完善《政府采购法》,修订相应的条款,将不明确的条款进行具体化阐释,同时明确各利益相关方在促进政府绿色采购方面的责任和义务,在诸如选择供应商、选择节能环保产品的问题上制定具体办法,从生产、购买、消费等环节上进一步规范绿色采购行为,为推行政府绿色采购提供强有力的法制保障。

第二,建立绿色采购标准制度,完善绿色清单的动态调整机制和公示制度。由于绿色采购清单不可能全面覆盖所有的环保产品,无法全方位地考虑政府其他政策目标的实现,可以考虑建立绿色采购标准制度,由政府给采购者提供标准而非特定的产品,从技术标准更全面地考察企业和产品,确实遵循绿色采购清单进行政府采购。但由于环保产业发展的不完善,节能环保产品的认证制度仍处于初步建立阶段,在目前的政府绿色采购具体实施过程中,没有规定应该依据什么标准采购环保、节能产品,各种环保清单和标志相互重叠,难以进行清楚的划分,要建立科学化、精细化的节能环保产品认证机制和产品分级机制,对绿色清单实施动态管理,及时更新最新的绿色采购产品信息和技术信息,根据需要不断扩大清单范围,以帮助采购者进行及时有效的选择。同时应建立涵盖政府采购信息、采购程序、招投标结果、监督结果、质疑投诉结果在内的政府绿色采购信息披露制度,确实起到保护先进和淘汰落后的作用。

第三,完善政府绿色采购监督机制和执行机制。由于政府采购具有成本外部化、效益内部化的特点,为了保证有关部门和单位在采购过程中确实考虑了环境保护的需要,政府需要完善配套的监督机制对其加强管理,明确相应的法律责任,从体制、手段、范围、力度等方面加强建设,例如设立专门的监督机构,公布政府绿色采购的实际执行情况,建立人大和公众等对政府绿色采购的监督机制,借助社会舆论加强宣传和监督等。同时,要进一步完善政府采购的执行机制,探索建立对政府绿色采购的绩效考评制度,制定强化购买政策来推动绿色采购发展,对按照政府绿色采购清单、标准进行采购的单位给予鼓励,对违反政府绿色采购法规的单位给予相应的处理等,以保证政府绿色采购目标的实现。在政府绿色采购过程中,财政部门、审计部门、监察部门及有关单位均应加强预算管理的监督检查,完善政府绿色采购的监督机制。

5. 完善生态税费政策,支持人与自然和谐发展。税收作为财政调控手段,在控制环境污染、促进生态建设方面具有重要作用。目前,我国没有以环境保护为宗旨的独立税种,只是在部分税种中有一些优惠政策,对资源的综合利用给予减免税优惠,不适合人与自然和谐发展的需要,亟须进一步调整与完善。尽快建立健全生态税收政策,实行绿色税收,加大税收调节力度,支持生态环境保护,健全和完善长效节能机制,促进人与自然和谐有序发展。例如,允许节能设备增值税进项抵扣,择机出台资源税改革方案,研究开征环境税等。

§5.4　明确地方政府在环境保护中的角色定位

由于信息不对称,从管理效率角度看,环境保护的重任应交给地方政府,所以地方政府在环保中的角色应定位为"环境保护责任主体"。其包含以下两层含义:第一,地方政府在环保中覆盖的面应当尽可能广,凡是地方政府能胜任的环保项目都让地方政府去具体实施,中央政府只提供经费和技术上的支持;第二,地方政府在环境保护中处于十分重要的地位,因此要建立健全调动地方政府进行环境保护的体制和机制。具体来说,要重点做好以下工作:一是进一步加强宣传教育工作,增加对地方政府主要负责人及相关部门工作人员的培训,强化树立科学发展理念,改变传统的政绩观念;二是进一步理顺财政关系,扩大地方政府的财政来源,实现财权财力与事权的合理配置;三是设立专门的环保基金,地方政府可以通过申请项目的方式来获得环保所需要的资金,激励调动地方政府实施生态环境建设与保护的积极性;四是规范政府的执政行为,加强监督,严厉打击寻租行为;五是中央政府从环境保护项目的具体实施中退位出来让给地方政府,中央政府主要集中精力对环境的监控以及对地方政府在环保中的业绩进行评价和奖惩。

§5.5　把统筹人与自然和谐发展纳入法制轨道

深入分析,我国的资源环境方面的现实问题,很大程度上是因为管理不善、监督不力造成的。因此,要改善资源环境状况,进一步强化资源环境的监督管理至关重要。当前和今后一个时期,我们要按照经济规律和生态规律,以行政、经济、技术、法律和教育手段,对各种经济社会活动加以调节,协调发展与资源环境之间的关系。其中,法律手段由于拥有国家强制力作保障,因此具有特殊的重要性,一定要抓紧抓好。

要根据形势需要,进一步完善有关资源与环境方面的法律法规体系,在严格执行已颁布的法律法规的基础上,继续加强资源环境方面的立法及有关法律法规的修订工作,真正做到有法可依。在资源环境立法和现有法律法规修订工作中,要进一步强化对资源环境违法行为的惩处力度,更加明确对相关责任人员的刑事、行政、经济责任追究,明确追究刑事责任的标准、程序。要认真研究解决违法成本低、守法成本高的问题,依法严肃查处破坏资源和环境的行为。各级人大及其党委会要进一步加强对人口资源环境工作的执法监督检查,行政、司法部门要加大对人口资源环境犯罪案件的查处力度,全面推进行政管理部门的依法行政。要增强服务意识,规范民主决策程序,为社会公众参与和监督统筹人与自然和谐发展创造条件,提供平台。

相关链接:加快生态省建设,统筹人与自然和谐发展

安徽省的产业格局主要以资源为依托,由于多年来对自然资源的超强度开发和低水平利用,经济社会发展面临资源危机、产业结构单一、产品结构不合理等突出问题。2003 年,省十届人大一次会议政府工作报告中明确提出"建设生态安徽,规划和推进生态省建设",将建设生态省正式列入安徽省可持续发展战略议程。2003 年 9 月 22 日,国家环保总局同意将安徽省列为全国生态省建设试点,从而使安徽成为中西部第一个生态建设试点省。

2004 年,安徽省人大常委会第七次会议审议并通过了《安徽生态省建设总体规划纲要》。安徽生态省建设的指导思想是:坚持以人为本,以人与自然和谐发展为主线,以经济发展为核心,以循环经济理论为指导,以提高人民群众生活质量为根本出发点,以科技进步和体制创新为突破口,全面推进经济社会与人口、资源和生态环境的协调发展,不断提高综合省力和竞争力,促进全面建设小康社会目标的顺利实现。基本原则是:坚持生态省建设与全面建设小康社会的统一;坚持正确处理资源开发与环境保护的关系,实现生态省建设与经济社会发展的"双赢";坚持以生态省建设作为实施"四大战略"的纽带;坚持政府引导,充分发挥市场机制在生态省建设中的作用。整个生态省建设分为三个阶段:起步阶段(2003—2007 年);全面建设阶段(2008—2015 年);提高调整阶段(2016—2020 年)。

根据安徽省省情,生态省建设主要包括以下五方面内容:发展生态经济、生态建设、环境保护和污染治理、可持续发展能力建设、培育生态文化。安徽生态省建设的目标是:自然资源得到合理利用与保护,资源利用效率显著提高,"生态资产"不断增值,以生态经济为主体的高效经济体系基本形成;物质文明、政治文明、精神文明和生态文明建设不断加强,人均国民生产总值和收入高于全国平均水平;环境污染得到根本控制,环境质量显著改善。生态省建设,是跨越传统管理体制走向系统决策、跨越传统工业发展的产品经济阶段走向服务经济、跨越传统城市建设的物理增长阶段走向功能生长、跨越传统环境保护的末端治理阶段走向综合管理、跨越传统生活物质导向阶段走向生态文明的系统工程。

根据《安徽生态省建设评价指标体系》确定的三方面二十六

项指标进行评价,以 2002 年为基期,到 2007 年,生态省建设总体实现第一阶段(2003—2007 年)目标的程度为 84.3%。其中,资源与环境保护子系统实现生态省建设第一阶段目标的程度最高为 89.2%,社会进步子系统最低为 77.8%,经济发展子系统为 85%。生态省建设和谐度目标任务超额完成,生态省建设总体和谐度为 77.2%。绝大多数评价指标均实现第一阶段建设目标。

自 2004 年以来,全省利用生态省建设引导资金共支持 43 个试点市、县(区),生态建设示范类项目 500 多个,资金约 4000 万元,取得了显著的社会效果和经济成效。截至 2008 年年底,安徽省已有 23 个乡镇获得"全国环境优美乡镇"称号,创建了 81 个省级环境优美乡镇,1 个国家级生态村,215 个省级生态村,2000 户生态示范户。以黄山市为例,有 4 个区县被列为"国家级生态示范区",有世界文化与自然遗产黄山,世界文化遗产西递、宏村,这些优秀的文化生态旅游资源带来了巨大的经济效益。

§6　统筹国内发展与对外开放,以开放促改革、促发展

未来一个较长时期内,我国将处于良好的发展机遇期,这是一个基本的判断。国际形势将在较长时间处于以和平发展为主的态势。当前,国际格局发生了重大变化,经济全球化步伐加快,世界政治格局也出现了多极化发展趋势。这既是中国国际影响力和国际地位提升的现实背景,也是今后中国可持续发展将长期面临的外部环境。经济全球化既有利于中国从世界范围内获取资源、较快发展,又使中国面临更多的国际政治经济风险。在全球化背景下,中国经济发展的总体思路是在开放中谋求发展,在开放中防范

和化解风险,以稳定、协调、快速的发展为全球经济增长做贡献。

统筹国内发展与对外开放,就是要以宽阔的视野,坚持开放的发展观,立足于经济全球化,在我国全面提高对外开放水平的背景下谋求新突破,从全球战略出发,把国内发展与对外开放作为一个整体,统筹设计政策,以市场经济原则、制度具体措施,以国内发展改革应对国际政治经济环境变化,以扩大对外开放自觉服务于国内发展与改革,从而实现内外发展的协调互动。

总的来看,统筹国内发展与对外开放,应坚持"四个兼顾"原则:一是兼顾国内国际两个市场。正确处理国内发展和国际环境的关系,既利用好外部有利条件,又发挥好我国自身优势,利用国际国内两个市场、两种资源,把扩大内需与扩大外需、利用内资与利用外资结合起来,在发展外向型经济与扩大内需的平衡中实现国民经济的持续发展。二是兼顾国内结构调整与国际产业转移。在接受发达国家制造业转移的同时,主动承接其信息产业、现代服务业等知识和技术结合型产业的转移;在充分发挥我国劳动力资源的比较优势、扩大劳动密集型产品出口的同时,大力引进和消化国外先进技术,带动产业结构的调整和升级。三是兼顾"引进来"与"走出去"。一方面,通过积极吸引外商投资,引进国外先进技术、设备和现代化管理经验,并加以消化和吸收;另一方面,鼓励国内有条件的企业到海外市场投资,扩大海外市场占有率,提升中国的国际品牌。四是兼顾扩大对外开放与保障国家经济安全。建立产业预警和保护机制,完善重要资源的战略储备,研究开放条件下国家经济安全的应对策略和机制,增强国家抵御外部冲击和风险的能力。

§6.1　坚持扩大内需,增强经济内生发展动力

回顾世界经济发展和大国崛起的过程,都存在国内消费扩张与结构不断升级的同步现象。中国是一个发展中大国,扩大内需始终是经济发展的基本立足点。同时,我们也必须看到,加快国内发展也始终是对外开放的坚实基础。坚持扩大内需的战略,培育和拓展多层次和多样化的需求,需要解决好以下两方面问题:一方面是解决消费率偏低问题,重点是解决农村消费能力低的问题。要加快调整收入分配制度,实现向低收入者倾斜,向按劳动报酬倾斜,加大积极调控力度,拓展调控领域,千方百计提高居民收入水平,增加其购买力,完善流通体系和产品售后服务体系,为居民消费能力和消费水平的提高创造良好的外部条件。另一方面是推动消费结构升级问题。要不断完善消费政策,通过政府补贴消费等措施,推动新产品开发与节能减排产品的推广应用。通过各种消费优惠措施,推动产业进步与科技创新。应大力培育住房、汽车、旅游、信息、教育等新的消费增长点,实现消费结构的优化升级。

§6.2　调整对外贸易政策,促进国际收支平衡

传统的粗放型"大进大出"外贸增长模式,必然导致片面追求速度和数量扩展,忽视质量、效益的提高和结构的优化,导致一些高污染、高消耗的低端行业过度扩张,也在一定程度上加剧了中国与其他国家的经济贸易摩擦,同时影响了国民经济结构的优化升级。因此,加快对外贸易增长方式的转变,是中国实现对外经济全面协调可持续发展的迫切要求。

1. 调整贸易政策,由"奖出限入"转向"中性"的均衡增长。立足均衡增长的基本需要,在继续支持出口的同时鼓励扩大进口,

重点鼓励我国相对紧缺的石油、天然气、铁矿石等资源性产品和先进技术、设备等的进口，保证能源资源等战略物资的供给安全，促进国内企业和整个国民经济的技术改造、升级。

2. 优化进出口商品结构，推动外贸增长从数量扩张型向质量效益型转变。从进口方面讲，增加对我国逆差较大的国家和地区的进口，特别是鼓励先进技术设备和国内短缺资源的进口。从出口方面讲，要采取措施增加自主知识产权和高附加值产品的出口，控制资源性产品和高污染、高能耗产品出口，稳步扩大服务贸易领域的对外开放。

3. 促进出口市场多元化。发达国家和地区市场仍将是我国未来一段时间内的主要出口市场，但也要注意市场方向、商品结构与区域均衡性。同时，要注重开拓发展中国家市场，尤其是新兴大国和经济体。发展中国家中那些经济发展较快、贸易环境相对稳定、市场潜力巨大或具有战略前景的市场，应是今后特别关注和加大开拓力度的市场，也是国家政策应重点支持的市场。一些暂时还不成熟的市场也存在诸多机会。总体而言，扩大欧美市场，巩固东亚新兴市场，发掘周边不发达国家的潜在市场，应是基本的外贸战略取向。

4. 加强国际政治经济与市场形势的研究。要认真总结改革开放以来，我国以市场换技术的经验教训，有礼有节、有理有据地争取高新技术及产品的平等贸易政策，充分利用世贸组织规则与机制，打破进口国特别是发达国家的技术性贸易壁垒和绿色贸易壁垒，妥善应对各种贸易摩擦和贸易纷争，完善公平贸易政策，充分运用反倾销、反补贴、保障措施等公平贸易手段，维护国家利益和国内企业合法权益。一个不可忽视的因素，就是要深化改革，加快健全市场经济体制,这也是我国贸易增长方式转变与争取外贸主动权的一个重要因素。

§6.3　增强效益意识,不断提高利用外资的质量

改革开放以来,我国利用外资的战略与政策设计取得了辉煌成就,但随着国内外形势的变化,也要与时俱进地总结经验,反思存在的问题,进一步完善利用外资政策体系。

1. 利用外资要更加注重提高质量和优化结构,重点放在引进先进技术、先进管理和海外智力上,引导跨国公司把更多高端制造、研发环节转移到中国,有计划、有步骤、有政策、有措施地将跨国公司的研发力量融入我国的自主创新体系。鼓励跨国公司在我国设立地区总部、采购中心、物流中心、营运中心。

2. 淡化引资数量,注重引资效益。我国已步出资金短缺的时代,无论是流动性总量还是国内存款都稳居全球第一的水平。因此,注重外资结构与质量的问题,是我们的必然选择。当前的外资引进应符合工业化、产业升级和提高技术水平的战略要求,优先考虑先进技术和管理手段的引进,严格限制投机性和低技术资本流入。要把保护环境和资源的有效利用作为利用外资的先决条件,切实提高自然资源的综合利用率。

3. 外资的运用要融入我国的产业结构优化升级。重点鼓励外资投向现代农业、高新技术产业、基础工业、基础设施、环保产业和出口创汇型产业。在制造业继续吸引外资投向高技术含量、高附加值等制造环节的同时,更多地吸引外资向农业和服务业投资。适度扩大第三产业对外资开放的水平,尤其是金融、保险、铁路和航空运输、医疗、教育、旅游、会计、科学研究和综合技术服务等

方面。

4. 实施利用外资多元化战略,多渠道多方式吸引外商投资。积极采取国际通行的外商投资方式,继续进行外商投资股份有限公司、外商投资特许权项目,以及利用项目运营权或收益权对外引资的试点,抓紧制定和完善相应的法规。继续发展加工贸易和补偿贸易,鼓励外资企业生产上档次、增加科技成分与含量。

5. 优化外资布局。调整外商直接投资过分集中在沿海地区的分布格局,加大中西部地区吸引外资的力度,制定和完善鼓励外商投资中西部和参与东北地区老工业基地振兴的政策措施。

§6.4 改革和完善外汇管理体制

我国外汇管理体制的风险长期存在,已经明显不适应当前发展需要和国际经济政治环境。立足解决当前国际关注的汇率问题,服务国内经济发展需要,应加快外汇管理体制改革步伐。

1. 完善经常项目外汇管理。放宽企业保留外汇的限制,加强非贸易售付汇管理,支持和推动国际贸易往来。大力推进进出口核销制度改革,分步实施服务贸易外汇管理改革,出台统一的服务贸易外汇管理法规,创新贸易外汇管理方式。

2. 加强"强制结售汇制"向"自愿结售汇制"转变的步子。适应国内发展与对外开放的新形势,要便利企业和个人的合法经济活动,稳步实行"藏汇于企"、"藏汇于民",分解外汇过度集中于政府的宏观汇率风险。

3. 完善汇率形成机制。当前人民币汇率已经由传统的单一盯住美元转向盯住一揽子货币,汇率浮动幅度空间有所扩展,具备了一定的基础条件。今后,国家应继续按照主动性、可控性和渐进性原则完善人民币汇率形成机制,进一步发挥市场供求在人民币汇率形成中的基础性作用,增强人民币汇率弹性。

4. 稳步推进人民币资本项目可兑换。实现人民币资本项目下可自由兑换,是扩大对外开放深度、更大程度参与国际经济活动的客观要求。在此过程中,国家应加强资金流入和流出管理,加大跨境资金流动的外汇检查力度,完善外汇资本流动监测预警体系,防范国际投机资本对国家正常经济秩序的冲击,抑制非法国际投机行为。

§6.5　积极实施"走出去"战略

按照市场导向和企业自主决策原则,引导各类企业有序到境外投资合作。从投资领域来看,一方面先从中国优势产业领域的对外直接投资起步,积极发展食品、纺织、冶炼、电子、化工、医药等国内已经比较成熟产业的对外投资,并带动国内相关设备、劳务和技术的出口。另一方面,要特别重视对国外资源、能源领域的投资,与外国企业合作开发包括石油、矿产、森林等国际资源性产品,弥补国内资源缺口。从投资形式来看,合资、合作或独资等多种形式均可以用以发展海外直接投资。对外投资初期可以先采取合资方式,通过与当地合资方的合作减少最初进入市场的阻力,尽快融入当地市场,积累市场经验。当对外投资规模成长到一定程度后,可采取独资的形式,提高企业经营的独立性与自主性。从投资区域来看,要促进对外直接投资市场的多元化。一般而言,大型企业应侧重在发达国家进行投资,有利于绕开各种关税和非关税贸易壁垒;而经营灵活的中小企业更适宜对发展中国家投资,以便利用其丰富的自然资源和对技术水平要求相对较低的限制。

支持企业"走出去",形成更大规模的跨国公司,需要我国政府在体制、机制、政策等方面综合采取措施,充分发挥我国的政治优势与组织效率优势,突出改进重点,实实在在为企业提供政治保护、人身安全、经济服务(包括金融和融资服务)、放松资本管制、信息供给、投资(战略)指导、改革人才管理、简化手续(境外投资项目核准备案管理)、出行便利、法律保障、避免双重征税等服务,为我国企业开拓国际市场创造更为有利的条件。

§6.6 主动签署双边与多边自由贸易协定,深度参与全球治理

自由贸易协定是促进全球及区域性经济增长和贸易增长的重要制度性安排。目前,我国已经与东盟建立了区域性自由贸易区,下一步需要主动扩大和推动双边与多边自由贸易,特别是要加快与欧盟、北美、日本、韩国等4大重要贸易伙伴优先签订自由贸易协定,力争在2015年之前,与涵盖中国3/4贸易额的主要贸易体建立自由贸易区。此外,中国不仅要全面参与世界经济,更要深度参与全球治理。要加大参与国际组织的力度,积极参与国际经济贸易规则的订立、修订和完善进程,努力争取使之更加符合我国的发展利益,增强中国在国际事务中的话语权和游戏规则的制订权。

相关链接:统筹国内发展与对外开放——放大青岛的优势和潜力

统筹国内发展和对外开放,是科学发展观的重要内容。统筹国内发展和对外开放的实质,就是要用全球战略眼光来考虑我国长远发展问题,抓住战略机遇期,在对外开放中求发展,在不断发

展中扩大开放,充分利用两个市场、两种资源,拓展经济发展空间,推动经济社会和人的全面发展。

青岛市是中国对外开放经济发展最重要的城市之一。近年来,随着经济全球化和中国加入WTO,开放经济成为拉动全市经济发展的主要动力。2003年以来,全市上下坚持以科学发展观为指导,将经济国际化作为全市发展的重要战略,进一步统筹对内发展与对外开放,坚持以开放促改革、促调整、促发展,一个充满活力、富有效率、更加开放的青岛呈现在世人面前。

一、国内经济合作——青岛成为内资大项目投资"热土"

近年来,青岛市进一步加大统筹对外开放和国内合作交流的力度,国内经贸合作与交流不断加强,国内经济合作呈现出全方位、宽领域、多层次的合作新格局。青岛如同一棵枝繁叶茂的"梧桐树",吸引着国内越来越多的"金凤凰"前来投资发展。

【案例】薄薄的特种墙板、低温热水地板辐射采暖、塑料中空玻璃窗、分户入户门采用隔音保温防盗一体门,单元入户门则采用能自动关闭的保温单元对讲门……精致的建筑细节和小区里随处可见的浓浓绿色,让居住在华阳慧谷小区里的人们每天都可享受到绿色环保建筑带来的愉悦。

华阳慧谷小区是莱钢集团2003年进驻青岛之后开发的首个项目,也是青岛市第一个钢结构绿色节能住宅小区,同时也是山东省第一个节能65%的示范小区。莱钢集团的进驻不仅让岛城市民享受到了绿色钢结构和环保节能住宅的愉悦,还有力地推动着青岛市产业结构的调整、优化和升级。

【解读】近年来,中船重工、中海油、中石油、中石化、莱钢建设等国内500强企业成为在青投资内资大项目的"领头羊";在金融方面,深圳发展银行、上海浦东发展银行、华夏银行、恒丰银行等纷纷入驻岛城,为市重点项目提供了强大的资金保障和服务;在商贸方面,国美电器、苏宁电器、江苏五星电器、阳光百货、大中电器、美特好等国内知名商贸企业也纷纷抢占商机,使青岛处处洋溢着现代商业城市的浓郁气息。

二、对外开放——搭就"全方位、宽领域、多层次"开放格局

近年来,青岛充分发挥沿海开放城市的自身优势,把扩大对外开放作为青岛最大的优势和加快发展的最大潜力,坚持"引进来"与"走出去",更好地利用国内国外两个市场、两种资源,全方位、宽领域、多层次推进对外开放,全市经济活力和产业竞争力进一步增强。

【案例】如果你是一名外地人,走在青岛市南区的香港中路上,你会发现这座城市也许似曾相识。它透着纽约、伦敦、香港、东京的味道,临街矗立的银行、保险公司的分支机构、营业网点,让你感觉到这条路似乎并不是一条城市的街道,而是一条黄金街。在西起海天大酒店,东至丽晶大酒店的香港路区域内,已经汇集了近80多家金融机构及经营网点,占全市金融机构的98%,形成了青岛国际金融中心、丰合广场、招银大厦和光大国际金融中心等多座金融业聚集明显的写字楼群。在这条金融街上,市民不仅自主地选择银行进行存钱、取钱等常规的银行业务,还可以见识到琳琅满目的各种金融产品,享受到网上银行、电话银行、ATM、自助银行等外资银行提供的更具人性化的金融服务……"金融街"的诞生是我市扩大对外开放加快引进利用外资的结果。

【解读】近年来,青岛抓住国际产业资本转移的机遇,利用外资结构不断优化,利用外资质量不断提高,外资利用实现了三个转

变:一是增长方式由数量增长向质量增长转变。近年来,青岛吸引外资更加注重"务实",引资增长方式由过去的注重追求项目数量,转变为注重项目后期的跟踪服务,出资速度明显加快,出资质量明显提高。二是产业结构由二产主导向三产主导转变。近年来,随着青岛市制造业引资结构不断优化和完善,以制造业为主的二产吸引外资呈逐年减小趋势,而以现代服务业为代表的三产引资却呈现出加速发展、比重提高的喜人局面,涵盖金融保险、会计事务、贸易经纪、专业咨询、商业分销、码头物流、物业管理等领域的外商投资服务业增速迅猛成为利用外资新的增长点。三是市场重心由传统市场向新兴市场转变。近年来,韩国、日本制造业基地转移带来的低端外资项目逐渐减少,而北美洲、欧洲、拉丁美洲、非洲、大洋洲的国家和地区纷纷看好青岛的经济发展和投资环境,使青岛市吸引外资的市场战略发生了重大转变,引资重心正加速由传统市场向新兴市场和高端市场转移。

三、对外贸易——跃上新"台阶"

【案例】坐落在胶南市隐珠镇的青岛泰发集团是一个从过去生产铁锨、镰刀的农具修配厂而发展起来的大型民营企业。目前,集团主要生产 1400 多个规格型号的各种手推车和 700 多个型号的轮胎、脚轮。

近年来,通过大力实施市场多元化和国际化战略,集团生产的手推车产品已经销往美国、日本、英国、法国、马来西亚等 110 多个国家和地区,先后与沃尔玛、麦德龙、家乐福、西尔斯等 10 多家世界 500 强企业建立了稳固的贸易合作关系,实现了由中间商、代理商向直销商、用户的转移,大大缩短了产品的市场流程,减少了中间环节,提高了经济效益。2006 年,泰发集团完成销售收入 48.7

亿元,实现利税 1.67 亿元,出口创汇 1.29 亿美元,泰发集团将成为全国最大的巨型轮胎出口基地。

【解读】近年来,青岛市通过深入推进科技兴贸战略,积极推行市场多元化战略,加快转变对外贸易增长方式,青岛企业参与国际分工的层次和竞争力大大增强,外贸出口保持平衡、协调、快速发展良好势头,有力地推进了全市经济又好又快发展,加快了青岛建设现代化国际城市的进程。

民营企业成为拉动外贸增长的生力军。在市场经济的浪潮中,像泰发、金王、源丰、良木、欧美进出口等一批民营出口企业快速进入国际市场,内外贸并重,取得了企业效益和规模的双增长,这是近年来在对外贸易方面呈现出的一个新变化。

目前,青岛市与 210 个国家和地区建立了贸易关系,出口主要集中于美国、欧盟、日本、韩国、香港等五大传统市场。同时,贸易结构日趋优化,机电、高新技术产品不断提高,机电产品、高新技术产品出口占全市的比重以每年 1—2 个百分点的速度稳步提高,对外贸易对全市经济社会发展的贡献度不断提高。

四、"走出去"——迈出铿锵步伐

【案例】2006 年 11 月 26 日,我国首个境外经贸合作区巴基斯坦海尔—鲁巴经济区正式揭牌,青岛因此成为 15 个副省级城市中唯一获准境外合作园区的城市。

海尔—鲁巴经济区规划面积 1 平方公里,包括大小家电、配套产业、原材料、成品物流、生活区等 6 大区域。海尔—鲁巴经济区投产后,每年为当地创造了约 5000 万美元税收,产品除了在巴基斯坦本国销售之外,还带动了向南亚、西亚和海湾地区的出口。海尔—鲁巴经济区的建立,标志着青岛市外向型经济发展在"引进来"和"走出去"相结合的战略中,走在了全国同类城市前列。

【解读】随着经济全球化的进一步深化,"走出去"战略已成为青岛适应新形势扩大对外开放的必然选择。近年来,青岛加快"走出去"步伐,对外经济合作发展迅速,对外投资和跨国经营的企业日渐增多。企业在拓展海外市场走向国际化、在更广阔的背景下利用国内外两种资源和两个市场方面不断取得新进展,催生了"青建海外"、海尔"真诚到永远"、"环太劳务"等知名品牌,对外工程承包、对外劳务合作和境外投资多位一体的"走出去"格局粗具雏形。

"走出去"呈现多元化发展趋势:一是市场日趋多元化,境外投资业务已扩展到近50个国家和地区。二是投资方式由窗口贸易公司为主延伸到生产经营领域,在境外从事生产加工、当地销售已逐步成为境外投资的主流。三是对外劳务合作业务由建筑工程劳务为主逐渐向多领域扩展。

另外,全市软件和农业"走出去"战略也实现了突破,青岛软件园发展有限公司成为高新技术企业境外设立研发平台的排头兵;青岛菜源春蔬菜种植有限公司在瑞典投资种植蔬菜,迈出了青岛农业加工企业"走出去"的第一步。

五、会展经济——外向型经济新亮点

【案例】美国的英特尔、德州仪器,日本的索尼、夏普、先锋、东芝、爱普生、日立、索爱等世界著名500强企业济济一堂,沃尔玛、家乐福、麦德龙、嘉士达广利洋行、欧倍德等全球连锁巨头也悉数到场。人们游走其间,仿佛置身于一个全球最新最全的电子消费产品的"大观园"之中……

这样一幕场景出现在中国国际消费电子博览会(简称

SINOCES)上。每年一届的 SINOCES 是青岛市成功培育出来的一个世界知名的品牌展会,这一展会的参会范围覆盖了全球消费电子的制造商、进出口商、行业标准商会、批发商、连锁商以及研发机构,实现了全球消费电子产业链的空前聚会,同时极大拓展了青岛对外经贸交流与合作平台。

【解读】近年来,青岛市"会展经济"发展迅猛,逐步成为青岛经济发展的一支重要拉动力量,成为打造青岛对外开放的一个新亮点。尤其是近两年,青岛会展经济可谓好戏连台,APEC 技展会、消费电子博览会、亚洲合作对话外长会议等国际性"重量级"会展接踵而至,有力地拉动了旅游、餐饮等服务业的快速发展,带来了可观的经济效益。据统计,2006 年,仅第 4 届 APEC 中小企业技展会、中国国际消费电子博览会、中日韩产业交流会和第 26 届全国摩托车及配件交易会等 4 个展会,就增加直接经济收益 7.46 亿元,财政税收达到 4095 万元。这些展会在直接拉动经济发展的同时,也极大地提升了青岛在世界的知名度,为青岛的大开放格局添上浓重的一笔。

对外开放给青岛注入了强大活力,有力推动了经济社会发展,外向型经济已成为拉动青岛市经济可持续发展的引擎。借助对外开放这一强力"引擎",青岛的经济国际化程度日益提高。目前,青岛实际利用外资占全社会固定资产投资比例已超过 45%,这近"半壁江山"的外资投入,不仅为青岛的经济发展和城市建设提供了新鲜"血液",而且为全市经济结构调整和国际化战略的推进贡献了力量。另外,对外开放也为青岛市的财政收入和社会就业作出了贡献。据统计,近年来,青岛市涉外税收占全市税收总额的比重均在 20% 以上。目前市内外商投资企业的职工人数已占全市城镇从业人数的 45% 以上。

§7　创新体制机制,为贯彻落实
科学发展观提供制度保障

以马克思主义的基本原理进行分析,科学的发展观念与符合经济发展规律和市场经济原则的体制机制,是相辅相成的。一方面,没有科学的发展观,就难以建立健全适应其发展的体制机制;另一方面,没有科学的体制机制设计与创新,就无法保证科学发展落到实处。当前,我国发展不科学的种种表现,其深层原因,基本是体制机制问题。解决体制机制障碍,是推动科学发展的根本要求。只有从体制机制上不断创新,加快完善市场机制,健全法律法规,形成有利于科学发展的长效机制,才能真正保证科学发展观的贯彻落实,真正实现全面、协调、可持续发展。因此,抓紧深化体制改革,创新体制机制是实现科学发展的必然要求。深入贯彻落实科学发展观,必须坚持求真务实、改革创新,加快建构充满活力、富有效率、更加开放、有利于科学发展的体制机制。

§7.1　完善基本经济制度,深化国有企业改革

贯彻落实科学发展观,加快改革开放步伐,要始终坚持和完善以公有制为主体、多种所有制经济共同发展的基本经济制度。要坚定不移地巩固和发展公有制经济,毫不动摇地鼓励、支持和引导非公有制经济发展,形成各种所有制经济平等竞争、相互促进、共同发展的新格局。

一方面,继续推进国有经济调整和国有企业改革,提高国有经

济的带动力、影响力和控制力,提升国有企业的科技开发能力、市场竞争能力和抵御风险能力。一是推进国有经济布局和结构的调整。完善国有资本有进有退、合理流动的机制,明确国有经济布局和调整的目标、原则、重点和方向。二是尽快完善国有资本金预算制度。对国有企业利润征收国有资本金收益,从理论上讲是公有制的基本作用与功能表现;从法理上讲是所有者权益体现。三是逐步打破行政性垄断。除部分关系国家安全的关键领域外,在法规制度上解除市场准入限制,全面放开竞争性领域的市场准入,特别是要消除所有制方面的歧视。四是加强自然垄断行业监管。加快对主管交通、能源、基础设施等政府部门的机构调整,强化基础产业和重要行业的统筹协调发展能力。鉴于国有垄断行业的发展情况,应成立独立的反垄断监管机构,以适应市场经济机制作用和全球化市场的需要。五是继续推进国有企业战略性重组。通过资产重组、联合及并购等手段,做强做大国有企业,着力培养一批具有自主知识产权、知名品牌和国际竞争力的大公司、大企业集团。六是加快国有企业股份制改造步伐。建立和完善现代企业制度,完善公司法人治理结构,深化企业内部劳动、人事、分配三项制度改革,确立符合国际惯例和市场经济原则的国有资产管理规则和经营责任制。深化国有企业改革,打造合格的市场主体,硬化对国有企业的预算约束,使国有企业成为真正的企业,激发国有企业追求科技创新、产业升级的内在动力,从而发挥起科学发展的主导作用。

另一方面,继续鼓励、支持和引导非公有制经济发展。一是保护非公有制经济的合法权益,保护合法私有财产和物权,推进市场公平准入,为非公有制经济发展营造良好的法律和社会氛围。二是在前述产业政策完善与产业放开的基础上,抓紧改善非公有制经济的融资条件,破除体制障碍,建立健全创业投资机制,发展中小企业信用担保体系,解决其融资困难问题,为各种所有制企业打造公平竞争的市场环境。三是推进集体企业改革,发展多种形式的集体经济、合作经济;促进个体、私营经济和中小企业发展;以现代产权制度为基础,发展混合所有制经济。

§7.2　发展各类生产要素市场,完善价格形成机制

发展各类生产要素市场,打破要素价格"双轨制",加快建立能够反映要素市场供求关系、资源稀缺程度、环境损害成本的价格形成机制。这是当前深化体制改革、加快科学发展的紧迫任务。

1. 建立城乡统一的劳动力市场。我国劳动力基数大,但劳动力的跨区域自由流动面临较大的限制和阻碍,因此需要在改革城乡行政分割的户籍制度的同时,加快形成城乡统一、自由流动的劳动力市场。在当前我国人口红利阶段,劳资双方地位不平等、劳动者处于相对弱势地位是一个不容忽视的问题。客观上需要政府建立最低工资保障制度和劳动者收入稳定增长的机制,以维护劳动者的合法权益。

2. 建立完善的土地和房地产交易市场。维护农民在土地承包合同期内的合法权益,推动农村土地使用权的自愿合理转让。土地供给制度改革迫在眉睫,应允许在符合土地利用规划和城建总体规划的条件下,允许农民集体土地直接转为建设用地,避免只能由地方政府收购再转让的弊端,将一部分土地出让收益直接留给农民,以加快城镇化和农村建设。在完善土地市场改革过程中,要特别注重理顺租、税、费之间的关系,调整土地转让和开发过程

中形成的级差地租。当前要尽快打破房地产商垄断土地开发与房屋供给的局面,比如允许建立住房合作社,以形成多种开发形式并举的竞争格局。

3. 完善资源产品价格形成机制,加快推进资源有偿使用制度改革。对采矿权、探矿权实行公开拍卖制度,防止有关行政部门利用职权插手矿产资源开发、操控出让价格以牟取私利等问题,确保资源开发价格形成的公开和透明。强制企业将采矿治理及生态恢复成本、安全成本纳入产品成本。理顺各类资源类产品价格,尤其是煤、电、油等价格,建立完善的资源产品税收制度。

4. 加快金融体制改革,完善资本市场功能。推进国有商业银行综合改革,同时稳步发展多种所有制的中小金融企业。积极发展股票、债券和期货市场,建立多层次的资本市场体系,提高企业直接融资比重。坚定不移地推进创业投资、风险投资机制建设。特别是应抓紧推进利率市场化改革,完善有管理的浮动汇率制度,以凸显市场经济的基本标志。

应该强调的是,必须推进银行体制改革,构建真正面向市场的中小银行,尤其是要解决9亿多农村人口无有效融资渠道,无有效金融服务的问题。真正按城乡经济的特点办,形成市场生成利率的制度格局,解决农村发展长期存在的没有活力问题。

§7.3 深化财税体制改革,建立有利于科学发展的财税制度

经过30余年的努力探索与实践,我国的财税体制改革取得了重大突破,初步建立了与社会主义市场经济相适应的财税体制框架。应当说,当前我国实行的分税制财政体制是市场经济国家通行体制设计,是有国际化特征的。那为什么会引起对分税分级财

政体制的质疑? 为什么我国基层财政相对困难? 除了我国政府职能范围与职责的独特性之外,一个重要的原因就是我国政府与预算层级过多。当然,如同任何一项体制和制度实施,都不应一成不变一样,我国现行财政体制运行十多年来,需要完善、改进之处确实不少,因此,我们要按照中共十七大提出的"实行有利于实现科学发展、推动科技进步、节约能源资源、保护生态环境和促进和谐社会建设的财税制度"的总体部署,按照社会主义市场经济的要求,进一步将财税改革推向深入。

1. 按照财力与事权相匹配的原则,进一步明确中央与地方的事权、财权责任。要从我国社会主义初级阶段基本国情出发,按照调动中央和地方两个积极性原则,在保持分税制财政体制框架基本稳定的前提下,围绕推进基本公共服务均等化和主体功能区建设,健全中央和地方财力与事权相匹配的财政体制。

一是以公共服务层次性为基础,明确划分中央与地方政府的事权。一般来讲,中央政府应主要负担全国性的公共服务,地方政府主要负担地方性公共服务。具体来说,中央政府应统一负责国防建设、社会保障、邮政、铁路及其他跨地区基础设施和公共服务;城市公用事业服务(公交、水电气供应等)、市县镇际公共基础设施和公共服务,由各级地方政府负责;水利、生态环境、公立性文体卫教事业以及其他介于前两者之间的公共基础设施和公共服务,由中央和地方政府共同负责。同时,中央和地方政府财政支出覆盖范围也要相应予以界定和明晰。

二是在事权划分的基础上,相应调整政府间的财权。中央应赋予地方必要的财权,包括必要的税收管理权,以适应不同地区千差万别的情况。另外,我国要借鉴国际经验,进一步规范各级政府间的税收收入划分办法,保证各级政府(特别是县级政府)都拥有适宜税源,以确保中央有必要的调控能力的同时,地方有必要的财力履行其职能。

三是以实现基本公共服务均等化为导向,进一步完善政府间财政转移支付制度。我国现行政府间转移支付中专项转移支付比重偏大,一般转移支付尚需进一步扩大。考虑到我国目前不少基层财政仍然困难的客观情况,对现行政府间转移支付应做如下调整:完善一般性转移支付制度,提高一般性转移支付的规模和比例。改进一般性转移支付测算办法,鼓励和支持那些属于禁止开发和限制开发的地区加强生态建设和环境保护。完善资源枯竭型城市转移支付制度,加大对该类城市的支持力度。增加少数民族地区转移支付,帮助少数民族地区加快发展。规范现有专项转移支付,严格控制设立新的专项转移支付项目,区分不同情况取消、压缩、整合现有专项转移支付项目。进一步规范转移支付资金的分配依据与方法,彻底改变过去的"基数法"和"讨价还价"的分配方式,尽快全面采用"因素法"。当前对个别因素,也要因时因地调整,比如财政供应人口的因素应尽量淡化,而地理气候因素等客观因素应进一步加大。要将所有项目和资金的分配全部纳入科学化、规范化的轨道,以避免偶然性和随意性,提高透明度与合理性。要切实加快政府间转移支付制度的法制化建设,尽快将转移支付的目标、原则、范围、形式和标准等以法律形式加以规定,使转移支付制度在法制轨道内有序运行。

四是积极推进省以下财政体制完善。我国是全世界预算级次最多的国家,因此,虽然同样实行分税制财政体制,但是一些地方到县级财政已无税可分,缺乏稳定收入的来源。这是形成县乡基层财政困难的基本原因。为解决这一问题,近几年中央财政通过完善转移支付制度,建立"三奖一补"制度,大大改善了基层财政的状况,有效提高了公共服务能力,但从目前看,少数县级财政依然困难。因此,今后一段时期,还应加快建立县级基本财力保障机制,增强基层政府提供基本公共服务的能力,扎实推进社会主义新农村建设。结合各地实际情况因地制宜地推进"省直管县"和"乡财县管"等财政管理方式改革,以减少预算级次,提高财政管理与资金运行效率。

2. 调整和优化支出结构,突出财政的公共性特征。按照完善公共财政体系和健全社会主义市场经济体制的要求,统筹兼顾,有保有压,有促有控,进一步调整和优化财政支出结构,充分发挥市场配置资源的基础性作用,从我国经济社会发展阶段的实际出发,合理界定政府与市场的作用范围,强化政府的社会管理和公共服务职能。要逐步退出一般竞争性领域的直接投入,妥善衔接国有资本经营预算和公共财政预算,推进事业单位分类改革。严格控制并努力节约一般性开支,降低政府行政成本。明确公共服务范围,调动中央和地方的积极性,整合各种财政资源,增加对公共服务领域的投入。优先保障和改善民生,向社会主义新农村建设倾斜,向社会事业发展的薄弱环节倾斜,向困难地区、基层和群众倾斜,重点加大对"三农"、教育、科技、就业、社会保障、医疗卫生、住房保障、公益文化、生态环境、节能减排和公共安全等方面的投入。根据社会事业发展要求和公共服务的不同特点,立足我国的基本国情,积极探索有效的财政保障方式,支持构建改善民生的长效机制,促进实现"学有所教、劳有所得、病有所医、老有所养、住有所居"的目标。

3. 加快完善税收制度,规范政府参与国民收入分配秩序。加快完善税收制度,要坚持"简税制、宽税基、低税率、严征管"的原则,优化税制结构,公平税收负担,规范收入分配秩序,形成促进经济健康发展的良性税制。逐步提高我国直接税的比重,更好地发挥税收调节收入分配的作用。大力推动结合户籍管理的收入申报、财产登记等社会征信系统建设,逐步建立健全综合与分类相结合的个人所得税制度。积极运用税收手段,努力缩小收入分配差距。强化税收促进资源节约、节能减排和环境保护的作用,推动经济发展方式转变。重点是继续推进费改税,全面改革资源税制度,合理调整消费税范围和税率结构,研究开征环境税,形成有利于资源节约型和环境友好型社会建设的税收导向。在统一内外资企业所得税、车船税、耕地占用税、房产税等税收的基础上,认真贯彻落实好统一内外资企业和个人的城建税、教育附加费等制度,促进城市建设和教育发展。在做好增值税转型工作的基础上,扩大增值税范围,相应调减营业税等税收,引导相关产业发展,推动产业结构调整和技术升级。巩固成品油税费改革成果,加快地方税收体系建设,增强地方政府提供基本公共服务的保障能力。在统一税政前提下,研究赋予地方适当的税政管理权,培育地方支柱财源,从而尽可能通过增加地方本级收入,增强各地特别是中西部欠发达地区安排使用收入的自主性、编制预算的完整性和加强资金管理的积极性。同时,要按照强化税收、规范收费的原则,分类规范收费、基金管理,充分发挥税收在筹集国家财政收入中的主渠道作用。

§7.4 深化科教体制改革,推进创新型国家建设

世界科技发展进步的历史表明,只有面向市场、面向未来的科

技制度安排,才能有效地推进科技进步。全球科技竞争力最强的芬兰等国,无一例外地采取了市场化、企业化办科技的体制安排。我国在长期的计划经济时期建立的科技体制,有利于以"举国之力"办大事,但也导致企业科技创新活力缺乏、科技资源配置效率不高的严重问题。实践证明,以行政手段和机制办科技,严重影响了我国科技进步和发展活力。科教体制改革要从改革科研单位管理行政化、项目审批行政化入手,增强科研机构与科研人员的活力,促进科技成果转化为现实的生产力。只有如此,才能推进自主创新和产业升级,有效增强我国经济的竞争力,为科学发展提供长效动力。

1. 政府要大力支持基础性研究、战略高科技研究和公益性研究。我国科技发展战略要有真正的"顶层设计",立足未来科技强国目标,制定切实可行的科技规划,抓住主要项目和环节,突出基础性重大科研保障能力。除提供资金支持外,政府主要负责宏观指导、提供政策和条件保障,由专家委员会进行项目公审、论证和资金分配,并接受全社会监督。

2. 推进科研机构与运作机制改革。对从事一般性和实用型项目的科研机构,实行市场化改革,人员"新老划断",老的给予基本工资待遇养起来,有能力的进入市场重新组合。新进人员一概面向市场,打破"铁饭碗",并大力支持面向市场的新型科研机构发展。

3. 加快风险投资和知识产权保护,为科技产业化创造条件。完善风险投资的相关法律、法规,消除风险资本进入和退出障碍,以国有资本为引导,鼓励多种所有制资本参与风险投资公司和风险投资基金的建立。加大知识产权保护力度,完善与知识产权保护有关的法律和法规。

4. 加快推进教育改革。正确处理政府与学校、社会的关系，探索建立现代学校制度，改革学校内部管理体制，形成民主的决策机制、有效的执行机制和完善的监督机制。教育行政管理机构应淡化"学校管理机构"色彩，转向教育方向把握、教育规则制定、教学质量监管等方面。此外，高等教育的绝大部分专业设置都应真正面向市场、面向国际、面向科学发展，以市场机制链接产、学、研，走出一条符合科学发展规律、符合市场经济原则的科教兴国之路。

§7.5　强化投融资体制改革，提高资源配置效率

受长期行政性计划经济的惯性作用影响，我国投融资体制的行政性特征明显，妨碍资源配置效率提高。改革开放30多年，项目行政审批至今仍普遍存在，"中央部门替地方决策、行政审批扭曲市场"的"路径依赖"惯性作用依然很强，导致大量低效甚至无效投资。从一开始即形成"逆市场"的结构失调。在资源配置上，应遵循"市场第一，政府第二"的观念，抓紧推进投融资体制改革，发挥市场配置资源的基础性作用。

1. 着力推动行政审批、建设论证制度改革。在行政审批制度下，投资决策权集中于并不承担任何风险与责任的审批机关，必然排斥市场，扭曲基本的市场信号和优胜劣汰功能，也影响了社会投资总体效率。要明确政府与市场的边界，凡是属于市场能解决的问题，政府应退出管理和审批，即"尽可能市场，必要时政府"。要坚决减少政府对要素市场、土地等资源的管制，真正落实企业投资自主权，减少行政配置资源的比重。大幅度减少行政审批，也有利于降低行政管理费用，提高行政效率，扩展市场主体的创新和发展

空间。

2. 努力塑造合格的投融资市场主体。应加快建立公正、公平的市场竞争环境,从财税政策、资本市场、法制环境等全方位为各类企业发展提供优质高效服务。通过继续推进国有企业改革与战略重组,加快建立与完善现代企业制度,把企业塑造成为合格的竞争性市场主体,独立自主地根据市场需要进行投融资决策,重塑市场化条件下具有活力的投融资微观主体。

3. 构建以市场为主导的投融资体制。在以政府投资为主导的机制中,当政府意识到投资增长过快甚至有过热的危险时,只能采取强硬的行政措施来进行"自我降温"。管住项目、信贷、土地、环保、能耗的"五管齐下"调控措施,尽管收到了控制投资和信贷增长的立竿见影成效,但难以解决深层次的体制问题,反而会在一定程度上强化行政性功能,出现行政性复归。每一轮调控过后,都出现生产能力破坏、资源损失浪费、财政赤字增加和银行坏账剧增的问题。历史证明,这种行政性特征明显的宏观调控,在一次次的经济波动中被不断复制,不仅延缓经济体制改革进程,而且固化了粗放的发展方式。要尽快落实"谁投资、谁决策、谁收益、谁承担风险"的改革目标。充分发挥市场机制的"自组织"和"试错"功能,从根本上解决政府行政主导造成的经济结构失衡与波动问题。

§7.6 加快政府转型,建设公共服务型政府

加快政府职能转变,努力构建公共服务型政府,提高公共服务服务的水平和能力,是落实科学发展观的迫切要求和根本保障。公共服务型政府,是现代政府的一个显著特征。在以人为本的理念指引下,把保障和改善民生作为各级政府职能活动的根本出发

点和落脚点;在资源配置和政府机构等方面强化政府的公共服务职能;建立并且实施一整套完整的、行之有效的公共服务体系,不断地创新政府服务和管理的方式。按照科学发展观"五个统筹"的要求,推进政府转型,加快建设公共服务型政府。

1.明确政府职能,建设有限政府。当前我国政府正处于转型阶段,政府作为提供公共服务的主体,长期以来的传统惯性思维已使全能的政府不堪重负。政府承担了许多不应承担的职能,难以满足全社会的需求,政府运行成本较高、服务质量和效率低下,已为社会所诟病。要从公共需要与公共服务原则出发,进一步明确社会主义市场经济体制下的政府职能,建立政府退出机制,把政府不该承担的职能转移出去,集中精力做好该做的事,使政府职能归位。转变政府传统行政理念,建设权力有限政府,就必然要适当收缩权责,充分利用社会公共组织资源,促进社会的合理分工,以放大公共服务的领域,提高服务质量和效率,降低交易成本,以满足全社会公共服务需求。

基于政府的性质和定位,并结合市场经济的运行实践,在社会主义市场经济条件下,政府所应履行的基本职能主要包括以下四个方面:一是宏观调控,即对社会总需求与总供给进行总量调控,促进经济结构调整和优化,及时熨平经济波动,保持经济平稳较快发展;二是市场监管,即依法对市场主体及其行为进行监督和管理,维护公平竞争和市场秩序,形成统一、开放、竞争、有序的现代市场体系,突出市场经济即法制经济的特征;三是社会管理,即通过制定社会政策和法规,创新社会管理机制,依法管理和规范社会组织、社会事务,及时化解社会矛盾,调节收入分配,维护社会公正、社会秩序和社会稳定;四是公共服务,即加强城乡公共设施建设,发展社会就业、社会保障服务和科技、教育、文化、卫生、体育等社会事业。要及时发布公共信息,为社会公众提供优质高效的公共服务。政府职能转变,就是要使政府从宏观微观都管、大事小事都抓,转到主要做好上述几个方面的工作上来,从全能政府转变成为服务型的责任政府。突出社会主义国家政府的优势与效率,凸显执政党的先进理念。

2. 转变公共服务供给方式,建设节约型政府。高效廉洁的政府是人类社会发展的共同追求。行政资源、公共资源是有限的,政府权力相应也是有限的。调整优化公共服务的结构和布局,以高效率、低成本、高技术为原则提供公共服务,建设节约型政府,不断改进政府公共服务的供给方式。政府要在确保公共服务满足公众需求的前提下,提高公共服务的效率和效益。对于公共产品提供,要充分发挥市场机制的作用,政府主要承担监控公共资源利用和有效性等职责,维护公共服务供给的公平性、连续性。建立政府购买公共服务机制,不宜由政府直接提供的公共服务,政府采取委托方式购买社会公共组织的服务,以满足日益增长的公众需求。政府要加强与非政府公共组织之间的合作与沟通,增加社会公共服务的有效供给,降低政府提供公共服务的成本,逐步实现公共服务社会化。

3. 转变政绩观念,建立健全科学的政府绩效评价体系。尽快调整目前对政府机构与公务人员晋升的考核机制,清理各类行政绩效考核指标,凡不符合社会主义市场经济条件下政府职能定位的一律取消;逐步淡化 GDP 增长以及与之相关的指标在考核体系中的重要角色,将地方政府干部的晋升考核项目转向辖区内的居民福利和公共服务水平提高等方面上来,并将居民对公共服务的需求偏好纳入对领导干部晋升的考核体系之中。着手建立一套有利于政府职能转变,有利于科学发展的干部培养与选拔制度,保证政府公正高效履行职能的绩效评价体系。以体现更加关注民生和民意,更加贴近百姓的生活。当前尤其要突出"绿色 GDP"、"幸福指数"等考核指标,激励地方政府在发展经济的同时,更好地处理人与自然的关系,关注经济社会发展平衡,增进社会福利。同时,要进一步完善公务员考核选拔、任用和监督制度,把是否正确履行政府职能、落实科学发展观作为行政领导干部考评、选拔、任用的主要指标。扩大和落实人民群众对行政领导干部选拔任用的知情权、参与权,充分发挥群众在干部任用中的选拔和监督作用。

相关链接:创新体制机制,让"统筹"更具活力

"问渠哪得清如许,为有源头活水来。"近年来,合肥市坚持把体制机制创新作为关键环节和动力源泉,通过构建政策制度框架,加快推进城乡统筹和城乡一体化发展。

一、创新工作推进机制,集中力量打"组合拳"

实践经验表明,支持"三农"工作,必须上升到政策和制度的层面,如果政策推动力度不够,政府投入容易"小而散"。为此,合肥市近年来大力创新组织推进机制和政策支持体系,打破部门、地域条块分割的传统体制,系统性支持政策纷纷"破茧而出",统筹城乡发展的长效机制正在逐步建立。

一是建立高规格、强有力的组织领导机构。合肥在全省率先成立以市委主要领导为主任的统筹城乡改革发展的组织领导机构——市城乡统筹工作委员会,设立市城乡统筹工作办公室,构建起了高效有序、运转流畅的组织领导机制。

二是建立协调联动、齐抓共管的工作推进机制。建立了"市指导、县（区）负责、合力共建"的责任推进机制，各级政府和各部门把统筹城乡发展工作摆在更加突出的位置，同心、同声、同向，形成了全市共推共进的强大合力。

三是构建系统配套的政策制度体系。市委、市政府在全省率先出台了《合肥市城乡一体化综合配套改革试验区总体方案》等一系列覆盖面广、支农力度大、惠农项目实的主导政策；各部门围绕统筹城乡发展、推进新农村建设，出台配套文件50多个，形成了操作性强、互为补充、系统配套的城乡统筹发展政策体系。

四是整合财政投入资金，集中力量打"组合拳"。2006年至2009年，合肥市本级财政共投入支农资金近30亿元，投入力度之大前所未有。而这近30亿元的投入没有"平均化"，而是集中财力干大事，创造性地建立了资金整合、重点投入机制，以项目为载体，对全市22个部门涉农资金进行整合，同时所有涉农资金安排和使用坚持"一个漏斗"，避免涉农资金分散、交叉和重复使用。

强有力的领导体制、上下联动的工作机制、逐步完善的政策体系、稳定增长的财政投入，有力牵引着全市统筹城乡一体化发展快跑起飞。

二、优化生产要素配置，农村经济装上"强劲引擎"

要打破城乡发展失调的局面，就要尊重科学规律，让生产要素配置率先得到优化。合肥市从各项具体改革入手，改变农村生产要素与资源配置不合理的状况，引导城市资金、技术、人才、管理等生产要素向农村合理流动，促进资源要素在城乡更广阔的空间范围内优化配置。

一是推进农村综合产权改革。合肥在长丰县试行农村综合产权交易改革,并成立了全国首家县级农村综合产权交易中心,对农村集体建设用地、土地承包经营权、小型水利设施、林权等八大类农村产权进行流转试点。截至2009年底,农村综合产权交易中心成交22个项目,交易总金额达1300万元。此举加快了农村资产变资本步伐,优化了城乡资源配置,推动了农村经济社会发展。

二是推进土地使用管理制度改革。着力破除城镇和新农村建设的土地制约,建立城乡协调的土地管理机制,把土地及宅基地复垦整理、农业产业发展和新农村建设有机结合起来,"三位一体"开展万亩土地整治整村推进新农村建设项目,开创了新农村建设的新模式。同时,大力推进农村土地承包经营权规范流转,55个乡镇全部建立了土地流转管理服务中心,累计流转土地突破100万亩,初步探索了一条既严格保护耕地又严格节约集约用地的新路子。

三是推进农村金融体制改革。着力破解城乡统筹发展的资金"瓶颈",大力推进农村金融组织创新,放宽农村金融准入政策,培育新型农村金融组织,引导信贷资金和社会资金投向农村。已完成三县农村信用合作联社改制工作,分别成立农村合作银行或农村商业银行,成立了一家全国规模最大的村镇银行(注册资本1亿元)。

四是推进"双置换"改革探索。在蜀山区南岗镇探索以农民住宅置换城镇房屋、以土地承包经营权置换城镇社会保障的"双置换"改革试点,使1.17万农民转为城市居民,增加建设用地2000亩。"双置换"改革推动了城乡资源的优化配置,加快了农村资产资本化进程,增强了统筹城乡发展、加快新农村建设的持续动力。

三、改革农村经营机制,"小生产"对接"大市场"

随着城乡居民收入的提高和需求的多样化,小规模农户生产的无序性、盲目性,已难以适应千变万化的大市场需求,农产品"买难"、"卖难"时有发生,迫切需要创新组织制度,以解决生产与市场有效对接问题。

近年来,合肥市着力加快农业经营体制和机制创新,把政府引导扶持与市场运作紧密结合,积极引导、推动农民专业合作经济组织发展,取得了明显成效。由240户生产大户、3家草莓批发市场联合发起成立的长丰丰杨草莓瓜果合作社,目前生产基地面积达到1万多亩,带动周边3个乡镇4000多农户,围绕草莓的育苗、生产、加工、包装、销售开展合作和服务。草莓不仅销往北京、上海等国内大城市,还漂洋过海出口到国外,入社农户户均增收3500元。

目前,全市农民专业合作组织已发展到1024家,比2005年的160家增长5.4倍,农业专业合作社发展到600家,比2007年的22家增长了26.2倍。带动农户从事农业产业化经营达121万人,带动农民面达48%。生产领域遍布种植、畜牧、水产、农机、农技、加工、储运等各个行业。农民专业合作社通过组织统一生产经营,按市场需求适时调整结构,促进了农业产业化经营。调查显示,合作社成员与当地同类型非成员相比,一般增收23%左右,现初步形成了"创建一个组织,带动一个产业,振兴一方经济,致富一帮农民"的发展格局。

合肥市以如此强劲的音符,奏响了统筹城乡综合配套改革的先声,开启了城乡统筹发展的活力之源,拉开了城乡一体化发展向纵深推进的大幕,合肥统筹城乡一体化发展已扬帆远航。

主要参考文献

1.《马克思恩格斯选集》第 1 至 4 卷,人民出版社 1995 年版。

2.《马克思恩格斯〈资本论〉书信集》,人民出版社 1976 年版。

3.《马克思恩格斯全集》第 20 卷,人民出版社 1979 年版。

4.[德]马克思:《资本论》,南海出版公司 2010 年版。

5.[英]莫里斯·布洛克:《马克思主义与人类学》,华夏出版社 1988 年版。

6.[美]本·塞利格曼:《现代经济学主要流派》,华夏出版社 2010 年版。

7.[法]弗朗索瓦·佩鲁:《新发展观》,华夏出版社 1987 年版。

8.[英]阿瑟·刘易斯:《经济增长理论》,商务印书馆 1999 年版。

9.[美]托达罗:《经济发展与第三世界》,中国经济出版社 1992 年版。

10.[美]丹尼斯·米都斯等:《增长的极限——罗马俱乐部关于人类困境的报告》,吉林人民出版社 1997 年版。

11.[奥]路德维希·冯·米塞斯:《人类行为的经济学分析》,

广东经济出版社 2010 年版。

12.［美］蕾切尔·卡森:《寂静的春天》,上海译文出版社 2008
年版。

13.［美］芭芭拉·沃德、勒内·杜博斯:《只有一个地球》,吉
林人民出版社 1997 年版。

14.道格拉斯·诺斯、罗伯斯·托马斯:《西方世界的兴起》,
华夏出版社 2009 年版。

15.［日］速水佑次郎、神门善久:《发展经济学》,社会科学文
献出版社 2009 年版。

16.项怀诚:《中国财政管理》,中国财政经济出版社 2001
年版。

17.谢旭人:《中国税收管理》,中国税务出版社 2007 年版。

18.厉以宁:《非均衡的中国经济》,中国大百科全书出版社
2009 年版。

19.厉以宁:《资本主义的起源》,商务印书馆 2003 年版。

20.厉以宁:《罗马—拜占庭经济史》,商务印书馆 2006 年版。

21.厉以宁:《工业化和制度调整》,商务印书馆 2010 年版。

22.厉以宁:《超越市场与超越政府》,经济科学出版社 2010
年版。

23.胡希宁、步艳红:《前沿经济学理论要略》,研究出版社
2009 年版。

24.许崇正:《人的发展经济学概论》,人民出版社 2010 年版。

25.秦德君:《政治设计与政治发展》,商务印书馆 2009 年版。

26.文史哲编辑部:《国家与社会:构建怎样的公域秩序》,商
务印书馆 2010 年版。

27.［中］赵启正、［美］约翰·奈斯比特、［奥］多丽斯·奈斯比特：《对话：中国模式》，新世界出版社2010年版。

28. 王东：《马克思学新奠基》，北京大学出版社2006年版。

29. 朱哲、杨金洲：《回到文本——马克思主义经典文献解读》，武汉理工大学出版社2009年版。

30. 任平、陈忠：《当代视野中的马克思主义哲学》，人民出版社2010年版。

31. 王秀阁、杨仁忠：《马克思主义理论学科前沿问题研究》，人民出版社2010年版。

32. 顾海良、梅荣政：《中国高校哲学社会科学发展报告》，广西师范大学出版社2008年版。

33.《马克思主义是发展的理论》，中央编译出版社2002年版。

34. 中共中央宣传部理论局：《划清"四个重大界限"学习读本》，学习出版社2010年版。

35. 姜建成：《科学发展观：现代性与哲学视域》，江苏人民出版社2008年版。

36. 栾文莲：《科学发展观的经济学研究》，河北人民出版社2009年版。

37. 本书编写组：《与当代大学生谈学习实践科学发展观》，安徽大学出版社2009年版。

38. 程天权：《科学发展观研究》，中国人民大学出版社2009年版。

39. 柳建辉、杨信礼等：《科学发展观战略研究》，辽宁人民出版社2008年版。

40. 顾海兵、王亚红:《中国城乡居民收入差距适度之情景设定分析》,《山东社会科学》2009 年第 2 期。

41. 中国社会科学院社会学所:《2010 年中国社会形势分析与预测》,中国社会科学文献出版社 2009 年 12 月版。

42. 赖亦明:《毛泽东社会发展思想研究》,江西人民出版社 2009 年版。

43.《毛泽东选集》第 1 至 4 卷,人民出版社 1991 年第 2 版。

44.《毛泽东文选》第 7 至 8 卷,人民出版社 1999 年版。

45.《毛泽东著作选读》,人民出版社 1986 年版。

46.《周恩来经济文选》,中央文献出版社 1992 年版。

47.《周恩来选集》,人民出版社 1981 年版。

48.《邓小平文选》第 2 卷,人民出版社 1994 年版。

49.《邓小平文选》第 3 卷,人民出版社 1993 年版。

50.《邓小平年谱》,中央文献出版社 2004 年版。

51. 江泽民:《论“三个代表”》,中央文献出版社 2003 年版。

52.《江泽民文选》第 1 至 3 卷,人民出版社 2006 年版。

53.《江泽民论有中国特色社会主义》(专题摘编),中央文献出版社 2002 年版。

54. 江泽民:《论社会主义市场经济》,中央文献出版社 2006 年版。

55. 胡锦涛:《高举中国特色社会主义伟大旗帜　为夺取全面建设小康社会新胜利而奋斗》,人民出版社 2007 年版。

56. 胡锦涛:《在“三个代表”重要思想理论研讨会上的讲话》,《人民日报》2003 年 7 月 2 日第 1 版。

57.《十六大以来重要文献选编》,中央文献出版社 2005

年版。

58.《中共中央关于完善社会主义市场经济体制若干问题的决定》,《人民日报》2003 年 10 月 22 日第 1 版。

59. 胡锦涛:《把科学发展观贯穿于发展的整个过程》,《求是》2005 年第 1 期。

60.《科学发展观重要论述摘编》,中央文献出版社、党建读物出版社 2008 年版。

61.《告别 GDP 论成全国共识　幸福指数将成导向》,《中国新闻周刊》2011 年 3 月 3 日。

62. 中宣部理论局:《理论热点面对面 2006》,学习出版社、人民出版社 2006 年版。

63. 国家发展改革委东北振兴司:《东北地区 2009 年经济形势分析报告》,2010 年 2 月 12 日。

64. 张颖春:《收入分配差距问题简析》,《光明日报》2008 年 1 月 29 日。

65. 郑小兰、李晓靖:《谈经济增长与生态环境保护的协调发展》,《商业时代》2007 年第 11 期。

66. 熊焰:《中国流:改变中外企业博弈的格局》,清华大学出版社 2009 年 7 月版。

67. 董克用、郭开军:《中国社会保障制度改革 30 年》,《中国信息报》2008 年 12 月 25 日。

后　　记

对中国经济增长及表现方式的关注与研究,始于20世纪90年代初,1995年成书的《中国经济增长与方式变革》体现了这一时期的研究成果。此后由于岗位工作繁忙,甚少有时间和精力形成文字性成果,但对我国经济增长方式转变"推而不转"、"转而不快"等问题的思虑和研究,始终没有停止过。

所幸2008年上半年,我参加了中央党校中青年干部培训班。以科学发展观为主题的半年专题学习,使我有机会结合学校教学课程安排和专题研讨,对平日的思考加以整理,并集中时间和精力,系统梳理了马克思主义发展理论,比较研究西方发展理论主要流派的理论观点及历史演进,总结新中国发展历程的经验教训,分析当前面临的发展问题及深层原因,探讨促进科学发展的体制机制。其间陆续完成并发表了12篇专题报告。摆在读者面前的这部专著,就是在这些论文基础上进一步充实、修改、完善形成的。事不亲历不知难,转瞬之间,书稿从初成而付梓已是四年有余。如今面对书稿,多少个不眠之夜掩卷沉思,多少次节假日挥汗笔耕,都已化成美好回忆。

在成书过程中,我的同事刘尚希、韩晓亮、向弟海等同志,人民出版社李春生副社长,对书稿的充实、修改与完善,付出了辛勤劳动;我的导师厉以宁先生,已是第三次为我的学术著作作序,其教正、鼓励之情无以言表,在此一并表示我深深的谢意。由于本人水平有限,粗浅、错漏之处在所难免,恳请读者和专家批评指正,在此先行致谢。

王保安

2011 年 6 月

责任编辑:吴焐东　崔继新　郑海燕　陈　登
　　　　　陈光耀　阮宏波　姜　玮
封面设计:肖　辉

图书在版编目(CIP)数据

科学发展:理论研究、指标构建与体制保障/王保安 著.
-北京:人民出版社,2011.7
ISBN 978－7－01－010008－1

Ⅰ.①科…　Ⅱ.①王…　Ⅲ.①社会主义建设模式-研究-中国
　Ⅳ.①D616

中国版本图书馆 CIP 数据核字(2011)第 118551 号

科学发展:理论研究、指标构建与体制保障

KEXUE FAZHAN LILUN YANJIU ZHIBIAO GOUJIAN YU TIZHI BAOZHANG

王保安　著

人 民 出 版 社 出版发行
(100706　北京朝阳门内大街 166 号)

北京新华印刷有限公司印刷　新华书店经销

2011 年 7 月第 1 版　2011 年 7 月北京第 1 次印刷
开本:787 毫米×1092 毫米 1/16　印张:20.25
字数:230 千字　印数:0,001-5,000 册

ISBN 978－7－01－010008－1　定价:48.00 元

邮购地址 100706　北京朝阳门内大街 166 号
人民东方图书销售中心　电话 (010)65250042　65289539